W0058696

Mosaik bei
GOLDMANN

Buch

Die Küche ist das Herz eines jeden Hauses. Die Autoren Jack Canfield, Mark Victor Hansen und Diana von Welanetz Wentworth präsentieren Ihnen herzerwärmende und kluge Geschichten zusammen mit leckeren und einfachen Rezeptideen.
So können Sie wieder mit Leib und Seele genießen – und an Leib und Seele genesen.

Autoren

Jack Canfield geht seit über 30 Jahren der Frage nach, was erfolgreiche Menschen anders machen als andere. Er hat dabei herausgefunden, was sie auszeichnet und was sie antreibt.
Mark Victor Hansen ist Karriereberater. Seine Seminare und Vorträge befähigen die Zuhörer, ihre angeborenen Fähigkeiten im Berufs- und Privatleben optimal einzusetzen.
Diana von Welanetz Wentworth ist eine preisgekrönte Kochbuchautorin. Sie testete die leckeren Rezepte in diesem Buch.

Von Jack Canfield und Mark Victor Hansen außerdem bei Mosaik bei Goldmann
Hühnersüppchen für die Seele (16440)
Noch mehr Hühnersüppchen für die Seele (16655)
Viel mehr Hühnersüppchen (16747)
Kompass für die Seele (16666)
Hühnersuppe für die Seele – zum Kraftschöpfen (16928)
Hühnersuppe für die Seele – Das Kochbuch (16953)

Jack Canfield

Mark Victor Hansen
Diana von Welanetz Wentworth

Hühnersuppe für die Seele

Das neue Kochbuch

Geschichten und Rezepte, die das Herz erwärmen

Aus dem Amerikanischen
von Burkhard Hickisch

Mosaik bei
GOLDMANN

Alle Ratschläge und Hinweise in diesem Buch wurden von den Autoren und vom Verlag sorgfältig erwogen und geprüft. Eine Garantie kann dennoch nicht übernommen werden. Eine Haftung der Autoren beziehungsweise des Verlags für Personen-, Sach- und Vermögensschäden ist daher ausgeschlossen.

FSC
Mix
Produktgruppe aus vorbildlich
bewirtschafteten Wäldern und
anderen kontrollierten Herkünften
Zert.-Nr. SGS-COC-1940
www.fsc.org
© 1996 Forest Stewardship Council

Verlagsgruppe Random House FSC-DEU-0100
Das für dieses Buch verwendete FSC-zertifizierte Papier *Munken Print*
liefert Arctic Paper Munkedals AB, Schweden.

1. Auflage
Deutsche Erstausgabe September 2008
© 2008 der deutschsprachigen Ausgabe
Wilhelm Goldmann Verlag, München,
in der Verlagsgruppe Random House GmbH
© 1995 by Jack Canfield, Mark Victor Hansen und Diana von Welanetz Wentworth
Published under agreement with Health Communications Inc.,
Deerfield Beach, Florida, U.S.A.
Umschlaggestaltung: Design Team München
Umschlagmotiv: Getty Images/Montgomery
Originaltitel: Chicken Soup for the Soul Cookbook
Originalverlag: Health Communications Inc., Deerfield Beach, Florida, U.S.A.
Redaktion: Dunja Reulein
Satz: Uhl + Massopust, Aalen
Druck und Bindung: GGP Media GmbH, Pößneck
LH · Herstellung: IH
Printed in Germany
ISBN 978-3-442-16984-9

www.mosaik-goldmann.de

Inhalt

5 Feiertagstraditionen

6 Männer in der Küche

7 Freunde

8 Inspirationen und Einsichten

Inhalt

Einleitende Worte
von Jack und Mark

Das erste Buch unserer Reihe *Hühnersuppe für die Seele* wurde oft in den Buchläden fälschlicherweise unter den Kochbüchern eingeordnet. Viele Menschen (unter ihnen einige Buchladenbesitzer) glaubten, dass es sich um ein Buch mit Hühnersuppen-Rezepten handelte.

Da wir beide professionelle Vortragsredner sind, halten wir pro Jahr mehr als 100 Vorträge in Hotels und Konferenzzentren. Normalerweise schicken wir unsere Bücher und Audiokassetten eine Woche im Voraus an den Veranstalter. Einmal mussten wir nach 33 Kartons mit Exemplaren von *Hühnersuppe für die Seele* suchen, die wir im Vorfeld der Veranstaltung an das Hotel geschickt hatten. Als wir im Hotel ankamen und uns an der Rezeption nach den Büchern erkundigten, konnte der Hotelangestellte sie nirgends finden. Wir suchten zusammen im Gepäckraum, im Empfangssaal, im Büro des Chefs der Gastronomie und im Büro der Konferenzorganisation, aber die Bücher waren nicht aufzutreiben. Ein Rückruf bei UPS erbrachte, dass die Bücher an das Hotel ausgeliefert worden waren und ein Mann namens George sie in Empfang genommen hatte. Da niemand mit dem Namen George im Gastronomie- oder Empfangsbereich arbeitete, konnten sich die Hotelangestellten keinen Reim darauf machen, wo die Bücher abgeblieben sein könnten.

Da wir wussten, dass die Bücher irgendwo sein mussten,

durchkämmten wir schließlich zusammen mit einem Wachmann das ganze Hotel. Nach einer zweistündigen Suche fanden wir schließlich die Bücher. Sie standen in der Küche in einem Regal für Dosensuppen. Da die Kartons die Aufschrift HÜHNERSUPPE trugen, waren sie von einer nichts ahnenden Empfangsperson in die Küche verfrachtet worden!

Nachdem uns dies noch ein paarmal bei anderer Gelegenheit zugestoßen war, fragten wir uns, ob uns das Universum nicht etwas mitteilen wollte. Unser Verlag schlug daraufhin vor, ein Buch mit Hühnersuppen-Rezepten zusammenzustellen, denn Kochbücher ließen sich immer gut verkaufen. *In the Kitchen with Rosie* war in den USA immerhin über ein Jahr lang in den Bestsellerlisten! Und da sich die Buchreihe *Hühnersuppe für die Seele* damals (1993) bereits über zwei Millionen Mal verkauft hatte, sollte auch ein Hühnersuppen-Kochbuch ein voller Erfolg sein. Unser Verleger meinte, er hätte einen Großhändler an der Hand, der 200 000 Stück eines solchen Kochbuchs abnehmen würde. Dennoch reizte uns die Vorstellung, ein Kochbuch zu machen, noch immer nicht sonderlich. Die Bücher der *Reihe Hühnersuppe für die Seele* waren nicht in erster Linie entstanden, um mit ihnen Geld zu verdienen. Wir waren lediglich einem gefühlsmäßigen Impuls gefolgt und hatten die Geschichten, die uns bewegten, zu einem Buch zusammengestellt, damit sie auch den Menschen zugänglich waren, die wir nicht durch unsere Vorträge erreichen konnten.

Dann schlug der Verleger uns vor, ein Hühnersuppen-Kochbuch zu machen, in dem berühmte Persönlichkeiten ihre Lieblingsrezepte vorstellten – ein Prominenten-Kochbuch mit ausgewählten Hühnergerichten. Aber diese Idee inspirierte uns auch nicht sonderlich. Was wussten wir schon über Kochbücher, Rezepte oder Ernährung? Jemand hätte uns ein Rezept unterjubeln können, das schrecklich schmeckte oder noch schlimmer war. Wie sollten wir unterscheiden können, was wirklich Qualität hatte?

Glücklicherweise schlug Marks Frau Patty irgendwann vor, ein Buch zusammen mit Diana von Welanetz Wentworth zu schreiben; sie war eine langjährige Freundin und hatte schon sechs erfolgreiche Kochbücher herausgebracht. Wir kannten Diana von ihrer Arbeit mit »The Inside Edge«. Es handelt sich dabei um eine Gruppe von Menschen, die am persönlichen Wachstum interessiert sind und sich einmal in der Woche zum Frühstück treffen. Diana hatte diese Treffen vor zehn Jahren in Beverly Hills gegründet. Sie hatte uns gefragt, ob wir uns ihrem Beraterstab anschließen wollten, zu dem auch andere führende Persönlichkeiten der Bewegung zur Entwicklung des menschlichen Potenzials gehörten – wie zum Beispiel Norman Cousins, Barbara DeAngelis, Ken Blanchard, Susan Jeffers, Nathaniel Branden, Louise Hay und Dennis Weaver.

Wir riefen also Diana an und luden sie zu einem Gespräch ein. Kaum hatten wir uns getroffen, fing der Spaß an. Diana hatte die Idee von einem Buch mit berührenden und humorvollen Geschichten zum Thema Essen und Ernährung, in dem die Autoren auch jeweils ein Rezept beisteuern sollten. Wir waren uns auf der Stelle einig. Immerhin, so machten wir uns klar, aßen wir drei Mahlzeiten pro Tag. Entscheidende Dinge im Leben – gute und schlechte, schmerzliche und freudvolle, lebensbejahende und lebensverneinende – geschahen am Abendbrottisch der Familie.

Während des gemeinsamen Essens wurden Geschichten erzählt, der Tagesablauf besprochen, Weisheiten vermittelt, Lektionen gelernt, Traditionen weitergegeben, Träume diskutiert, Sorgen geteilt und Probleme gelöst. Freunde wurden mit nach Hause gebracht, um den Eltern vorgestellt zu werden; Verlobungen wurden verkündet, man versöhnte sich, feierte die Festtage und schuf viele unauslöschliche Erinnerungen. In der Familienküche kochten oft drei Generationen an einem Essen. Geheime Rezepte wurden bis ins kleinste Detail weitergegeben, und komplexe Gefühlslagen wurden einander mitgeteilt und diskutiert. Kekse und Milch halfen Kindern und Eltern nach einem Tag mit schmerzvollen Erfahrungen oder wundersamen Entdeckungen. Oft wurde uns aus Liebe unser Lieblingsessen gekocht, und Omas leckere Suppe gab es nur zu Hause. Hier fanden wir nach aufwühlenden Ereignissen auch immer wieder Trost, wenn wir Mamas heiße Schokolade tranken. Und wir alle erinnern uns an die Bilder, die in uns hochsteigen, wenn wir den Duft eines frisch gebackenen Brots, eines gebratenen Truthahns oder eines noch dampfenden Apfelkuchens in die Nase bekommen.

Plötzlich hatte das Buch einen Inhalt, an dem wir uns begeistern konnten. Wir konnten ein weiteres Buch zusammenstellen, dessen Beiträge mit dem Herzen geschrieben waren und das Leser aus jeder Altersschicht und jedem Lebensbereich bewegen würde. Es würde sie über sich selbst und das Leben lachen lassen und sie dazu inspirieren, noch stärker nach Glück und Selbsterfüllung zu streben.

Zusätzlich zu den Autoren der Bücher *Hühnersuppe für die Seele* und *Noch mehr Hühnersuppe für die Seele* stellten wir eine Liste bekannter Kochbuchautoren, Köche und Prominenter zusammen, die wir beide kannten. Dann schrieben wir allen einen Brief und baten sie um eine Geschichte und ein Rezept für unser Buch.

Einen Monat später flatterten die Geschichten und Rezepte bei uns ein. Wir waren freudig überrascht über die Intensität der Gefühle, die Bandbreite der Themen und die wunderbaren Rezepte, die uns geschickt wurden. Wir erhielten viel mehr, als wir dann tatsächlich in das Buch aufnehmen konnten. In Dianas Haus verbrachten wir Tage damit, all die herzerwärmenden Geschichten rund um den Herd zu lesen und die eingesandten Rezepte zu kosten, die Diana für uns kochte.

Diana war nämlich fest entschlossen, alle Rezepte in diesem Buch zu testen, und wir waren ihre willigen und gesättigten Versuchskaninchen.

Wir haben alle Geschichten gelesen und lektoriert und viele der aufgeführten Rezepte selbst probiert. Wir wissen daher, dass es eine echte Bereicherung für Sie sein wird, dieses Buch zu lesen und seine Geschichten und Rezepte mit Familienmitgliedern und Freunden zu teilen.

Obwohl wir uns freuen, Ihnen diese außergewöhnlichen Geschichten und Essensvorschläge nahezubringen, möchten wir Sie auch zur Vorsicht mahnen. Genauso wie Sie nicht alle Rezepte dieses Buchs an einem Tag zubereiten und essen könnten, so sollten Sie auch nicht versuchen, es in einem Rutsch von vorn bis hinten zu lesen. Dieses Buch will gemächlich verdaut werden – sowohl buchstäblich als auch symbolisch. Nehmen Sie sich also genügend Zeit, und genießen Sie jede Geschichte so, wie Sie auch eine Mahlzeit genießen. Es besteht kein Grund zur Eile. Machen Sie dieses Buch zu

Ihrem ständigen Begleiter und Freund. Nehmen Sie es in die Hand, wenn Sie Trost, Energie oder Inspiration brauchen oder sich einfach nur nach einer liebevollen Umarmung sehnen.

So wie jeder Koch hofft, dass es geschmeckt hat, so hoffen auch wir, dass Sie dieses Buch mit der gleichen Freude lesen, mit der wir es für Sie zusammengestellt haben. Also dann … *bon appétit!*

Einleitende Worte von Diana

Was du liebst, ist ein Zeichen deines höheren Selbst,
mit dem es dir zeigt, was du tun sollst.

Sanyana Roman

Ich habe es schon mein ganzes Leben lang genossen, mit anderen zusammen zu essen. Als Kind bin ich gern mit der Familie in Restaurants gegangen. Da mir nicht bewusst war, dass mein Vater für das Essen bezahlte, nahm ich an, die Kellner und Kellnerinnen seien Engel, denen es aus reiner Liebenswürdigkeit Freude machte, uns das zu bringen, was wir haben wollten. Als ich einmal gefragt wurde, was ich später werden wollte, antwortete ich: »Entweder Filmstar oder Kellnerin!« Beide Berufe waren in meinen Augen gleich viel wert und hatten den gleichen Glanz. Wie das Sprichwort schon sagt: Überlegen Sie sich genau, was Sie sich wünschen!

Mein Lieblingsrestaurant war Little Joe's, ein großes italienisches Restaurant in der Innenstadt von Los Angeles in unmittelbarer Nähe des Chinesenviertels. Little Joe selbst war ein stämmiger, freundlicher Mann, der immer an der Küchentür stand und seine Gäste beobachtete. Er strahlte eine große Zufriedenheit aus, denn er schien genau das zu tun, was er tun wollte. Zusammen mit meiner Mutter, die das Kochen über alles liebte, erweckte er in mir den Wunsch nach einem Beruf, in dem ich mich mit Essen und Kochen beschäftigen würde. Später erkannte ich dann irgendwann, dass meine Berufung mit dem Essen selbst eigentlich nicht so viel zu tun hatte.

Als ich Anfang 20 war, erhielt ich fünf Jahre lang Kochunterricht von einem bekannten französischen Koch in Beverly Hills. Als junge Mutter suchte ich dann Ablenkung und etwas, womit ich mich ausdrücken konnte, und gab bei mir zu Hause Kurse für Kochen und Gästebewirtung. Diese Kurse machten mir so viel Spaß, dass ich zusammen mit meinem verstorbenen Mann Paul einen Beruf daraus machte. Wir lehrten Kochen und die Kunst, ein guter Gastgeber zu sein, schrieben Kochbücher und moderierten eine Fernsehserie. In diesen 20 Jahren wurde aus mir tatsächlich eine Kombination aus Kellnerin und Filmstar.

Aber irgendwann war unsere ursprüngliche Leidenschaft erloschen, wie es oft geschieht, wenn man aus dem, was man gern tut, seinen Beruf macht. Indem wir in unsere Seele schauten, erkannten Paul und ich, dass unsere eigentliche Begeisterung in all den Jahren darin bestand, Gäste zu empfangen. Wir brachten einfach gern die Menschen zusammen, die wir mochten.

Eines der faszinierenden Resultate unserer Aktivitäten in diesem Bereich war, dass zwei hochgeistige und edel gesinnte Männer, nämlich Jack Canfield und Mark Victor Hansen, sich kennenlernten, zusammen *Hühnersuppe für die Seele* herausbrachten und damit Buchgeschichte schrieben. Als mich beide eines Morgens anriefen, um mir mitzuteilen, dass ihr Verleger gern ein Kochbuch herausbringen würde und ich die Person sei, mit der sie hierfür gern zusammenarbeiten würden, war ich zutiefst berührt und sagte: »JA!«

Dieses Buch zu schreiben hat mir großen Spaß gemacht. Die sechs Bücher, die ich bereits herausgebracht hatte, waren nur eine Vorbereitung für diese Aufgabe. Ich habe die Arbeit an diesem Buch sehr genossen, denn der Seelenhunger einer Fünfjährigen, die einst neben Little Joe stand und ihn mit großen Augen ansah, wurde auf unermessliche Weise gestillt.

Anmerkung zu den Rezepten

Die nachfolgenden Rezepte sind Ausdruck liebgewonnener Erinnerungen. Sie stammen aus einer Zeit, in der man sich in der Ernährung noch keine großen Gedanken um Kalorien machte. Wir haben alle Rezepte ausprobiert, sie ernährungswissenschaftlich jedoch nicht auf den neuesten Stand gebracht, weil wir uns sicher sind, dass ihr Gehalt an Liebe ihren Gehalt an Fett bei Weitem überwiegt.

1
Mutters Küche

*Hunger und Liebe sind die Triebkräfte
aller menschlichen Handlungen.*

Anatole France

Das Früchtebrot-Rezept

Gino Sky

*Eine erfolgreiche Kochkunst hängt nicht nur vom
richtigen Know-how ab, sondern kommt vom Herzen,
stimuliert den Gaumen und beruht auf einer
großen Begeisterung für das Essen.*

Georges Blanc (aus: *Ma Cuisine des Saisons*)

Nach dem 80. Geburtstag meiner Mutter traf ich die Entscheidung, dass ihr berühmtes Früchtebrot-Rezept nicht verloren gehen sollte. Ich wusste, dass sie es in ihrem Kopf aufbewahrte oder, wie sie es nannte, »auswendig« konnte. Meine Mutter hatte ein fotografisches Gedächtnis, was ihr eine große Freiheit beim Backen und Kochen gab. Ich wusste, dass es nicht leicht sein würde, das Rezept aus ihr herauszukitzeln, aber ich musste es einfach versuchen.

Ich nahm mir also ein paar Tage frei und fuhr von San Francisco nach Pocatello in Idaho. Die Fahrt dauerte zwölf Stunden und führte hauptsächlich durch die halbtrockene Hochland-Wüste von Nevada. Da ich jedoch eine Mission zu erfüllen hatte, verstrich die Zeit schnell, während ich mich an all das zu erinnern versuchte, was ich über meine Mutter wusste. Im Alter von sechs Jahren hatte sie ihr Zuhause verlassen, weil es ihr nicht gefiel, wie ihre eigene Mutter das Haus führte.

Abends um neun Uhr erreichte ich mein Elternhaus am Ufer des Porneuf River. Wie immer war meine Mutter gerade in der Küche. Sie hatte eben sechs Dutzend Zimtwecken aus dem Ofen geholt, die sie für Freundinnen gebacken hatte, die inzwischen in Pflegeheimen wohnten. Zuerst hatte ich ein wenig Scheu, sie direkt darauf anzusprechen, aber schließlich war ich gekommen, um das Rezept von ihr zu erfahren. Papier und Bleistift in der Hand fragte ich sie also nach dem Früchtebrot-Rezept. Sie schaute zur Uhr an der Wand und antwortete: »Das würde zu lange dauern.«

»Ich möchte jetzt kein Früchtebrot backen, Mutti, sondern nur das Rezept von dir erfahren.«

»Ich kann es dir nur geben, wenn ich es gleichzeitig zubereite«, bekannte sie stolz.

»Dann tu einfach so, als würdest du eins backen«, schlug ich vor.

Sie schaute mich an, als ob mein Intelligenzquotient auf der Fahrt durch Nevada um 50 Punkte gesunken wäre. »In der Zeit, die ich brauchte, um mir das Rezept vorzustellen, könnten wir auch gleich das Früchtebrot backen.« Sie schaute wieder zur Uhr. »Dein Problem besteht darin, dass du immer nach einer einfachen Lösung suchst.«

»Mein Problem besteht darin«, erwiderte ich, »dass ich dein Früchtebrot sehr gern esse und gern das Rezept dafür hätte, bevor du in die überirdischen Gefilde entschwindest.«

»Das heißt immer noch Himmel«, korrigierte sie mich.

»Was mich betrifft, ich würde schon mit einer Viehranch auf Tahiti vorliebnehmen«, antwortete ich.

»Und das Ausmisten der himmlischen Ställe wäre dein Lohn, wenn du deine Einstellung nicht änderst«, entgegnete sie wie aus der Pistole geschossen. Sie liebte Herausforderungen, denn auf diese Weise konnte sie ihren Scharfsinn unter Beweis stellen.

Kaum hatte ich michs versehen, standen zwei große Mixschalen plus Mehl und Zucker auf der Anrichte. »Hey, warte doch«, schrie ich.

Aber schon hatte sie eine Dose Ananas geöffnet. »Eins der Geheimnisse besteht darin, dass du die Ananas selbst kandierst.«

»Geht das überhaupt mit eingemachten Früchten?«, fragte ich und blickte in die leere Dose, nachdem meine Mutter ihren Inhalt in einen Kochtopf geschüttet hatte.

»Wir sind hier in Idaho, nicht in Kalifornien«, antwortete sie mit einem Seitenhieb auf den Bundesstaat, in dem ich mich freiwillig angesiedelt hatte. »Bei uns hier gibt es keine frische Ananas rund um die Uhr im Spirituosengeschäft.«

»Weil ihr hier gar keine Spirituosengeschäfte habt.«

»Bewahre uns Gott davor …«

»In Ordnung«, sagte ich, während ich *Dosenananas* aufschrieb, »dies ist also die erste geheimnisvolle Zutat deines unschlagbaren Früchtebrots.«

»Gib nun 340 Gramm Zucker zur Ananas hinzu und verkoche langsam den Saft. Schütte den Rest über die kandierten Früchte.«

Das Telefon klingelte, und meine Mutter erzählte der Anruferin, dass sie von ihrem Sohn dazu gezwungen worden war, zu dieser Stunde ein Früchtebrot zu backen. Aus diesem Grund würde sie wahrscheinlich die ganze Nacht auf den Beinen sein. Kaum hatte sie aufgelegt, fragte sie: »Wann warst du das letzte Mal in der Kirche?«

Aus Spaß kreuzte ich zwei Holzlöffel und hielt sie vor mich. »Ich bin immer in der Kirche«, antwortete ich frei nach Thoreau.

»Schon seit Jahren kommst du immer mit der gleichen Ausrede.«

»Bei ihm hat es jedenfalls funktioniert…«

»Das ist dein Problem«, antwortete sie und legte dabei vier Stück Butter auf den Tisch. »Du denkst, Gott ist überall, damit du nicht nach ihm Ausschau halten musst.« Sie schüttelte den Kopf. »Du landest noch zusammen mit deinem Henry David und seinen ganzen Unitariern in der Hölle. Sie können sich nicht entscheiden, ob Gott ein Baumfrosch oder ein Autoschalldämpfer ist.« Zufrieden mit ihrer Analogie, reichte sie mir den leeren Butterkarton. »Füll den Karton mit diesen hervorragenden Datteln, denn das ist ungefähr die Menge, die ich benutze.«

Als ich den Karton vollmachte, musste ich mir das Lachen verkneifen. »Was macht die Datteln so besonders?«, fragte ich.

»Oh, weißt du… es sind halt diese teuren… aus Kalifornien, das ist das Geheimnis.« Es war das erste Mal überhaupt, dass sie nach Worten ringen musste.

»*Medjool*,« murmelte ich, während ich das Wort aufschrieb und in die Klammer dahinter *teuer* setzte.

»Ich habe dich nur getestet«, fügte sie schnell hinzu, so als wollte sie sich aus der Affäre ziehen. Sie gab mir ein Messer, das mich an eine kleine Machete erinnerte. »Damit kannst du die Datteln schon mal klein hacken.«

Dann stellte sie einen mittelgroßen Topf voll Wasser auf den Herd und rührte eine Tüte Mandeln unter. »Die Mandeln sind nicht unbedingt notwendig, ich räume nur gerade meinen Kühlschrank ein wenig aus.« Sie zuckte mit den Schultern. »Du brauchst daher nicht zu wissen, wie viele Mandeln ich genau in den Topf schütte.«

»Oh, du musst deinen Kühlschrank aufräumen?«

Sie nickte. »Alles muss hin und wieder aufgeräumt werden.«

Ich notierte mir blanchierte Mandeln und setzte ein paar Fragezeichen dahinter. Sie schüttete 250 g Walnüsse auf mein Schneidebrett. Während ich die Nüsse klein hackte, dachte ich daran, wie meine Mutter mit sechs Jahren ihr Zuhause verließ. Ich versuchte mir ein kleines Mädchen mit gepackten Taschen vorzustellen, das abfahrbereit zwischen den Stockrosen stand, während meine Großmutter sich fragte, von welchem Planet ihre Tochter eigentlich kam. Selbst damals schon wusste meine Mutter, wie die Welt für sie auszusehen hatte – friedlich, heiter, nicht ein bisschen Unkraut zu sehen und jedes Haus wurde mindestens einmal im Jahr gestrichen. Und das war erst der Anfang.

»Schau mal, wo das Mehlsieb geblieben ist«, sagte sie, und das kleine Mädchen löste sich in eine wunderschöne 80-jährige Frau auf. Sie hatte eine zierliche Figur, und ihre kurzen, welligen Haare fingen gerade erst an, grau zu werden. Sie erzählte von ihrem letzten Verehrer, der neulich erst an Leberkrebs gestorben war.

»War das der Früchtemann?«, fragte ich. Sie beurteilte ihre Verehrer danach, was sie arbeiteten oder wie sie aussahen oder sich verhielten. Es gab den Eisenbahnmann, den trampelnden Gänserich, Mahatma Gandhi, den Cadillacmann, den Früchtemann. Sie mochte den Früchtemann mehr als die anderen, und manchmal nannte sie ihn sogar ihren Pfirsichmann.

»Oh, er hatte immer wunderbare Früchte und brachte genug von allem mit.« Sie machte eine Pause und schaute mich an, als ob sie auf meinen Einwurf wartete. Dann fuhr sie fort: »Aber er war viel zu alt.«

»Wie alt war er denn?«

Sie zögerte und sah mich dann strahlend an: »81.« Dann lehnte sie sich zu mir herüber. »Weißt du, es gibt einen großen Unterschied zwischen einem 81-jährigen Mann und einer 80-jährigen Frau.«

»Das ist mir schon klar …«

Sie fuhr mit ihrer Geschichte fort. »Als er mich unbedingt heiraten wollte, betete ich inständig, dass er von seinem Vorhaben ablassen würde. Einen Monat später starb er an Leberkrebs.«

Sie schaute dabei noch nicht einmal hoch. Auch kein Lächeln. Ihre Gebete waren erhört worden. Nicht mehr und nicht weniger. *Sieh einer an!* Ich verzog mich auf die andere Küchenseite. »Ich hoffe, dass du nicht auch für mich betest.«

»Oh, für dich bete ich schon lange nicht mehr«, antwortete sie und wischte ein wenig verstreutes Mehl auf. Dann blickte sie zur Uhr. »Ach du meine Güte! Schau nur, wie spät es ist. Du fängst immer mit aufwendigen Projekten an, wenn wir schon längst im Bett liegen sollten.« Sie goss die kandierten Ananasstückchen in einen kupfernen Topf mit getrockneten Früchten, die sie auf dem Herd gedünstet hatte. »Und nun kommt das wirkliche Geheimnis«, sagte sie und holte ein

Glas mit selbst gemachter Orangenmarmelade hervor. »Diese Marmelade hier macht alle verrückt.«

»Wie viele Geheimzutaten brauchst du?«, fragte ich.

Sie leerte den Inhalt des Glases in den Topf mit den Früchten und bewegte den Holzlöffel, als sei er ein Zauberstab. »In meinem Alter so viele wie möglich.« Sie fing an, das Mehl zu sieben.

»Was für eine Mehlsorte ist das?«, fragte ich. Weißes Mehl war während meiner Kindheit bei uns zu Hause verboten.

Sie hielt die Packung hoch. »Einfach irgendein Mehl.«

»Ich erinnere mich noch daran, dass du uns noch nicht einmal erlaubt hast, Papierleim aus weißem Mehl herzustellen.«

»Du hast auch kein einziges Mal in der Schule gefehlt.« Erneute bewegte sie den Löffel, als ob ich von der Gesundheitszauberin persönlich gesegnet würde. »Vergiss nicht den Jogurt, den wir gemacht haben.«

»Richtig«, antwortete ich, »während alle meine Freunde Eiskrem lutschten, hatten wir nur einfachen Jogurt.« Ich schlug mir gegen die Brust.

Sie erhob ihren Finger, und ich hörte mitten im dritten Schlag auf. »Und sie sind alle an Verschleimung und Arterienverhärtung gestorben.«

»Mach nur weiter, Mutti!«

Sie stellte den Ofen auf 150 Grad Celsius ein und begann, die weiche Butter unter den braunen Zucker zu mischen. Ich trennte unterdessen das Eigelb vom Eiweiß.

»Sobald wir alles im Ofen haben, werde ich dir deinen Bart trimmen.«

»Das habe ich erst getan, bevor ich losgefahren bin.«

»Ich bin hellwach«, fuhr sie fort.

»Vielleicht solltest du draußen die Bäume beschneiden.«

Sie lachte über diese Anspielung. Während eines früheren Besuchs hatte ich bemerkt, dass ihre Bäume aussahen, als seien sie von einem Fachmann beschnitten worden. Stolz hatte sie erwidert: »Ich habe sie beschnitten und musste dafür um vier Uhr morgens aufstehen, denn wenn die Nachbarn mich auf der wackligen alten Leiter gesehen hätten, wären sie mir bestimmt zu Hilfe gekommen, obwohl sie vom Bäumebeschneiden keinen blassen Schimmer haben.«

Oft habe ich sie dabei angetroffen, wie sie gerade den Rasen des Nachbarn mähte. Es wäre ihr nie im Leben eingefallen, sich dafür die Erlaubnis einzuholen. Mit elektrischem Rasenmäher, Harken und Kantenschneidern bewaffnet fiel sie wie ein Hunne auf dem Nachbargrundstück ein. »Seht nur, sie ist wieder in Aktion«, witzelten die Nachbarn. »Es ist, als ob wir in Polen wären.« Sie rechtfertigte ihren Einsatz damit, dass sie die Nachbarschaft vor dem Untergang bewahren wollte.

Unterdessen fing sie an, die Butter, den braunen Zucker und das Eigelb mit dem Mehl zu vermengen. »Nicht gleich das ganze Mehl nehmen, sondern immer nur einen Teil, nach und nach«, wies sie mich an. Dann drehte sie sich um und öffnete den Kühlschrank. »Oh, ich habe die Kirschen vergessen. Wo sind sie?« Sie kniete sich hin und blickte hinein. »Schau dir nur dieses Durcheinander an.« Der Kühlschrank war rammelvoll. Im Keller befand sich ein zweites, ebenfalls bis zum Rand gefülltes Exemplar. Ich nannte sie »die sich duellierenden Kühlschränke«.

»Was ist mit all den hungernden Menschen in China?«, fragte ich selbstgefällig.

»Warte nur ab. Wenn die Jahrtausendwende kommt, wirst du mich noch anbetteln, dich an diese Kühlschränke zu lassen.«

»Es ist wie Äsops Fabel vom Grashüpfer und den Ameisen, stimmt's?«

»Aber es wird nicht wie die Disney-Version werden, darauf kannst du Gift nehmen«, antwortete sie. Und wieder kam ihr drohender Finger zum Vorschein. »Du *kennst* den Unterschied.«

»Ja, Mutti«, antwortete ich. »Bei Disney spielt der Grashüpfer zuerst die Violine für die Boston Pops, spart brav sein Geld und endet schließlich als Sexsklave afrikanischer Ameisenköniginnen. In Äsops Fabel hingegen ist er ein Faulpelz, der sich als Straßenmusikant durchschlägt und schließlich im Gefängnis landet und dort Leona Helmsley heiratet.«

Sie nickte zustimmend mit dem Kopf. »Das nenne ich eine gelungene Strafe!«

Sie hatte inzwischen die Kirschen in der hinteren Ecke des Kühlschranks erspäht und warf sie mir zu. Immer noch auf den Knien, wischte sie gleich den Vinylfußboden auf. »Schau dir nur diesen Fußboden an!«

Das Linoleum war mehr als 25 Jahre alt und sah aus wie neu.

»Du hast Recht«, sagte ich, »er sieht schrecklich aus.«

Sie nahm eine kleine Flasche Zitronenextrakt aus dem Schrank. »Dies ist nun das wirkliche Geheimnis«, meinte sie und hielt das Fläschchen in der Hand. »Alle sind ganz verrückt danach.« Sie leerte den Inhalt in den Backteig. »Und je mehr, desto besser.« Sie reichte mir die Mixschale und fing an, die Brotbackformen mit Wachspapier auszulegen. »Ich habe Früchtebrot noch nie gemocht«, gab sie zu, »aber alle scheinen meins zu lieben.«

Ich starrte sie verblüfft an. Meine Mutter, das Wesen vom Liebes-Planeten Venus. Sie war im südlichen Utah aufgewachsen, hatte gerade mal genug zu essen und einen Vater, der zu viel trank, und weiß Gott was sonst noch alles. Als das jüngste von sieben Kindern verließ sie mit sechs Jahren das Haus. Mit 27 heiratete sie meinen Vater, einen Handelsvertreter – der hauptsächlich am Fliegenfischen interessiert war und sich davonmachte, als ich acht war. Sollte sie ihn jemals vermisst haben, dann hat sie es sich niemals anmerken lassen. Es war eher wie: »Wohin wird er wohl dieses Mal gegangen sein?« Sie hatte ihre Kinder und ihr eigenes Leben. Es war wie mit dem Früchtebrot – sie machte es aufgrund einer übergeordneten Bestimmung, und nur sie und der Früchtebrot-Gott wussten, worum es eigentlich ging. Ich musste an Bob Dylans Verszeile denken: »*She's an artist, she don't look back.*«

Nachdem ich alle Zutaten miteinander vermengt hatte, goss ich den Teig in die Backformen, schob sie in den Ofen und leckte die Schale aus. Es war bereits nach Mitternacht und in sechs Stunden musste meine Mutter schon wieder bei der Arbeit in der Kirche von Idaho Falls sein, die 80 Kilometer entfernt lag. Irgendwie beneidete ich sie. Nicht um ihre Arbeit, aber darum, mit welcher Leichtigkeit sie alles tat. Mit ihrer ganz speziellen Art hatte ich immer das Gefühl, dass sie mir die wirklichen Zutaten des Lebens zeigte.

Als wir alles sauber gemacht hatten, bat sie mich, die Brote um halb zwei aus dem Ofen zu nehmen. Sie gab zu, dass sie müde war. Das war ich ebenfalls, aber ich fühlte mich auch wie ein Sieger. Sie zog an meinem Bart. »Du hast jetzt nicht nur das Früchtebrot-Rezept, sondern auch vier Brote, die du mitnehmen kannst.«

Ich drückte ihre Hände und küsste sie auf die Stirn. »Ich habe das Gefühl, auf dem heiligen Berg gewesen zu sein.«

»Ich hoffe, du hast auf dem Weg nach oben ein wenig Unkraut herausgezogen.« Ihr Zeigefinger war erneut erhoben.

»Beim Aufstieg habe ich Unkraut gejätet und beim Abstieg Blumen gepflanzt, genau wie du es gesagt hast.«

»Das ist mal wieder typisch mein Sohn ...«

Da saß ich nun mit den Broten, als ob sie meine Kinder wären – Früchtebrot-Kinder, in denen 80 Jahre Lebenserfahrung steckten. Ich war fest entschlossen, sie zu beschützen – egal was geschah. Eines Tages könnten mich meine Töchter nach dem Rezept fragen, und vielleicht würde ich es dann, genauso wie Oma Linda, für sie aus dem Stegreif mit viel Liebe backen können.

Darin bestand das Geheimnis.

Oma Lindas Früchtebrot

Ergibt zwei Laibe

1 Dose (ca. 570 g) Ananasstücke und -saft
340 g weißen Zucker
1 Pfund Datteln,
aufgeschnitten
1 Pfund kandierte Früchte
250 g Walnüsse,
mittelfein gehackt
420 g Rosinen
370 g kandierte Kirschen

600 g Weißmehl
1 TL Natron
1 TL Backpulver
1 TL Salz
1 Pfund Butter (oder 250 g
Butter und 250 g Margarine)
450 g weißer Zucker
6 Eier
30 ml Zitronenextrakt
500 g Orangenmarmelade
(optional – siehe Anmerkung)

Anmerkung: Meine Mutter hat diese Zutat weggelassen, obwohl sie noch vor zwei Jahren zu den »Geheimnissen« gehörte. Wenn Sie keine kandierten Früchte haben, können Sie
frische, klein geschnittene Äpfel nehmen oder zwei Dosen
Ananas statt einer Dose.

1 Heizen Sie den Ofen auf 150 Grad Celsius vor, und legen
Sie zwei Brotbackformen mit Wachspapier aus. Geben Sie die
Ananasstücke zusammen mit ihrem Saft in einen Stieltopf.
Kochen Sie die Ananas vorsichtig mit 340 g Zucker. Wenn sich
der Ananassirup verdickt, gießen Sie ihn über die Datteln, die
kandierten Früchte, die Walnüsse, Rosinen und kandierten
Kirschen. (Bewahren Sie ein paar Kirschen und Walnüsse auf,
um sie vor dem Backen auf den Brotteig zu legen.)

2 Sieben Sie Mehl, Natron, Backpulver und Salz zusammen. Vermengen Sie die Butter mit 450 g Zucker, bis Sie eine cremige Masse haben. Trennen Sie das Eigelb vom Eiweiß (und geben Sie das Eiweiß in eine fettfreie Schale, um es später zu schlagen), und fügen Sie Eigelb, Mehl und Zitronenextrakt hinzu (und auch die Orangenmarmelade, wenn gewünscht).

3 Vermengen Sie den Teig mit der Früchtemischung, und rühren Sie gut um. Schlagen Sie das Eiweiß steif, und geben Sie es unter die Mischung.

4 Geben Sie den Teig in die vorbereiteten Formen. Dekorieren Sie ihn mit den aufgehobenen Kirschen und Walnüssen. Schieben Sie die Backformen in den Ofen, und stellen Sie eine flache Schale mit Wasser unter die Brotlaibe. Backen Sie die Brote 1½ Stunden lang. (Schauen Sie nach einer Stunde nach, da jeder Backofen anders ist und die Temperatur schwanken kann.)

Mary Anns Maryland-Krebse

Anne Cooper Ready

Zu meinen schönsten Erinnerungen an zu Hause gehören die Sommerferien, die ich an der Küste von Maryland in dem kleinen Hafenstädtchen Easton verbrachte. Meine Eltern sind oft mit uns umgezogen. Und wo wir nicht gewohnt haben, da sind wir auf Besuch gewesen... und haben uns auf diese Weise einen Eindruck verschafft. Die Philosophie meines Vaters lautete: »Probier es aus, vielleicht gefällt es dir.«

Krebse sind für die Ostküste Marylands das, was Venusmuscheln für Neuengland, Schneckenmuscheln für die Bahamas, Austern für New Orleans und Rippensteaks für Kansas City sind. Wir liebten Maryland und besonders seine blauen Krebse! Sie werden so genannt, weil die Scheren des männlichen Tieres blau werden, wenn man sie kocht. Der Krebsfang ist ein Freizeitvergnügen der Einheimischen – und geschieht oft auf unkonventionelle Weise.

Man kann Krebse vom Hafendock aus fangen, indem man einen rohen Hühnerhals an einem Band im Wasser baumeln lässt. Wenn der Krebs das Stück ergreift und zu knabbern anfängt, kann man das Band seelenruhig hochziehen und den Krebs ins Fischernetz verfrachten, bevor er loslässt. Dann steckt man ihn in einen Eimer mit Wasser, in dem er sich so lange windet, bis er schließlich gekocht wird.

Wenn ich an diesen langen, faulen Sommerferientagen bei Tagesanbruch anfing, konnte ich mit ein paar Hühnerhälsen den ganzen Morgen lang auskommen und hatte bis zum Mittag ein wuseliges Durcheinander von Krebsen in meinem Eimer. Meine Mutter kochte sie dann im gewürzten Wasser, und wenn sie sich nicht mehr beklagten, waren sie gar. Wenn man den Topfdeckel hochnahm, waren die Krebse hellrot und dampften. Jetzt konnten wir sie aufknacken und auf einem mit Zeitungspapier belegten Picknicktisch essen und mit viel Bier hinunterspülen. Jeder hatte seine eigene Weise, die frisch gekochten Krebse zu verzehren. Die einen pulten zuerst das ganze Krebsfleisch ab, bis sie einen großen Haufen hatten, und tunkten dann eine Gabel voll in die geschmolzene Butter. Andere stippten das Krebsfleisch sofort nach dem Abpulen, wenn es noch warm und saftig war, mit den Fingern in die Butter.

Was wir nicht aufessen konnten, bewahrten wir für Muttis beste Rezepte auf, die sie von den Einheimischen aufgeschnappt und in ihrer Küche ausprobiert hatte. »Die Krebsschere«, ein Restaurant mit einer eigenen Anlegestelle für Boote (und sogar mit eigenem Bringdienst), konnte mit Mary Ann Coopers Krebsgerichten nicht mithalten.

Meine Mutter hatte immer viel zu tun. An den Sommertagen, an welchen ich Frühstücksschicht hatte, weckte sie mich schon früh am Morgen, machte mir Frühstück und brachte mich, bevor der erste Gast eintraf, mit einer frisch gewaschenen, gebleichten, gestärkten und gebügelten Schürze zur »Krebsschere«. Manchmal brachte sie auch meine kleinen Brüder und Schwestern zum Mittagessen vorbei. Sie waren meine besten Kunden.

Als ich nach Kalifornien zog, schickte sie mir ein kleines Buch mit ihren Lieblingsrezepten. Hier sind zwei der besten.

Mutter zu sein ist für sie eine Möglichkeit, ihre Liebe zu zeigen. Sie lehrte uns die Bedeutung des alten Sprichworts »Gib ihnen einen Fisch, und sie werden ein Mal zu essen haben. Bring ihnen das Fischen bei, und sie werden nie wieder hungern.« Bis auf den heutigen Tag probiert Mary Ann neue Rezepte an Papa Joe aus. Von Küche zu Küche, mit lieben Grüßen. Probieren Sie das Rezept aus, vielleicht schmeckt es Ihnen!

Mary Anns Krebs-Dip

Ergibt sechs bis acht Portionen

450 g Frischkäse
220 g saure Sahne
100 g geriebener Cheddar-Käse
50 g Mayonnaise
2 bis 3 TL Worcestershire-Soße
1 TL Senf
½ TL Zitronensaft
1 Prise Knoblauchsalz

Salz und Pfeffer zum Abschmecken
1 Pfund frische Krebse oder Krebsfleisch aus der Dose (gut durchsehen, um Reste von Knorpeln und Schalen zu entfernen – siehe Anmerkung!)
Cracker oder Kartoffelchips zum Einstippen

Anmerkung: Wenn Ihnen kein frisches Krebsfleisch zur Verfügung steht, können Sie auch Krebsfleisch aus der Dose nehmen, das fast genauso gut schmeckt.

1 Heizen Sie den Ofen auf 180 Grad Celsius vor. Vermengen Sie in der Schale Ihres Elektromixers Frischkäse, saure Sahne, 50 g Cheddar-Käse, Mayonnaise, Worcestershire-Soße, Senf, Zitronensaft und Knoblauchsalz. Schmecken Sie mit Salz und Pfeffer ab, und verrühren Sie alles gut. Rühren Sie das Krebsfleisch unter, und geben Sie alles in eine Auflaufform.

2 Streuen Sie die restlichen 50 g Cheddar-Käse auf die Oberseite. Backen Sie den Dip 30 bis 40 Minuten, bis er Blasen wirft. Servieren Sie ihn mit knackigen Crackern oder Kartoffelchips zum Einstippen.

Mary Anns Krebs-Imperial

Ergibt sechs Portionen

1 Pfund Krebsfleisch, entweder frisch oder aus der Dose
230 g Mayonnaise
½ Glas (ca. 60 g) Pimentos (grüne Mini-Paprika), klein geschnitten

3 bis 4 EL Worcestershire-Soße (oder nach Geschmack)
⅛ TL Senfpulver
50 bis 100 ml fettarme Sahne
Salz und Pfeffer zum Abschmecken
Paprikapulver

1 Heizen Sie den Ofen auf 200 Grad Celsius vor. Vermengen Sie in einer Schale Krebsfleisch, Mayonnaise, Worcestershire-Soße, Pimentos und Senfpulver. Rühren Sie alles gut um. Geben Sie genug fettarme Sahne hinzu, damit Sie die Konsistenz einer Soße erhalten. Würzen Sie je nach Geschmack mit Salz und Pfeffer.

2 Geben Sie das Krebsfleisch und die Soße in zwei verschiedene Schalen, und bestreuen Sie die Oberfläche leicht mit Paprikapulver. Backen Sie Krebsfleisch und Soße 10 bis 15 Minuten. Servieren Sie das Gericht als ersten Gang.

Das Huhn des Fleischers und Muttis irische Kartoffeln

Kathy Fellows

Ich bin in den Vierzigerjahren aufgewachsen, und es gehörte zu meinen Lieblings-»Pflichten«, zu unserem Fleischer um die Ecke zu gehen, um die eingewickelten Pakete für das Abendessen unserer Familie abzuholen. Ich war damals zehn Jahre alt, und mir wurde erst später klar, wie wichtig diese Pakete für meine Mutter waren. Wir waren damals sehr arm, weil mein Vater gestorben war und das magere Gehalt meiner Mutter für den Lebensunterhalt von sechs Personen reichen musste. Der Fleischer hob Flügel und Innereien der geschlachteten Hühner für uns auf, wenn seine Kunden diese bei ihrer Bestellung entfernt haben wollten. Ich habe die Freundlichkeit unseres Fleischers nie vergessen.

Meine Mutter machte aus den Innereien eine Brühe und kochte die Flügel und das Hühnerklein für unser Abendessen. Manchmal diente die Brühe als Grundlage für einen Hühnereintopf mit Reis, und manchmal wurden Flügel und Hühnerklein auch einfach nur auf einer Platte serviert. Auf jeden Fall war es in der Kindheit eines meiner Lieblingsgerichte.

Ich bekam damals nicht mit, dass meine Mutter kaum

etwas mitaß, nachdem sie das Essen auf den Tisch gestellt hatte. Beim Abendessen fragte sie jeden von uns, wie der Tag gewesen war, und von daher waren wir zu sehr damit beschäftigt, über uns selbst zu reden, um mitzubekommen, wie wenig unsere Mutter aß. Erst als ich selbst eine Familie hatte wurde mir klar, dass das kleine Paket des Fleischers nur dann für uns fünf Kinder reichte, wenn sie selbst nichts davon anrührte.

Ich fing auch an zu verstehen, warum unsere Mutter am Ende des Tischgebets immer hinzufügte: »Und vielen Dank, lieber Gott, für das Huhn vom Fleischer. Amen.«

Als meine drei Brüder ins Teenageralter kamen, wurden Muttis irische Kartoffeln zur Familientradition. Sie konnten ungeheure Portionen in Windeseile verschlingen. Wenn sie vom Footballtraining, einem Leichtathletikwettbewerb oder ihrem Nachmittagsjob nach Hause kamen, hatten sie einen Heißhunger. Je größer sie wurden, desto größer wurde auch ihr Appetit, und desto mehr Kartoffeln musste Mutti kochen.

Schließlich wurde aus dem Rezept die Version, die unten aufgeführt ist. Es ist bis heute unser Lieblingsessen und darf bei keiner Familienzusammenkunft fehlen. Kein Erntedankfest, Weihnachten, Ostern oder Grillfest im Garten wird geplant, ohne dass jemand fragt: »Wer kocht Omas irische Kartoffeln?«

Hühnerklein mit Brühe

Hühnerklein und -innereinen (u.a. Leber und Herz)
1 kleine Zwiebel, gewürfelt

Salz und Pfeffer
gekochter Reis oder 200 g roher Reis

1 Legen Sie das Hühnerklein in einen mittelgroßen Topf, sodass es ungefähr 2,5 cm mit kaltem Wasser bedeckt ist. Fügen Sie die Zwiebel, Salz und Pfeffer hinzu. Bringen Sie das Fleisch zum Kochen, und schöpfen Sie den Schaum ab, der sich auf der Oberfläche bildet. Schließen Sie den Topf, und lassen Sie alles eine Stunde lang köcheln. Entfernen Sie die Leber nach 15 oder 20 Minuten, wenn Sie nicht mehr rosa ist.

2 Nehmen Sie das Hühnerklein aus dem Topf, zerkleinern Sie es, und geben Sie es zurück in die Brühe. Servieren Sie das Ganze über gekochtem Reis oder geben Sie 200 g rohen Reis in die Brühe und kochen Sie ihn so lange, bis er gar ist.

Das pochierte Huhn des Fleischers

Hühnerflügel und Hühnerklein
Salz und Pfeffer
1 Lorbeerblatt

frische Petersilie oder getrockneter Thymian, zerrieben
1 Streifen Orangen- oder Zitronenschale

1 Bedecken Sie in einer großen Pfanne die Flügel und das übrige Fleisch mit kaltem Wasser, und geben Sie die restlichen Zutaten hinzu.

2 Pochieren Sie das Hühnerfleisch ungefähr 40 Minuten lang, bis es gar ist. Regulieren Sie die Kochtemperatur dabei so, dass es nicht zu großen Kochblasen kommt. Servieren Sie alles mit Gemüse oder einer Soße Ihrer Wahl.

Muttis (bzw. Omas) irischer Kartoffelauflauf

Ergibt 16 Portionen

18 bis 20 geschälte Kartoffeln
1 Zwiebel
3 Stangen Sellerie
1 grüne Paprika
¼ Pfund Butter oder
Margarine
2 Dosen (ca. 300 g)
Hühnercremesuppe
200 ml Milch
½ bis ¾ Pfund Cheddar-Käse, gerieben
1 Glas (ca. 110 g) gewürfelte Pimentos
Salz und Pfeffer zum Abschmecken

1 Kochen Sie die Kartoffeln in einem großen Topf, bis sie weich sind. Gießen Sie sie ab, und lassen Sie sie abkühlen. Schneiden Sie sie dann in Würfel, und geben Sie die Kartoffelwürfel in eine Auflaufform.

2 Schneiden Sie die Zwiebel, den Sellerie und die Paprika klein. Schmelzen Sie die Butter oder Margarine in einem Topf, und garen Sie das Gemüse, bis die Zwiebel glasig ist. Fügen Sie Hühnercremesuppe und Milch hinzu. Kochen Sie alles auf, und rühren Sie dabei gelegentlich um. Geben Sie den Käse hinzu, und erhöhen Sie die Kochtemperatur. Rühren Sie so lange um, bis der Käse geschmolzen ist. Rühren Sie dann die Pimento-Würfel unter.

3 Gießen Sie die Soße über die gewürfelten Kartoffeln. Bestreuen Sie alles nach Geschmack mit Salz und Pfeffer. Backen Sie den Auflauf bei 180 Grad Celsius 20 bis 25 Minuten, oder bereiten Sie alles im Voraus zu, und backen Sie die abgekühlte Auflaufform 40 bis 45 Minuten.

Rhabarberkuchen

Bettie B. Youngs

»Warum versuche ich, so gute Kuchen
wie Mutter zu backen«, sagte ich zu mir selbst,
»wenn es so viel leichter ist,
sie einfach Mutter machen zu lassen?«

Hariette Arnow

Unser weitläufiger, 40 Morgen Land umfassender Bauernhof war der ideale Lebensraum für eine große Familie mit
sechs Kindern und vielen Haustieren, die sich als Teil unserer
Familie betrachteten. Der Garten war einen halben Morgen
groß und lag im Osten unseres Hauses. Auf seiner rechten
Seite wuchs der Rhabarber. Der Garten erzeugte bei uns gemischte Gefühle. Einerseits produzierte er frisches Gemüse,
aber andererseits musste man sich auch ständig um ihn kümmern, und manchmal wurden wir Kinder mit Gartenarbeit
bestraft – wenn wir ungerecht gewesen waren oder einfach
nur, damit uns das Unkrautjäten vom Faulenzen abhielt. Der
Rhabarber war jedoch eine andere Geschichte.

Zuerst einmal mussten wir dort nie Unkraut jäten. Wild
entschlossen, das kleine Stück Erde zu dominieren, schlug der
Rhabarber jedes Frühjahr aus und verdrängte alle anderen

Pflanzen, die es wagten, sich in seinen Weg zu stellen. Außerdem waren seine großen grünen Blätter und seine langen üppigen Stiele, deren Farbpalette von Grün über Rosa bis ins Violette reichte, ein wahrhaft königlicher Anblick.

Aber der Rhabarber wirkte nicht nur kraftvoll und majestätisch, sondern auch geheimnisvoll und bezaubernd. Über Nacht ließen sich die stark geäderten Blätter der ausgewachsenen Pflanzen über die zusammengerollten kleinen Blätter hängen, als würden sie sie beschützen und ihnen Tau zu trinken geben. Aber wenn der Planet Erde seine tägliche Umdrehung machte und sich überall von der Sonne bescheinen ließ, gaben die größeren Blätter ihre fürsorgliche Rolle auf und streckten ihre langen Hälse in den Himmel, um in der strahlenden Morgensonne zu baden. Da sie jetzt nicht mehr von den großen Blättern bedeckt waren, erwachten auch die kleinen Blätter. Langsam rollten sie sich auf und ließen die Sonnenstrahlen in sich eindringen.

Die Schönheit des Rhabarbers täuscht über seinen Geschmack hinweg! Es stimmt zwar, dass der junge, zarte Stängel eines rohen Rhabarbers wesentlich besser schmeckt als ein Stängel der ausgewachsenen Pflanze, aber das sagt noch nicht viel aus. Und als Kinder sagten wir immer: »Wer als Letzter zu Hause (oder in der Scheune, am Briefkasten, im Schuppen, am Schulbus, im Garten oder sonst wo) ist, muss eine ganze Stange Rhabarber essen!« In den Augen meiner Brüder und Schwestern die Letzte zu sein war schon schlimm genug, aber eine saure Rhabarberstange essen zu müssen war ein noch größerer Anreiz, das Wettrennen auf keinen Fall zu verlieren!

Im Frühling und im Sommer erntete meine Mutter die zarten jungen Stängel. Es war ein schöner Anblick, ihr dabei zuzusehen. Aber noch schöner war, was für leckere Kuchen, Puddings und andere Desserts sie für unsere Familie aus diesen sauren Stängeln machte. Die Stängel, die nicht sofort verarbeitet wurden, wurden in Plastiktüten eingefroren und im späten Herbst und in den Wintermonaten aufgebraucht.

Die ganze Familie liebte Mutters Rhabarberdesserts und ganz besonders ihren Rhabarberkuchen. Er war natürlich nicht der einzige Obstkuchen, den sie backte; es gab noch Kuchen mit Kirschen, Heidelbeeren, Maulbeeren, Brombeeren, Erdbeeren, Pfirsichen und Äpfeln – aber keiner hatte so eine begeisterte Anhängerschaft wie ihr Rhabarberkuchen. Vielleicht lag das daran, dass er nicht nur köstlich schmeckte, sondern wir auch wussten und schätzten, wie viel Zeit und Mühe mit seiner Herstellung verbunden war und wie viel Liebe immer in ihn einfloss.

Manchmal halfen wir ihr dabei, Rhabarberpudding zu machen, aber am liebsten stellten wir den Teig für den Kuchen her und belegten ihn hinterher mit Rhabarber. Mutter zeigte uns, wie man die langen Stängel wusch und sie behutsam in Würfel schnitt.

Mutter brachte uns auch bei, wie man akribisch genau Mehl und Butter für den Teig abmaß. Geduldig half sie uns, ihn größer als die Kuchenform auszurollen und den überschüssigen Teig wegzuschneiden und auf den angefeuchteten Rand zu legen.

An diesem Punkt wurde der Rhabarber in die Kuchenform gefüllt und in der Mitte besonders hoch aufgeschichtet. Danach wurde der Kuchen mit einem »Teigdeckel« abgedeckt und dekoriert. Zum Schluss verzierte Mutter den Rand, indem sie kleine, regelmäßige Bogen in den Teig drückte. Sie ließ jedes

Kind mit dem Messer einen kleinen Schlitz in den Teigdeckel machen, damit der Dampf beim Backen abziehen konnte.

Brrring! Die Eieruhr verkündete den magischen Moment, auf den wir alle gewartet hatten. Gespannt schauten wir auf den Backofen, denn nun sollte sich unserer Mühe Lohn offenbaren. Atemlos schauten wir zu, wie Mutter unser Meisterwerk aus dem Ofen holte und auf den Tisch stellte. Wenn wir den Kuchen so in seiner goldbraunen Herrlichkeit erblickten und sein warmes, süßes Aroma einatmeten, hatten wir alle das Gefühl, etwas Großartiges vollbracht zu haben. Für uns kleine Kinder war das Gefühl der Errungenschaft und Befriedigung gleichbedeutend mit dem, was Michelangelo empfunden haben musste, als er den letzten Pinselstrich an seine Malerei in der Sixtinischen Kapelle getan hatte. Unser Kuchen war vollkommen. Das zufrieden lächelnde Gesicht unserer Mutter bestätigte unser Gefühl.

Vielleicht verbanden wir deshalb so viel Freude und Feststimmung mit dem Rhabarberkuchen, weil es ihn an allen Feiertagen und Geburtstagen und auch zu anderen besonderen Anlässen gab. Rhabarberkuchen schmeckte zu jeder Gelegenheit, und seine Gestalt und Bedeutung nahm mit der Zeit immer mehr zu. Bald schon verließen wir alle unser Elternhaus und führten unser eigenes Leben. Aber wir kehrten immer wieder ins elterliche Nest zurück, um unsere Freuden und Leiden zu teilen – und gemeinsam Rhabarberkuchen zu essen. Später, als wir unsere Ehepartner und Kinder mitbrachten, war immer ein Rhabarberkuchen da, um uns willkommen zu heißen. Und wenn die Zeit zum Abschied gekommen war, gab es nicht nur Umarmungen, feuchte Augen und zum dritten Mal »Auf Wiedersehen!«, sondern immer auch ein Fresspaket, in dem neben selbst gemachten Broten und Marmeladen auch ein Rhabarberkuchen war.

Es ist nicht leicht, Rhabarber im Lebensmittelgeschäft zu kaufen. Auch steht er nur in wenigen Restaurants auf der Speisekarte. Vielleicht unternehmen Sie das Gleiche dagegen wie ich: Ich pflanzte mir meinen eigenen Rhabarber an. Und jedes Mal, wenn ich hinausgehe und ein paar Stängel ernte, trage ich die geblümte Schürze meiner Mutter.

Obwohl ich einen passablen Rhabarberkuchen backen kann, schmeckt er doch niemals so gut wie der von Mutter. Wenn ich also einen Rhabarberkuchen mache, rufe ich sie an und erzähle ihr, wie gut mir immer ihr Rhabarberkuchen geschmeckt hat und wie schön es ist, ihre Tochter zu sein.

Rhabarberkuchen

Fruchtfüllung:
300 g junger Rhabarber, in Stücke geschnitten
Schale einer Orange, fein gerieben
1 TL Maisstärke
220 g Zucker

1 TL gemahlener Zimt oder 2 EL kandierter Ingwer, gehackt
1 EL Butter
1 Ei

Teigboden und Teigdeckel:
180 g Mehl
6 EL ungesalzene Butter
Eiswasser
½ TL Salz

Milch, um den Teig zu bestreichen
Zucker, um ihn über den Teigdeckel zu streuen

1 Waschen Sie den Rhabarber, und schneiden Sie ihn in 1,5 cm große Würfel. Vermengen Sie in einer großen Schale die geriebene Orangenschale, Maisstärke, Zucker und Zimt (oder Ingwer), Butter und Ei. Rühren Sie den Rhabarber unter, und stellen Sie die Schale zur Seite.

2 Um den Teig zu machen, geben Sie das Mehl mit der Butter in eine Schale. Schneiden Sie die Butter mit zwei Messern oder einem Teigschneider in das Mehl, bis dieses wie Schrotmehl aussieht. Sprenkeln Sie nach Bedarf Eiswasser über die Mischung, und wenden Sie sie mit einer Gabel hin und her, bis sie feucht genug ist, um zusammenzukleben. Formen Sie nun auf einer leicht mit Mehl eingestreuten Unterlage zwei Bälle, der eine etwas größer als der andere, und rollen Sie beide kreisrund aus, bis der Teig eine Dicke von 2,5 cm hat. Legen Sie den Teig für mindestens 15 Minuten in den Kühlschrank.

3 Heizen Sie den Ofen auf 230 Grad Celsius vor. Rollen Sie das größere Teigstück aus, bis es ein wenig größer als die Kuchenform ist, und drücken Sie es am Rand in die Form. Geben Sie die Rhabarbermischung auf den Teig, mit einer leichten Erhöhung in der Mitte. Rollen Sie nun den kleineren Teig aus, und legen Sie ihn als Deckel auf die Fruchtfüllung. Dekorieren Sie ihn am Rand mit einer bogenförmigen Verzierung. Machen Sie einen kleinen Schnitt in den Deckel, damit der Dampf beim Backen abziehen kann, und streichen Sie ihn überall mit Milch ein.

4 Backen Sie den Rhabarberkuchen zehn Minuten bei 230 Grad. Verringern Sie dann die Temperatur auf 180 Grad, und lassen Sie den Kuchen für weitere 30 Minuten backen. Bestreuen Sie den fertigen Kuchen mit einer Prise Zucker, und lassen Sie ihn vor dem Servieren ein wenig abkühlen.

Der Platz an der Stirnseite des Tischs

Florence Littauer

Unser Appetit ist durch das geprägt, was wir zu
Hause gegessen haben. Alle sehnen sich nach der
Einfachheit des köstlichen Geschmacks,
den sie einst auf dem elterlichen Bauernhof oder
in der Heimatstadt genossen haben.

Clementine Paddleford

Ich wuchs während der Großen Depression in drei Zimmern hinter dem Geschäft meines Vaters in Haverhill, Massachusetts, auf. Es waren einfache Zeiten, und unser Essen war sogar noch einfacher. Das Wort »Feinschmecker« fehlte noch im allgemeinen Wortschatz, und der ultimative »Nudelgenuss« bestand darin, eine Dose Spaghetti aufzuwärmen.

Das Lieblingsessen meiner Mutter war ein Gericht, das sie »Neuengland-Eintopf« nannte – man warf alles in einen Topf und kochte es auf. Als Gewürze hatten wir nur Salz und Pfeffer. Wir hatten noch nie etwas von Salbei gehört, ganz zu schweigen von Safran.

Als ich Fred heiratete, der in New York ein Restaurant führte, musste ich viel lernen. »Ich hoffe, du kochst nicht so wie deine Mutter«, sagte er auf unserer Hochzeitsreise. Wie soll ich denn sonst kochen?, dachte ich im Stillen. Fred unterzog mich sofort einem Trainingsprogramm. Als ich ihm an unserem ersten Samstagabend Hot Dogs und Backbohnen servierte, wie ich es von zu Hause aus gewohnt war, rief er aus: »Hot Dogs gehören ins Yankee-Stadion. Bitte bring mir nie wieder diese Backbohnen.«

Ich ließ meine Gewohnheiten aus Neuengland hinter mir und wechselte schnell von Tapioka-Pudding zu Grand-Marnier-Soufflés. Wenn meine Mutter uns besuchte, tischte ich ihr ungewohnte Köstlichkeiten auf, denn ich hatte das Gefühl, dass es meine Aufgabe sei, ihren kulinarischen Horizont zu erweitern.

Während der letzten Jahre meiner Mutter im Seniorenheim schien sie das fade Essen und die einfache Umgebung zu genießen. Eines Tages fragte ich sie: »Wie gefällt es dir hier?« Sie antwortete: »Dies ist der schönste Ort, an dem ich jemals gelebt habe.« Ich konnte es kaum glauben! »Warum?«, fragte ich. »Schon am ersten Tag teilten Sie mir meinen Platz am Esstisch zu. Sie setzen mich an die Stirnseite und gaben mir den einzigen Stuhl mit Armlehnen.«

Mir wurde schlagartig klar, dass ich sie niemals an die Stirnseite des Tischs gesetzt oder ihr auch einfach nur das gekocht hatte, was sie gern aß. Als ich das nächste Mal von einer Vortragsreise nach Hause kam, lud ich meine Mutter ein, zum Abendessen zu mir zu kommen. Ich hatte den »Neuengland-Eintopf« vorbereitet, setzte sie an die Stirnseite des Tischs und gab ihr den einzigen Stuhl mit Armlehnen.

Als ich danach wieder beruflich unterwegs war, starb meine Mutter friedlich im Schlaf. Ich erkannte, dass ich mein Leben damit verbracht hatte, meine Mutter an neue Dinge zu gewöhnen, anstatt ihr das zu geben, was sie gern mochte. Sie hatte einen einfachen Geschmack und war mit so wenig zufrieden, aber erst kurz vor ihrem Tod setzte ich sie an die Stirnseite des Tischs und gab ihr den einzigen Stuhl mit Armlehnen.

Wenn du anderen etwas Gutes tun willst,
finde jemanden, der eine Mahlzeit braucht,
und setze ihn an die Stirnseite des Tischs.

Unser heiß geliebter »Neuengland-Eintopf«

Ergibt acht Portionen

4 Pfund Rindfleisch aus der
Dose (Corned Beef)
10 kleine rote Kartoffeln
6 mittelgroße Möhren
2 weiße Rüben, 5 bis 8 cm
Durchmesser

1 große Zwiebel
1 mittelgroßer Weißkohl
8 kleine Runkelrüben,
ca. 2,5 cm dick
Butter
Senf

1 Bringen Sie vier Stunden vor dem Essen einen großen Topf mit Wasser über mittlerer Flamme zum Kochen. Spülen Sie das Corned Beef ab, und legen Sie es in das kochende Wasser. Drehen Sie die Kochtemperatur zurück, und kochen Sie das Rindfleisch im bedeckten Topf ungefähr drei Stunden lang (oder 45 Minuten für jedes Pfund).

2 Während das Fleisch kocht, schälen Sie die Kartoffeln, Möhren und weißen Rüben. Schneiden Sie die Möhren in 5 cm lange Stücke. Wenn der obere Teil der Möhren besonders dick ist, schneiden Sie diese Stücke der Länge nach durch, damit sie ungefähr die gleiche Dicke haben wie die Stücke am dünneren Ende. Schneiden Sie die Rüben in Viertel. Schälen Sie die Zwiebel, und schneiden Sie sie ebenfalls in Viertel. Geben Sie 45 Minuten vor dem Essen das Gemüse zum Fleisch, und lassen Sie alles weiterköcheln.

3 Vierteln Sie den Weißkohl, und halbieren Sie jedes Stück der Länge nach, sodass Sie acht gleich große, keilförmige Stücke haben. Legen Sie die Weißkohlstücke 15 Minuten vor dem Essen auf das Gemüse mit dem Corned Beef. Decken Sie den Topf wieder zu, und lassen Sie alles 15 Minuten weiterkochen.

4 Kochen Sie derweil die Runkelrüben in einem extra Topf, weil ihre kräftige Farbe sonst alles rot färben würde. Bringen Sie einen mittelgroßen Topf mit Wasser zum Kochen. Geben Sie die Runkelrüben hinzu, und kochen Sie sie 15 Minuten. Nehmen Sie die Runkelrüben vom Herd, und gießen Sie sie ab; fügen Sie kaltes Wasser hinzu. Nehmen Sie nun eine Runkelrübe nach der anderen, und drücken Sie sie aus ihrer Haut. Legen Sie die Rüben auf den Servierteller zu dem anderen Gemüse, und bedecken Sie sie mit dünnen Butterscheiben.

5 Legen Sie den Weißkohl und das Gemüse zum Servieren auf eine flache Schale, und garnieren Sie das Ganze mit dünnen Butterscheiben. Legen Sie das Corned Beef auf ein Schneidebrett, schneiden Sie es in 0,5 cm dicke Scheiben, und legen Sie es auf den Servierteller. Lassen Sie den Teller herumgehen, und stellen Sie Senf auf den Tisch.

Tapioka-Creme

Ergibt acht Portionen

—◦—

2 Eier
1 Liter Milch
140 g Tapioka
110 g Zucker

¼ TL Salz
1 TL Vanille
Kirschen oder Erdbeeren
zum Verzieren

1 Trennen Sie Eigelb und Eiweiß, und geben Sie das Eigelb in einen mittelgroßen Topf und das Eiweiß in eine Mixschale. Schlagen Sie das Eigelb leicht, zusammen mit 2 EL Milch. Fügen Sie Tapioka, Zucker, Salz und den Rest der Milch hinzu. Erhitzen Sie die Mischung über mittlerer Temperatur unter ständigem Umrühren. Wenn sie zu kochen anfängt, nehmen Sie sie von der Flamme. (Die Mischung ist jetzt dünnflüssig.) Rühren Sie die Vanille unter, und stellen Sie den Topf zur Seite.

2 Schlagen Sie das Eiweiß steif, und heben Sie die heiße Mischung unter das geschlagene Eiweiß. Füllen Sie mit dem Löffel acht Dessert-Schälchen, und lassen Sie die Schälchen mehrere Stunden abkühlen. Garnieren Sie den Nachtisch vor dem Servieren mit Kirschen oder Erdbeeren.

2
Kindheitserinnerungen

*Das Wesen wahrer Liebe lässt sich immer wieder mit
der Kindheit vergleichen. Beide haben die Unüberlegtheit,
die Unvorsichtigkeit, die Ausgelassenheit,
das Lachen und das Weinen gemeinsam.*

Honoré de Balzac

Erinnerungen an die Große Depression

Betty Fobair McDermott

Meine Zunge lächelt.
Abigail Trillin, vier Jahre, nachdem sie Schokoladeneis
gegessen hat (aus: *Alice, Let's Eat*)

Ich wuchs in den Dreißigerjahren mitten während der Großen Depression in Süddakota auf. Unser Vierpersonenhaushalt lebte auf einem großen Stück Land am Rande einer kleinen Stadt, wo wir das meiste von dem, was wir zum Leben brauchten, selbst anbauten: Kartoffeln, Möhren, Kohl, Tomaten, Mais, grüne Bohnen, Kürbisse, Zwiebeln, Erbsen, Rettich und viele verschiedene Salatsorten. Die Kirschen von unserem Baum wurden eingemacht und im Winter zur Herstellung köstlicher Kuchen verwendet. Unsere Hühner, die mit Getreide gefüttert wurden, lieferten Eier und Fleisch. Wir kauften sie jedes Frühjahr als kleine Küken in der örtlichen Brutanstalt. Während der Jagdsaison landeten auch Fasane und Wildenten auf unserem Tisch.

Alle unsere Brote, Kuchen und Plätzchen waren selbst gemacht. Wir kauften einmal in der Woche Sahne beim Bauern, aus der wir Butter und leckere, handgeschlagene Eiskrem herstellten.

Das soziale Leben drehte sich um kirchliche Veranstaltungen, schulische Aktivitäten und Schulungen einer Landjugendorganisation, in denen wir etwas über die Geschichte, Produktion und Konservierung von Nahrungsmitteln lernten.

Im Sommer dampfte es oft in unserer Küche, wenn Mutter und ich stundenlang damit beschäftigt waren, Obst und Gemüse für die langen Wintermonate einzumachen. Auf geselligen Veranstaltungen tauschte meine Mutter mit ihren Freundinnen ihre jahreszeitlich bedingten Einmachmengen aus, zum Beispiel 87 Liter grüne Bohnen, 62 Liter Pfirsichhälften, fünf Liter eingelegte Dillgurken und 50 Liter Tomatensaft.

Nachdem mein Vater 1937 plötzlich gestorben war, backte meine Mutter ein Jahr lang täglich Vollkornbrot, um meinen jüngeren Bruder und mich über die Runden zu bringen. Ich zog meinen kleinen roten Wagen durch die Straßen und lieferte Brotlaibe für 17 Cent an unsere Abnehmer aus. Wenn ich heute zurückblicke, bin ich mir sicher, dass das tägliche Teigkneten meiner Mutter dabei geholfen hat, den Kummer über den frühen Tod meines Vaters zu verkraften. Nachdem sie sich ein Jahr lang täglich mit dem Teig herumgeschlagen hatte, gab sie das Backen auf und ging in die Politik, um sich mit anderen Dingen herumzuschlagen.

Als Lohn für unsere harte Arbeit pilgerten meine Mutter, mein Bruder und ich jeden Freitagabend zu Derby's, der einzigen Eisdiele und Molkerei in der Stadt. Der besondere Duft der Molkerei war unbeschreiblich und blieb mir stets in Erinnerung. Hier wurde Butter hergestellt und als Nebenprodukt Buttermilch verkauft. Und es gab drei Eiskremsorten: Schokolade, Erdbeere und Vanille.

Unser Budget erlaubte uns nur eine Eiskugel in der Waffel für fünf Cent. Während wir unser Eis leckten und die cremig weiche Gaumenfreude genossen, gingen wir glücklich und zufrieden die kleine Hauptstraße auf und ab. Auf dem Weg begrüßten wir andere Einwohner oder Bauern, die in die Stadt gekommen waren, um ihre wöchentlichen Einkäufe zu machen und ihre Lust auf Eiskrem zu stillen. In Erinnerung an diese freudigen Freitagabendbummel schuf ich die folgenden zwei aktualisierten Rezepte für selbst gemachte Eiskrem.

Frisches Zitroneneis

Ergibt fast vier Liter

—~—

3 große Eier
560 g Zucker
½ TL Salz
2 EL geriebene
Zitronenschale
300 ml frischen Zitronensaft

1 Liter Vollmilch
1 Liter Sahne
½ TL gelbe Lebensmittelfarbe
zerstoßenes Eis und
Gefriersalz zum Einfrieren

1 Schlagen Sie die Eier in einer großen Schale ungefähr eine Minute lang. Fügen Sie Zucker, Salz und die Zitronenschale hinzu, und schlagen Sie so lange weiter, bis alles gut vermischt ist. Rühren Sie den frischen Zitronensaft unter. Geben Sie Milch, Sahne und die gelbe Lebensmittelfarbe hinzu.

Rühren Sie alles gut um. Stellen Sie die Mischung zwei bis drei Stunden lang in den Kühlschrank.

2 Gießen Sie die Mischung in den Behälter (4 Liter) einer elektrischen oder mit einer Handkurbel betriebenen Eismaschine. Nehmen Sie zum Einfrieren 6 bis 10 Teile zerstoßenes Eis auf 1 Teil Gefriersalz. (Je mehr Gefriersalz Sie nehmen, desto schneller friert das Eis, aber mit weniger Salz hat es eine feinere Beschaffenheit.)

3 Nach dem Einfrieren sollte die Eiskrem in vier 1-Liter-Behälter gefüllt werden und zwei Stunden im Gefrierfach des Kühlschranks kühlen dürfen, bevor es verzehrt wird.

Ingwer-Eiskrem

Ergibt fast vier Liter

560 g Zucker
4 Eier
½ TL Salz
2 EL geriebener Ingwer
1 TL Vanille
1 Liter homogenisierte Milch
1 Liter Sahne

50 g kristallisierter Ingwer
(es handelt sich dabei um getrockneten Ingwer, dessen Zucker kristallisiert ist), fein gehackt
zerstoßenes Eis und Gefriersalz zum Einfrieren

1 Vermengen Sie in einer Schale Zucker, Eier, Salz, geriebener Ingwer und Vanille. Rühren Sie Milch und Sahne unter. Stellen Sie die Mischung zwei bis drei Stunden in den Kühlschrank. Rühren Sie den kristallisierten Ingwer unter.

2 Gießen Sie die Mischung in den Behälter (4 Liter) einer elektrischen Eismaschine. Nehmen Sie zum Einfrieren 6 bis 10 Teile zerstoßenes Eis auf 1 Teil Gefriersalz. Füllen Sie die Eiskrem nach dem Einfrieren in vier 1-Liter-Behälter, und lassen Sie sie zwei Stunden im Gefrierfach des Kühlschranks kühlen, bevor Sie das Eis servieren.

(»Fresh Lemon Ice Cream« und »Ginger Ice Cream« von Betty Fobair McDermott. Aus: *California Cooks!* Mit freundlicher Genehmigung von Betty Fobair McDermott. © 1995 Betty Fobair McDermott.)

Himmlisch gewürztes Huhn

Jean Brady

Wir erinnern uns nicht an Tage,
sondern nur an Momente.

Cesare Pavese

Meine Jungen wuchsen mit einer Mutter/Kochlehrerin auf; es war sozusagen ein Doppelpack. In jenen Anfangstagen wurden die Kochkurse bei uns zu Hause abgehalten, und das Getrippel kleiner Füße und das Plappern kleiner Münder war in der Kursgebühr enthalten.

Ich erinnere mich noch genau an eine wichtige moralische Frage, die eines Tages im Kurs auftauchte und auf der Stelle beantwortet werden musste, während die Kursteilnehmer, die meisten von ihnen selbst Mütter, geduldig dasaßen und warteten.

Mein älterer Sohn David verkaufte für zehn Cent Brunnenkressesträuße, die er an dem Bach gepflückt hatte, der durch unseren Garten fließt. Mein jüngerer Sohn Scott wollte auch Profit machen und legte sich mitten im Kurs einfach auf den Fußboden, strampelte mit den Beinen und rief: »Ich will ein Zehncentstück! Ich will auch ein Zehncentstück!« Ich versuchte Scott sofort ruhig und sachlich zu erklären, dass

David sich die zehn Cent verdient hätte, weil er die Brunnenkresse gepflückt und zu kleinen Sträußen zusammengebunden hatte. Scott hörte mir jedoch nicht zu und machte weiter:
»Ich will auch ein Zehncentstück!«

Als Scott nicht aufhörte, fühlte ich mich äußerst unwohl,
war aber fest entschlossen, seiner unbegründeten Forderung
nicht nachzugeben. Schließlich, nach einer gefühlten Ewig-
keit, hörte Scott auf zu strampeln, erhob sein kleines, tränen-
feuchtes Gesicht, schaute mich mit seinem liebsten Lächeln
an und bat kleinlaut: »Wie wäre es mit einem Fünfcent-
stück?«

Als Mutter von zwei Jungen musste ich natürlich oft Strei-
tereien schlichten, was mir nicht immer zur Zufriedenheit aller gelang, aber dennoch verbinde ich mit ihnen meist schöne
Erinnerungen. Ich erinnere mich zum Beispiel an eine Kon-
frontation mit Scott, die sich über den ganzen Tag hinzog,
als er zwölf war und langsam auf die Pubertät zuging. Als
es schließlich Essenszeit war, wunderte ich mich mit meinem
Mann darüber, warum wir überhaupt Kinder bekommen hatten. Scott war an jenem Abend total geknickt. Er schlich mit
Tränen in den Augen zum Esstisch, nahm einen Bissen vom
Huhn mit schwarzen Bohnen, hob sein trauriges Gesicht und
sagte: »Das ist der Himmel!«

Kochkurse, Essen und Familie waren bei uns untrennbar
miteinander verknüpft. Erinnerungen an die Zubereitung be-
stimmter Gerichte und das Weitergeben von Lieblingsrezepten waren ein fester Bestandteil unseres Lebens. Die beiden
Jungen sind inzwischen längst erwachsen; David wird bald
seine Ausbildung zum Arzt abgeschlossen haben, und Scott
wird Rechtsanwalt werden. Hoffentlich wird keiner von ih-

nen jemals wieder Brunnenkresse verkaufen müssen, aber die Kochkurse und jene besonderen Gerichte werden ihnen immer im Gedächtnis bleiben.

Pikantes Huhn mit schwarzen Bohnen

Ergibt vier bis sechs Portionen

Soße aus fermentierten schwarzen Bohnen:

3 EL Erdnussöl

2 EL fermentierte chinesische schwarze Bohnen (siehe Anmerkung)

1 bis 2 TL dunkles (geröstetes) Sesamöl (siehe Anmerkung)

5 Knoblauchzehen, geschnitten

1 EL frischen Ingwer, gehackt

1 EL Wasser

1 TL trockener Sherry

¼ bis ½ TL Paprikapulver

Hühner-Stir-fry*

2 TL Maisstärke

2 TL trockenen Sherry

½ TL Erdnussöl

1 Prise Salz und Pfeffer

1¼ Pfund Hühnerbrust, in 2,5 cm lange Streifen geschnitten

1 rote Paprika

110 g zarte grüne Bohnen

2 bis 3 Knoblauchzehen

1 Scheibe frischer Ingwer, geschält

Erdnussöl

Koriander, fein gehackt, zum Verzieren

* Wörtlich: Umrühren und anbraten. Stammt aus dem Asiatischen und geschieht am besten in einem Wok. Anm. d. Ü.

Anmerkung: Beide Zutaten gibt es im Asia-Markt.

1 Um die Soße mit den fermentierten schwarzen Bohnen zu machen (die auch wunderbar zu anderen im Wok zubereiteten Gerichten passt), vermengen Sie alle Zutaten in einem kleinen Stieltopf. Bedecken Sie den Topf, und kochen Sie alles auf kleiner Flamme, bis der Knoblauch weich ist. Stellen Sie den Topf zur Seite. (Was Sie nicht essen, können Sie in einem Glas im Kühlschrank für längere Zeit aufbewahren.)

2 Um das Hühner-Stir-fry zu machen, verrühren Sie in einer Schüssel Maisstärke, Sherry, Erdnussöl, Salz und Pfeffer. Legen Sie das Hühnerfleisch in die Maisstärke-Mischung, und lassen Sie es zehn Minuten lang ziehen. Bereiten Sie unterdessen das Gemüse zu: Schneiden Sie die Paprika in ansehnliche kleine Stücke. Waschen Sie die grünen Bohnen, und blanchieren Sie sie (indem Sie sie zwei Minuten lang in heißes Wasser geben, dann unter kaltem Wasser abschrecken und abgießen). Hacken Sie den Knoblauch und den Ingwer in kleine Stücke.

3 Erhitzen Sie den Wok, bis er sehr heiß ist, und fügen Sie einen Schuss Erdnussöl hinzu. Geben Sie das Hühnerfleisch in den Wok, und braten Sie es unter ständigem Umrühren ungefähr zwei Minuten lang an, bis es braun ist. Fügen Sie dann Paprika, grüne Bohnen, Knoblauch, Ingwer und die gewünschte Menge Soße aus fermentierten schwarzen Bohnen hinzu. Wenn das Gemüse gerade eben weich ist, legen Sie es auf einen vorgewärmten Teller. Bestreuen Sie alles mit dem klein gehackten Koriander, und servieren Sie es sofort.

Ein Rezept zum Lachen

Glenna Salsbury

Winter in Illinois bedeutete, durch den Schnee zu stapfen und mein Mittagessen in einer braunen Papiertüte zur Schule zu tragen. Wenn um zwölf Uhr die Glocke ertönte, schnappte ich mir zusammen mit den anderen Mädchen der Highschool meine braune Tüte und steuerte eine Ecke auf der Tribüne in der Jungenturnhalle an, um mich mit den anderen zu amüsieren und Plätzchen und Geschichten auszutauschen.

Wir mussten immer viel über die »komischen« Dinge lachen, die wir in diesen Tüten vergraben hatten. Sandwiches mit Erdnussbutter, Bananen und Miracle-Whip waren in der Regel in Barbaras Tüte. June mochte lieber eingelegte Gurken, Bologna (eine Mortadella-ähnliche Wurst) und Mayonnaise zur Erdnussbutter. Und eine hatte immer Weißbrot mit Butter- und Zuckerstückchen dabei.

An einem Tag im November war ich an der Reihe, ein einfallsreiches Mittagessen zusammenzustellen. Als alle knisternd ihre Tüten öffneten, verkündete ich den Preis des Tages – Biorindfleisch-Sandwiches mit Salat und Tomaten! Ich bot den anderen die Hälfte davon an, im Austausch mit der Hälfte von dem Sandwich, das mich am meisten reizte.

Auf einmal fingen alle an, sich gegenseitig zu übertrumpfen! Meine Freundinnen boten mir neben der Hälfte ihres

Sandwiches noch zusätzliche Sachen an – Plätzchen, Süßigkeiten, ein Stück Schokoladenkuchen mit Butterglasur. Nachdem ich die Begeisterung genossen hatte, traf ich meine Entscheidung, und der Handel war perfekt. Dann mampften wir das, was wir getauscht hatten. Ich wartete auf den richtigen Moment, um eine sorgfältig geplante Ankündigung zu machen …

Unmittelbar nachdem Marj den letzten Bissen vom Rindfleisch-Sandwich hinuntergeschluckt hatte, fragte ich sie, ob sie wissen wolle, was für eine Art Fleisch sie gerade gegessen habe. Ihre Augenbrauen gingen hoch und ich verkündete: »Du hast gerade sechs große Scheiben von der Zunge einer Kuh gegessen!«

Marj rang nach Luft. Als ihr klar wurde, was geschehen war, sprang sie über die Sitzreihen, die Hand vor dem Mund, und rannte schnurstracks zur Mädchentoilette. Wir anderen beobachteten sie und bekamen uns nicht mehr ein vor Lachen.

Aber was wahr ist, ist wahr. Meine Mutter machte die besten Zungengerichte in ganz Illinois. Jeder in der Familie liebte gekochte Zunge, besonders wenn sie frisch und warm und mit Essig übergossen war! Das folgende Rezept ist für diejenigen, die das Außergewöhnliche lieben. Für mich ist es immer mit schönen Erinnerungen verbunden – und mit einem Chor lachender Mitschülerinnen.

Die beste Rinderzunge der Stadt!

Ergibt vier bis sechs Portionen

1 frische Kalbszunge
(ca. 2 Pfund)
20 schwarze Pfefferkörner
2 gehackte weiße Zwiebeln
1 TL Basilikum, zerrieben

4 frische Knoblauchzehen,
geschält
frischer Meerrettich und/
oder Knoblauchessig zum
Servieren

1 Legen Sie die Zunge zusammen mit den Pfefferkörnern, den Zwiebeln, dem Basilikum und den geschälten Knoblauchzehen in einen großen beschichteten Topf. Gießen Sie so viel Wasser hinzu, bis die Zunge ungefähr 2,5 cm bedeckt ist. Bringen Sie den Topfinhalt zum Kochen, und schöpfen Sie den Schaum ab, der sich auf der Oberfläche bildet. Legen Sie den Deckel auf den Topf, und lassen Sie das Fleisch 2 bis 2½ Stunden kochen oder bis es weich ist.

2 Nehmen Sie die Zunge aus dem Sud, und legen Sie sie in eine Schale mit kaltem Wasser, um die Haut abzulösen. Trocknen Sie die Zunge ab, und schneiden Sie die Haut auf der Unterseite zur Zungenspitze hin ein, um sie abzupellen; entfernen Sie Fett und äußeres Gewebe.

3 Schneiden Sie die Zunge in 0,5 cm dicke Scheiben. Servieren Sie sie mit frischem Meerrettich und/oder Knoblauchessig und mit einem Gemüse Ihrer Wahl. Oder machen Sie daraus leckere Rinderzungen-Sandwiches mit Salat, Tomaten und einer großen Portion Gelächter.

Slumgullion

Joe Batten

Ich wuchs in den Hügeln des südlichen Iowa auf, 20 Kilometer von der nächsten Stadt entfernt. Es war in den Dreißigerjahren, wir hatten keinen Strom und natürlich auch keine Zentralheizung. Um das Haus in den langen kalten Wintern des Mittleren Westens warm zu halten, mussten mein Vater, mein Bruder Hal und ich buchstäblich jedes Wochenende Bäume fällen und sie zu Brennholz zersägen. Wir transportierten das Brennholz dann im Pferdewagen nach Hause, wo unser Holzofen auf Nachschub wartete.

Im Winter fiel die Temperatur an vielen Tagen weit unter null, und die kalte Luft drang uns tief in die Knochen. Die einzige Möglichkeit, uns warm zu halten, bestand darin, ohne Unterlass kräftig zu hacken. Vater achtete darauf, dass meine Axt immer scharf war und ich sie zielgerichtet und mit den richtigen Bewegungen benutzte, sodass ich mit ihr nicht nur tiefe Kerben schlagen, sondern auch stundenlang ohne Unterbrechungen Brennholz zurichten konnte. Seine Ratschläge halfen mir nicht nur dabei, meine Arbeit richtig zu machen, sie spiegelten auch eine bestimmte Lebenseinstellung. Die Axt war eine Metapher für einen scharfen Verstand. In den langen Tagen, die ich mit meinem Vater und meinem Bruder in den Wäldern verbrachte, lernte ich, darauf zu achten, dass auch meine geistigen Werkzeuge – mein Verstand und mein Wortschatz – scharf und genau waren und ich beide zielgerichtet einsetzte.

Im Sommer, wenn die Kälte des Winters schon längst vergessen war, hatten wir einen großen Garten zu versorgen. In ihm arbeitete ich, nachdem ich meinen Tag auf den Feldern verbracht hatte. Der Garten war der Verantwortungsbereich meiner Mutter, so wie der Wald der Bereich meines Vaters war, und ihre Ratschläge und Anweisungen waren für mich oft wichtige Lektionen. Meine Mutter war eine integere Frau und brachte mir bei, wie wichtig es ist, Ziele, Disziplin und Ausdauer im Leben zu haben. Sie sagte immer: »Joe, hör erst dann mit einer Arbeit auf, wenn sie getan ist.«

Ob es Winter oder Sommer war, ich freute mich immer, wenn Mutter am Ende eines arbeitsreichen Tages Slumgullion kochte. Es war die richtige Suppe für Körper und Geist. Sie machte nicht nur satt und gab Energie, sondern schmeckte auch noch köstlich.

Slumgullion (dünne Gemüsesuppe)

Ergibt vier Portionen

‒ ‒

230 g Makkaroni	130 g grüne Paprikaschote,
1 EL Öl	fein gehackt
110 g Zwiebeln, gehackt	1 TL Worcestershire-Soße
½ Pfund mageres Rindfleisch	2 TL Salz
750 g gewürfelte Tomaten	¼ bis ½ TL Cayennepfeffer
(aus der Dose)	zum Abschmecken
100 g Sellerie,	60 g geriebener Parmesan
in Würfel geschnitten	

1 Kochen Sie die Makkaroni nach der Zubereitungsanleitung auf der Packung. Gießen Sie sie ab, und stellen Sie den Topf zur Seite.

2 Bereiten Sie unterdessen die Soße zu: Braten Sie die Zwiebeln in einem Topf mit Öl an. Fügen Sie das Rindfleisch hinzu, und braten Sie es so lange, bis es braun ist (wobei Sie es mit der Rückseite eines Löffels »ausdrücken«). Geben Sie Tomaten, Sellerie, die grüne Paprikaschote, Worcestershire-Soße, Salz und Cayennepfeffer hinzu. Kochen Sie das Ganze ungefähr fünf Minuten, und rühren Sie dann die Nudeln unter. Streuen Sie den Parmesan unmittelbar vor dem Servieren über das Essen (oder rühren Sie ihn unter, wenn Ihnen das lieber ist).

Mein Lieblingsessen

Bobbie Probstein

Als ich ein kleines Mädchen war, lebte unsere Familie in einer kleinen Stadt in Nevada mit ungefähr 25 000 Einwohnern, die Cowboys zum Glücksspiel anlockte und Scheidungswilligen eine schnelle Lösung bot, um eine unglückliche Ehe zu beenden. Meinem Vater war dort eine Stelle angeboten worden, mit der er unseren Lebensunterhalt verdienen konnte. Mitten in der Großen Depression hatte er keine andere Wahl, als die Arbeit in dieser Stadt anzunehmen.

Meine Mutter war eine wundervolle Köchin und klagte immer darüber, dass es nicht ein vernünftiges Restaurant in der ganzen Stadt gebe, in dem man gut essen könne. Und sie hatte wahrscheinlich Recht. Schließlich öffnete ein Schnellrestaurant, in dem auch einmal etwas anderes angeboten wurde als das gewöhnliche Steak mit Pommes frites und Eisbergsalat mit Mayonnaise. Hier gab es sogar den neuesten Hit aus Los Angeles: Caesar Salad.

Noch nie hatte mir etwas besser geschmeckt. Ich konnte einfach nicht genug davon bekommen und bettelte darum, so oft wie möglich in diesem Restaurant essen zu dürfen. Ich konnte es auch kaum erwarten, meine Tante und meinen Onkel in Los Angeles zu besuchen, weil ich wusste, dass sie mein unstillbares Verlangen befriedigen würden. Sie liebten es, außerhalb zu essen, und es machte mir immer großen Spaß, mit ihnen zusammen zu sein – egal, was wir unternahmen.

Als ich schließlich in Los Angeles war, nahmen sie mich mit ins »Chasens«, wo ich das einzige Kind weit und breit war. Die Frauen hatten ausgefallene Kleider an, und ich trug das neue Samtkleid, das mir meine Tante genäht hatte. Ich versuchte, mich so erwachsen wie nur möglich zu benehmen. Mein Onkel bestellte sogar einen Shirley-Temple-Cocktail für mich. Ich brannte darauf, endlich das Essen zu bestellen, da meine Tante mir erzählt hatte, dass der Caesar Salad hier besonders gut schmeckte. Als der Kellner kam, um unsere Bestellungen aufzunehmen, wandte er sich zuerst an mich.

Mit einer klaren, lauten Stimme, die keinen Zweifel an meiner kulinarischen Leidenschaft aufkommen ließ, sagte ich: »Ich hätte gern einen Caesarean!«* Der Kellner drehte sich auf der Stelle um, und alle Personen an unserem Tisch hielten sich die Servietten vor den Mund, um sich das Lachen zu verbeißen. Ich fragte: »Was habe ich denn Lustiges gesagt?«, aber niemand antwortete mir.

---

* »Caesarean« bedeutet im Englischen »Kaiserschnitt«.

Caesar Salad

Ergibt vier bis sechs Portionen

1 Knoblauchzehe
50 ml Olivenöl oder
anderes Pflanzenöl
Römersalat, geschnitten
(ungefähr 900 g)
3 bis 4 Sardellenfilets
aus der Dose
(oder 2 TL Sardellenpaste)
60 g geriebener Parmesan

3 TL Mayonnaise
1 EL frischer Zitronensaft
1 EL roter Weinessig
1 TL Senf (optional,
schmeckt aber sehr gut dazu)
½ TL Worcestershire-Soße
schwarzer Pfeffer, frisch
gemahlen

Croutons:
100 g Baguette (vom Vortag), 2 EL Olivenöl
in Würfel geschnitten

1 Geben Sie den Knoblauch mit dem Olivenöl in eine kleine
Schüssel. Stellen Sie sie zur Seite, damit der Knoblauch in das
Öl einziehen kann, während Sie die anderen Zutaten vorbe-
reiten.

2 Waschen Sie den Römersalat, schleudern Sie ihn trocken,
und schneiden Sie ihn klein. Wickeln Sie ihn in ein feuchtes
Tuch, und legen Sie ihn so lange in den Kühlschrank, bis das
Essen fertig ist.

3 Um die Croutons zu machen, schwenken Sie die Baguette-
Würfelchen in dem Olivenöl. Backen Sie sie in einer Schicht

bei 180 Grad Celsius im Backofen, bis sie braun sind. Vergessen Sie nicht, die Weißbrotwürfel von Zeit zu Zeit zu wenden.

4 Vermischen Sie in einer großen Salatschüssel die Sardellenfilets (oder die Sardellenpaste) mit dem restlichen Olivenöl. Rühren Sie Parmesan, Mayonnaise, Zitronensaft, roten Weinessig, Senf, Worcestershire-Soße und den frisch gemahlenen schwarzen Pfeffer unter. Geben Sie nun den Römersalat aus dem Kühlschrank dazu sowie die Croutons, und vermengen Sie alles gut miteinander. Servieren Sie den Salat sofort.

Donnerkuchen

Patti Hansen

Handeln überwindet die Angst.
Peter Nivio Zarlenga

Als meine älteste Tochter im Kindergarten war, brachte sie ein kleines Buch mit nach Hause, das ich ihr vorlesen sollte. Es trug den Titel *Donnerkuchen* und erzählte die Geschichte von einem kleinen Mädchen, das vor Gewittern Angst hatte und ihrer Großmutter so begeistert beim Kuchenbacken half, dass es vergaß, sich vor dem heraufziehenden Unwetter zu fürchten.

Es war noch nicht lange her, dass ich das Buch vorgelesen hatte, als es bei uns eines der stärksten Gewitter gab, die ich je erlebt hatte. Meine beiden Mädchen weinten und zitterten, während ein lautes Donnern das Haus erschütterte. Ich erinnerte mich daran, das Rezept für den Donnerkuchen aufgeschrieben zu haben. Als ich ihnen vorschlug, einen Kuchen zu backen, stimmten beide freudig zu, denn sie waren froh, eine Ablenkung zu haben. Und da waren wir nun, eine Fünfjährige, eine Dreijährige und ihre Mutter – wir vermengten und vermischten die Zutaten wie verrückt, während um uns herum das Haus wackelte, draußen die Landschaft von Blitzen erhellt wurde und der Regen in Sturzbächen von der Dachrinne lief.

Wir hatten viel Spaß, auch wenn meine Kinder sich nicht sicher waren, ob sie auch Tomaten in den Kuchenteig geben wollten (igittigitt, sagten sie). Leider hatte ich nicht genügend Kakao für den Schokoladenüberzug, und so bestäubten wir den Kuchen mit Puderzucker. Er sah großartig aus. Dann setzten wir uns gemütlich vor den Kamin, tranken Tee, aßen unseren Donnerkuchen und schauten uns zusammen das Gewitter an.

Wir drei haben es uns angewöhnt, das Rezept für unsere eigene Version des Donnerkuchens herauszuholen, wenn es auch nur entfernt nach einem heraufziehenden Gewitter aussieht. Ich freue mich immer darauf, denn wir backen dann nicht nur einen Kuchen zusammen, sondern teilen uns auch unsere Ängste, Fragen, Träume und Wünsche mit. Wir Hansens sind davon überzeugt, dass ein Donnerkuchen nur dann wirklich gut schmeckt, wenn alle Zutaten stimmen – Kuchenteig, Donner, Blitze, Ängste, Fragen, Träume und Wünsche.

Donnerkuchen

Ergibt einen 23 mal 33 Zentimeter großen Kuchen

Diese Version basiert auf dem Rezept aus *Thunder Cake* von Patricia Polacco (Philomel Books, 1990).

3 Eier	320 g Mehl
½ Pfund Butter	60 g Kakaopulver
400 g Zucker	1½ Natron
Mark einer Vanilleschote	½ TL Salz
200 ml kaltes Wasser	Puderzucker zum
1 frische Tomate,	Verzieren
geschält (siehe Anmerkung)	
und im Mixer püriert	

Anmerkung: Um die Tomate zu schälen, tauchen Sie sie für ein paar Sekunden in kochendes Wasser. Dadurch löst sich die Haut und lässt sich leicht entfernen. Halbieren Sie die Tomate der Länge nach, und drücken Sie die Samen aus.

1 Heizen Sie den Ofen auf 180 Grad Celsius vor. Fetten Sie eine 23 x 33 cm große Kuchenform ein. Trennen Sie die Eier, und geben Sie das Eigelb in eine kleine Schale und das Eiweiß in eine große, fettfreie Schüssel.

2 Verrühren Sie Butter und Zucker in einer großen Mixschüssel zu einer cremigen Masse. Schlagen Sie Eigelb und Vanille unter, und geben Sie dann das Wasser und die pürierte Tomate hinzu. Sieben Sie Mehl, Kakao, Natron und Salz zusammen in eine Schale, und vermischen Sie alles gut.

3 Schlagen Sie das Eiweiß steif, und heben Sie es vorsichtig unter den Teig – es spielt keine Rolle, ob noch ein paar weiße Klumpen vorhanden sind. Gießen Sie alles in die vorbereitete Form, und backen Sie den Teig 30 bis 40 Minuten lang, bis er sich fest anfühlt, wenn man in der Mitte auf ihn drückt. Lassen Sie den Kuchen abkühlen, und bestreuen Sie ihn durch ein kleines Küchensieb mit Puderzucker.

3
Großeltern

Über alles hat der Mensch Gewalt,
nur nicht über sein Herz.

Friedrich Hebbel

Oma Rufis ländliche Küche

Diana von Welanetz Wentworth

Meine Großmutter mütterlicherseits war die liebenswürdigste und *authentischste* Person, mit der ich als Kind je zu tun hatte. Zusammen mit ihrem Mann Samuel und ihren vier Kindern zog Oma von einem Bauernhof in Missouri nach Los Angeles in ein großes Haus in der Vigil Avenue, das direkt neben den Straßenbahnschienen lag. Mein Opa war seit seiner Kindheit taub und Fotograf. Aber ich glaube, er war kein besonders guter, denn er arbeitete nur selten.

Oma hatte daher die Verantwortung für die finanzielle Situation der Familie übernommen und war zu dem Entschluss gekommen, dass das Führen einer Pension der sicherste Weg zur finanziellen Sicherheit sei. Sie liebte das Schneidern und fing an, für alle Zimmer Vorhänge aus Organdy und Bettüberzüge aus Chintz zu nähen und die Möbeleinrichtung aufzuarbeiten, die sie aus Secondhandläden bezog.

Ihr Liebe zur Handarbeit und ihre Freude, wunderschöne Objekte aus ausrangierten Teilen herzustellen, waren ansteckend; im Alter von vier Jahren war ich ständig hinter ihr her, damit sie mir stricken und häkeln beibrachte. Oma war nie zu beschäftigt, um nicht ihre Arbeit beiseitezulegen und gekräuselte Kleider für meine Puppen aus den Stoffstreifen,

Schnüren und Bändern zu schneidern, die sie in ihrem lackierten Bänderkästchen aufbewahrte.

Meine Mutter regte sich darüber auf, dass die Pensionsgäste meiner Oma manchmal verschwanden, ohne ihre Rechnungen bezahlt zu haben. »Das ist keine Art, dir für all deine harte Arbeit zu danken«, lamentierte sie. Aber Oma schenkte dem Ganzen nicht viel Beachtung. »Lieber verliere ich hin und wieder ein bisschen Geld, als dass ich aufhöre, den Menschen zu vertrauen.«

Ich blühte unter ihrer grenzenlosen Großzügigkeit und Weisheit auf. Sie lehrte mich, mein Herz nicht zu verschließen und meine innere Flamme nicht vom Wind des Schicksals ausblasen zu lassen, wenn das Leben meine Erwartungen nicht erfüllte. Vor allem aber zeigte sie mir, wie man aus ganzem Herzen liebt.

Wenn wir zum Abendessen blieben, gab es oft gebratenes Hähnchen aus dem eigenen Hühnerstall. Ihre Küche war Teil eines weitläufigen Essbereichs mit einem großen Tisch, einem sonnigen Fenster, von dem aus man einen wunderbaren Blick auf ihren Rosengarten hatte, und einem Gefrierschrank, in dem die großen Eisblöcke aufbewahrt wurden, die der Eismann brachte. Für mein damaliges Lieblingsessen stellte sie eine alte gusseiserne Bratpfanne mit einem gewölbten Glasdeckel auf ihren kleinen Gasofen und bräunte das leckere Hähnchen, während sie den Teig für Kartoffelbrötchen formte, die Zutaten für die Bratensoße vorbereitete, Kartoffelbrei machte, frische Erbsen aus dem Garten enthülste und ein Glas selbst eingemachter Boysenbeeren öffnete, das sie aus dem Keller geholt hatte. Das nachfolgende Rezept zeigt, wie sie bis auf den heutigen Tag das Hähnchen samt Soße und

Brötchen zubereitet – und auch ich mache gebratene Hähnchen genau auf diese Weise.

Omas Brathähnchen, auf traditionelle Art zubereitet

Ergibt vier Portionen

Kaufen Sie sich im Bioladen ein Hähnchen aus Freilaufhaltung. Die meisten Hähnchen aus dem Supermarkt werden in engen Käfigen gehalten und bekommen hohe Dosen von Antibiotika, um Krankheiten vorzubeugen.

1 (3 Pfund schweres) Hähnchen, in Stücke geschnitten	1 EL Salz
400 ml Buttermilch	1 TL schwarzer Pfeffer, gemahlen
360 g Mehl	Erdnussöl oder pflanzliches Backfett

1 Waschen und trocknen Sie das Hähnchen. Legen Sie es in eine Glasschale mit Buttermilch, und lassen Sie es zehn bis 30 Minuten lang einweichen.

2 Mixen Sie in einer geschlossenen Papiertüte Mehl, Salz und schwarzen Pfeffer. Gießen Sie die Hähnchenstücke ab, und legen Sie jeweils zwei bis drei von ihnen in die Tüte. Schütteln Sie die Tüte, bis die Stücke gut mit der Mehlmischung überzogen sind. Legen Sie das panierte Hähnchenfleisch auf Wachspapier.

3 Erhitzen Sie einen Schuss Erdnussöl oder ein Stück pflanzliches Backfett in einem Elektrobrater bei 180 Grad Celsius oder in einer großen Bratpfanne über mittlerer Flamme. Wenden Sie die Hähnchenstücken noch einmal im Mehl. Testen Sie die Temperatur des Öls, indem Sie einen Tropfen Wasser hinzugeben – es sollte zischend brutzeln. Legen Sie das Hähnchenfleisch in den Brater oder die Bratpfanne, und achten Sie darauf, dass das jeweilige Gefäß nicht überfüllt ist. Bräunen Sie das Hähnchen gut auf beiden Seiten an, drehen Sie dann die Temperatur zurück, und bedecken Sie die Pfanne 15 Minuten lang.

4 Entfernen Sie den Deckel, und testen Sie, ob das Fleisch gar ist – der Saft sollte klar aus den Schenkeln laufen, wenn Sie diese mit einer Gabel anstechen. (Das Hähnchen wird feucht aussehen, aber machen Sie sich darüber keine Gedanken.) Erhöhen Sie die Temperatur wieder auf mittlere Flamme, und braten Sie die Stücke weiter, bis sie oben und unten braun und knusprig sind. Nehmen Sie sie mit einer Bratenzange aus der Pfanne, und lassen Sie sie gut auf Küchenpapier abtropfen. Servieren Sie die Hähnchenstücke sofort.

Soße vom Land

100 ml Bratenfett, das beim Braten der Hähnchenstücke anfällt
60 g Mehl

600 ml Vollmilch
Salz und viel
frisch gemahlener
schwarzer Pfeffer

1 Gießen Sie das Bratenfett aus der Pfanne, mit der Sie die Hähnchenstücke gebraten haben, bis nur noch 100 ml übrig bleiben. Erhitzen Sie die Pfanne erneut, und rühren Sie das Mehl unter, wobei Sie die herrliche braune Kruste vom Pfannenboden abkratzen. Kochen Sie das Ganze ein bis zwei Minuten, bis das Mehl goldfarben wird, und verquirlen Sie dann die Vollmilch in der Pfanne.

2 Kochen Sie unter ständigem Rühren, bis die Soße die gewünschte Dickflüssigkeit hat. Würzen Sie je nach Geschmack mit Salz und viel frisch gemahlenem schwarzem Pfeffer. Servieren Sie die Soße zum Kartoffelbrei.

Omas Kartoffelbrötchen

Ergibt zwei bis drei Dutzend

1 große Kartoffel, geschält und gewürfelt
70 g Zucker
2 Päckchen Hefe
480 bis 600 g ungebleichtes Mehl

3 Eier
¼ Pfund Butter, zerlassen
Butter und Boysenbeermarmelade
(oder eine andere Marmelade)
zum Servieren

1 Kochen Sie die Kartoffelstückchen, bis sie weich sind. Gießen Sie sie ab, und bewahren Sie das Kochwasser auf. Pürieren Sie die Kartoffel in einer großen Schüssel. Geben Sie Zucker und Hefe hinzu. Rühren Sie 180 g Mehl unter, bis die Mischung sehr weich ist. Bedecken Sie den Teig mit einem

Geschirrhandtuch, und lassen Sie ihn bei Raumtemperatur ungefähr eine Stunde lang aufgehen, bis er seine Größe verdoppelt hat.

2 Schlagen Sie die Eier zusammen mit der geschmolzenen Butter in die Mischung. Geben Sie nach und nach 300 g Mehl hinzu. Wenn der Teig zu fest ist, um ihn weiter zu rühren, legen Sie ihn auf eine leicht mit Mehl eingestreute Unterlage, und kneten Sie ihn fünf Minuten lang, wobei Sie nur noch so viel Mehl hinzufügen, dass der Teig nicht an Ihren Händen kleben bleibt. Er wird danach sehr weich sein.

3 Heizen Sie den Ofen auf 180 Grad Celsius vor. Fetten Sie zwei Backbleche ein. Rollen Sie dann den Teig mit einem Nudelholz aus, bis er ungefähr 2 cm dick ist. Schneiden Sie ihn in 5 cm große Vierecke, und legen Sie diese im Abstand von 1,5 cm auf die vorbereiteten Bleche. Bedecken Sie die Bleche mit einem feuchten Tuch und lassen Sie den Teig bei Raumtemperatur ein bis zwei Stunden aufgehen, bis er seine Größe verdoppelt hat.

4 Backen Sie den Teig ungefähr zwölf Minuten lang, bis er aufgegangen und goldbraun ist. Stellen Sie die Bleche für ein paar Minuten auf eine Ablage zum Abkühlen, bevor Sie die Brötchen servieren. Servieren Sie sie mit Butter, die Zimmertemperatur hat, und mit Boysenbeermarmelade (oder einer anderen Beerenmarmelade).

Bukda, ein böhmischer Brotzopf

Pat Wayne

Brot ist das wärmste, freundlichste Wort.
Schreib es immer mit einem großen Anfangsbuchstaben,
wie deinen eigenen Namen.
Schild in einem russischen Café

Die Eltern meiner Mutter, Lillian und Emil, waren in der Kindheit sehr wichtig für mich, denn sie liebten mich sehr und kümmerten sich viel um mich. Ich hatte es von Anfang an nicht leicht, denn ich wurde mit einem Bein geboren, das fast 8 Zentimeter kürzer als das andere war. Ich musste immer spezielle Schuhe tragen und in den ersten zehn Lebensjahren vier Beinoperationen über mich ergehen lassen. Während die anderen Zwölfjährigen leichte Slipper trugen, war ich auf klobige Schuhe mit einem erhöhten Absatz angewiesen, wodurch ich immer auffiel und mich hässlich fühlte.

Trotzdem liebten mich meine Großeltern bedingungslos, und ich erinnere mich gern an die Tage, an denen ich bei ihnen war. Nachdem sie nach Marina City im Herzen von Chicago gezogen waren, schlenderte ich oft zusammen mit meinem Großvater die State Street hinunter und stellte mir vor, er sei mein jugendlicher Freund. Er weinte bei der Abschlussfeier der achten Klasse, und obgleich ich nicht verstand, warum er dies tat, gaben mir seine Tränen das Gefühl, etwas Besonderes zu sein.

Ich liebte es sehr, bei meiner Großmutter zum Abendessen zu sein. Sie schien mühelos wunderbare Gerichte zu zaubern, die sie auf ihrem Rosenporzellan servierte und die mir und meinen acht Brüdern und Schwestern so gut schmeckten.

Wir bedrängten meinen Großvater immer wieder, uns auf einem speziellen Gemälde von einem deutschen Dorf das Haus zu zeigen, in dem er geboren worden war. Wenn er einen Schalter betätigte, schienen funkelnde Lichter aus jedem Fenster. Erst als ich älter war, wurde mir klar, dass mein Opa jedes Mal, wenn wir dieses Ritual mit ihm vollzogen, auf ein anderes Fenster zeigte.

Der Höhepunkt jedes Essens war Omas Bukda. Wenn dieses köstliche Brot auf den Tisch kam, waren wir alle begeistert, denn schon rein optisch war das verzierte goldbraune Brot ein wahres Meisterstück. Wir alle hofften, dass wir das, was davon übrig blieb, mit nach Hause nehmen durften, denn am nächsten Morgen ließ sich daraus ein fantastischer französischer Toast machen.* Nachdem Großvater gestorben war und wir unsere eigenen Familien gründeten, versuchten wir alle, unserer Großmutter das Rezept abzuluchsen. Sie hatte es niemals aufgeschrieben, sondern die Zutaten nur aus der Erinnerung heraus ohne genaue Mengenangaben zusammen-

---

* Ein französischer Toast ist eine (Weiß-)Brotscheibe, die in einem geschlagenen Ei gewendet und in der Pfanne gebraten wird. Anm. d. Ü.

gestellt. Meine Schwester Kate, die ihr einmal beim Brotbacken zuschaute, übertrug schließlich ihre spontanen Mengen in konkrete Maßeinheiten.

Hier ist nun das Rezept. Ich weiß, dass meine Oma sich geschmeichelt fühlen würde, wenn sie wüsste, dass ich ihr Rezept an so viele Leser weitergebe. So wie sie das Selbstwertgefühl eines kleinen Mädchens stärkte, wird dieses Brot auch Ihrer Familie schmecken und sie stärken.

Bukda (Böhmischer Brotzopf)

Ergibt einen Laib

—◆—

400 ml Milch
1½ Päckchen Hefe
1 TL Zucker
2 EL weiche Butter
oder Margarine

110 g Zucker
2 EL Salz
3 Eier, geschlagen
960 bis 1200 g Mehl, gesiebt
Öl, um damit das Brot
zu bestreichen

1 Erhitzen Sie 100 ml Milch, bis sie lauwarm ist. Rühren Sie Hefe und Zucker unter. Stellen Sie den Topf 30 Minuten lang zur Seite.

2 Vermengen Sie unterdessen in einer großen Schüssel die weiche Butter oder die Margarine mit Zucker und Salz. Geben Sie die geschlagenen Eier hinzu. Erwärmen Sie die restlichen 300 ml Milch, und geben Sie sie zu den anderen Zutaten. Stellen Sie die Schüssel zur Seite.

3 Wenn die Hefe-Mischung aufgegangen ist, geben Sie sie zusammen mit 480 g Mehl in die Schüssel. Verrühren Sie alles gut, und geben Sie nach und nach weiteres Mehl hinzu, bis der Teig leicht zu handhaben ist (er sollte nicht mehr am Schüsselrand oder an den Fingern festkleben). Bedecken Sie die Schüssel mit einem feuchten Tuch, und stellen Sie sie an einen warmen Platz (zum Beispiel in den Backofen mit angeschalteter Kontroll-Leuchte). Lassen Sie den Teig so lange aufgehen, bis er fast doppelt so groß geworden ist. Drücken Sie ihn zusammen, und legen Sie ihn auf eine mit Mehl eingestreute Unterlage. Kneten Sie ihn zehn Minuten lang, und legen Sie ihn wieder in die saubere Schüssel. Lassen Sie ihn ein zweites Mal aufgehen, und wiederholen Sie den ganzen Vorgang.

4 Heizen Sie den Ofen auf 180 Grad Celsius vor. Teilen Sie den Teig in drei gleich große Portionen. Rollen Sie jede Portion ungefähr 40 cm lang aus. Fetten Sie ein großes Backblech ein, und legen Sie die drei Stücke nebeneinander auf das Blech. Legen Sie die drei Enden übereinander, und drücken Sie sie zusammen. Flechten Sie die drei Stücke zusammen, und verbinden Sie wieder die drei Enden. Drücken Sie den Teig an den Enden zusammen, sodass der Zopf beim Backen nicht auseinanderfällt. (Der Zopf wird zum Schluss die gesamte Länge des Backblechs einnehmen.) Bestreichen Sie das Brot mit einem kleinen Pinsel leicht mit Öl. Lassen Sie ihn weitere 30 Minuten aufgehen.

5 Backen Sie den Teig 30 bis 40 Minuten, bis das Brot leicht goldbraun geworden ist.

Gagis Gumbo

D. Trinidad Hunt

Meine Schatzkiste der Erinnerungen ist voll von Gagis kurzen Geschichten, die mein Herz erwärmen und mich schmunzeln lassen. Wenn ich an sie denke, kommen mir viele verschiedene Bilder in den Kopf. Gagi, meine Großmutter, war eine Frau, die ihrer Zeit voraus war; sie war mutig, geradeheraus und hatte viele Talente. Sie war in Kanada geboren und in der kanadischen Prärie aufgewachsen, woher sie ihren innovativen Geist und die innere Einstellung hatte, dass alles möglich ist. Sie sprach fließend Französisch und war von den katholischen Priestern eines französischen Mönchsordens in Saskatchewan in die hohe Kunst der französischen Küche eingeführt worden.

Gagi war für ihren Pioniergeist und ihren scharfen Verstand bekannt. Es war dieser Geist, der sie und ihre Familie mit Hilfe von Ersparnissen aus dem Verkauf französischer Bonbons über den Pazifik trieb, um sich auf Hawaii niederzulassen. Kaum angekommen, verdiente Gagi Geld für ihre Familie, indem sie Kinder betreute. Sie gründete eine der ersten Kindertagesstätten von Hawaii – die bis zum heutigen Tag existiert.

Aber am meisten erinnere ich mich an Gagis Geschichten und an ihr Kochen. Zusammen mit meinen Brüdern ging ich oft zu Gagi zum Abendessen, wenn meine Eltern länger arbeiteten. Ihr Haus war eine sichere Zuflucht in den frühen Jahren meines Heranwachsens und meiner Selbstfindung.

»Erzähl uns eine Geschichte, Gagi!«, bettelten wir immer wieder und warteten dann geduldig darauf, dass sie ihr Gedächtnis nach *genau der richtigen* Geschichte durchsuchte.

Eines Abends, als meine Brüder wieder bettelten, blitzten Gagis Augen, als sie ein Stück Brot in ihre berühmte Gumbosuppe stippte. Dieser Blick verriet, dass sich eine spannende Geschichte vor ihrem inneren Auge zusammenbraute. »Welche wollt ihr hören?«, fragte sie.

»Die mit den Wölfen«, antwortete einer meiner Brüder wie aus der Pistole geschossen. Es handelte sich um eine unserer Lieblingsgeschichten, und wir warteten mit angehaltenem Atem.

»In der Prärie von Saskatchewan waren die Nächte lang und einsam.« Gagis Stimme klang geheimnisvoll und abenteuerlich, als sie begann. »Und während der eiskalten Winter entfernten wir uns niemals weit vom Haus, denn dort draußen in der Prärie waren die Tiere mager und hungrig. Je tiefer der Winter, desto magerer und hungriger waren sie.« Ihre Augen blitzen, als die Geschichte Gestalt annahm.

»Eines Nachmittags«, fuhr sie fort, »mussten meine Mutter und ich das Haus eines Freundes aufsuchen. Mutter hatte gehört, dass unser Nachbar Henry Fieber hatte, und sie dachte, ihm vielleicht helfen zu können. Also spannten wir das Pferd vor unseren Wagen und wagten uns mit Essen und Vorräten hinaus in die Prärie. Als wir bei Henry ankamen, war er wieder auf den Beinen und wohlauf. Er war tatsächlich krank gewesen, aber jetzt ging es ihm schon besser.

Bevor wir es bemerkten, war es schon spät am Nachmittag, und der Himmel verdunkelte sich unheilvoll. In der Prärie wurde es im Winter schon um halb fünf dunkel. Wir wussten, dass wir dringend aufbrechen mussten. Henry fühlte sich nicht wohl bei dem Gedanken, seine beiden Nachbarinnen zu solch später Stunde allein zurückfahren zu lassen, und so spannte er unser Pferd vor den Wagen, und wir zogen zu dritt los.

Zwischen Henrys Haus und unserem Haus lagen fünf bis sechs Kilometer einsame Prärie, und dunkle Wolken zogen auf. Das flache Land erglühte in einem violetten Blau, und bald brach die Nacht herein, und die Landschaft wurde rabenschwarz. Dann fing es an, das Geheule der Wölfe in der Ferne. Unser Pferd zitterte und beschleunigte seinen Gang, als das Geheule näher kam.«

Meine Brüder und ich zappelten nervös auf unseren Sitzen. »Wir waren immer noch fast zwei Kilometer von Zuhause entfernt, und ein Blick in Henrys Gesicht sagte mir, dass wir in großen Schwierigkeiten steckten.

›Es klingt wie ein großes, hungriges Rudel‹, murmelte er und peitschte das Pferd zu vollem Galopp an. Schon bald konnten wir hinter uns ihre dunklen, wütenden Gestalten wahrnehmen, die uns verfolgten.« Gagis Augen waren vor Angst und Schrecken ganz groß, als sie sprach.

»Sie waren ungefähr 20 Meter hinter uns, und ich klammerte mich an meine Mutter, während Henry schrie und mit der Peitsche knallte, um das Letzte aus dem Pferd herauszuholen.« Meine Brüder und ich lehnten uns nach vorn und konnten den wilden Atem der Wölfe förmlich in unserem Rücken spüren.

»Wir fuhren, so schnell wir konnten, während die Wölfe, vom Hunger getrieben, immer näher kamen und nach den Hinterrädern unseres Wagens schnappten. Genau in diesem Moment erkannte das Pferd in der Ferne unser Haus. Das setzte noch einmal seine Energien frei, und mit letzter Kraft rannte es auf die Scheune zu. Als wir durch das Tor im Zaun in den Hof fuhren, drehten die Wölfe plötzlich nach rechts ab und rannten heulend in die Nacht.«

Meine Brüder und ich atmeten erleichtert auf und lehnten uns entspannt zurück, ganz erschöpft davon, noch einmal knapp entkommen zu sein.

»Und die Moral von der Geschichte ist ...«, fuhr meine Großmutter fort, »gehe niemals in einer dunklen Winternacht allein hinaus in die Prärie.«

Es fiel uns nie auf, dass wir in Hawaii waren, wo es keinen Winter gab und schon gar keine Wölfe, und so versprachen wir es alle einstimmig und stießen einen Seufzer der Erleichterung aus, den Wölfen wieder mal ein Schnippchen geschlagen zu haben.

In jeder Kultur gibt es die Tradition des Geschichtenerzählens, und auch in mir lebt sie dann wieder auf, wenn ich die Suppe meiner Großmutter löffle. Die Suppe und die Geschichte sind untrennbar miteinander verbunden.

Gagis Gumbo

Ergibt vier Portionen

—◆—

Servieren Sie die mit Gumboschoten eingedickte Suppe mit einem großen warmen Brot und einer Geschichte, die von Herzen kommt.

5 große Kartoffeln, geschält und in große Stücke geschnitten
12 EL Butter
1 mittlere Zwiebel, in Scheiben geschnitten
⅓ Kopf Weißkohl, geschreddert
1 Brokkoli, klein geschnitten
¼ Kopf Blumenkohl, gewürfelt
4 Möhren, geschält und in Würfel geschnitten
200 g Sojasprossen
1 Dose (340 g bis 400 g) Tunfischstücke in Wasser
100 bis 230 g frischen Fisch, gewürfelt

4 frische Knoblauchzehen, zerdrückt
2 EL frisches Basilikum, gehackt (oder 2 TL getrocknetes Basilikum, zerrieben)
1 EL frischer Oregano (oder ½ TL getrockneter Oregano, zerrieben)
¾ TL Salz
½ TL Paprikapulver
½ TL schwarzer Pfeffer, gemahlen
⅛ TL Cayennepfeffer
1 Pfund gepulte Krabben
dünn geschnittene Frühlingszwiebeln zum Verzieren der einzelnen Portionen

1 Kochen Sie die Kartoffeln, bis sie gar sind. Gießen Sie das Wasser in einen Messbecher ab, und geben Sie 800 ml zurück in den Topf. Zerstampfen Sie die Kartoffeln, und rühren Sie die Butter unter.

2 Geben Sie Zwiebeln, Weißkohl, Brokkoli, Blumenkohl, Möhren und Sojasprossen in den Topf. Kochen Sie alles 45 Minuten lang.

3 Gießen Sie die Tunfischstücke ab, und geben Sie sie ohne das Wasser in den Topf. Fügen Sie den frischen Fisch hinzu, zusammen mit 200 ml bis 400 ml Wasser, je nach Bedarf für die Konsistenz. Geben Sie die restlichen Zutaten außer den Krabben und den Frühlingszwiebeln hinzu, und kochen Sie die Suppe noch 30 Minuten länger.

4 Geben Sie die Krabben hinzu, und kochen Sie sie 10 bis 15 Minuten. Servieren Sie die Suppe in Schalen. Bestreuen Sie jede Portion mit den dünnen Zwiebelscheiben.

Oma Yehles Sommerküche

Pam Finger

Zu meinen liebsten Kindheitserinnerungen gehören die Wochenenden, die ich mit meinen vier Schwestern bei meinen Großeltern in der Stadt verbrachte. Meine Eltern lebten in einem kleinen Dorf, und daher war es aufregend, am Wochenende in die Stadt zu fahren.

Meine Großeltern lebten in einem großen, alten Haus, das viele Zimmer hatte, in denen man Verstecken spielen konnte. Der Dachboden war sonnendurchflutet und voll von Büchern und ausrangierten Spielzeugen meiner Mutter sowie meiner Tanten und Onkel. Selbst im Keller gab es mehrere Räume. In einem stand eine Mangel, in der meine Oma Hemden und Laken für alle Betten im Haus mangelte.

Meine Schwestern und ich verbrachten viele Stunden damit, auf dem Flügel spielen zu lernen, der in der Eingangshalle stand. Oma lehrte uns geduldig Tonleitern und alle Melodien aus *The Sound of Music*. Sie hörte sich sogar die Melodien an, die wir selbst »komponiert« hatten.

Einer der Höhepunkte der Wochenenden war *Coffee with Curtis* – eine Talkshow im Radio –, die am Sonntagmorgen ausgestrahlt wurde. Damit wir alle an dem Spaß teilhaben konnten, bekamen wir eine kleine Mokkatasse, die hauptsächlich mit Milch und mit einem kleinen Schuss Kaffee gefüllt war. Wir fühlten uns wie Erwachsene, als wir zusammen mit Curtis im Frühstückszimmer Kaffee tranken!

An den Wänden hingen Landkarten aus aller Welt, und mein Großvater erzählte uns von verschiedenen Ländern und von der Weltgeschichte. Opa war Richter am Jugendgericht und hatte im Haushalt das Sagen. Ich bin mir sicher, dass seine Geduld ziemlich strapaziert wurde, wenn am Wochenende fünf quirlige Mädchen in sein Haus einfielen. »Der Richter«, wie er liebevoll genannt wurde, verbrachte den Samstagnachmittag in einem großen Polstersessel außerhalb seines Büros und hörte sich aufmerksam die Football- und Basketballspiele der Syracuse University an. Es war bekannt, dass er nach einem üppigen Festtagsbraten ein Nickerchen machte, und ich erinnere mich noch genau daran, wie ich einen Cousin von mir dazu anstiften wollte, einen Tischtennisball in seinen offenen Mund zu stecken, während er sein Schläfchen hielt. Zum Glück passte der Ball nicht in den Mund, und mein Großvater wachte nicht auf.

Meine Großmutter liebte handfeste Späße. Einer bestand darin, ein kleines Stück Stoff in den Pfannkuchenteig meines Großvaters zu stecken. Wir schnatterten ganz aufgeregt, während wir ungeduldig darauf warteten, dass er endlich in den Stoff biss. Oma liebte das Backen und hatte immer genug selbst gebackene Plätzchen zur Hand, die sie uns anbieten konnte. Sie war berühmt für ihre Weihnachtsplätzchen und backte immer viele Dosen voll.

Jedes Jahr gingen wir auf die Werbeartikelmesse, die im Kutschenhaus hinter einer der großen Stadtvillen stattfand. Als Kinder sprachen wir tagelang davon, welche Schätze wir dort sammeln würden. Jede von uns hatte eine Einkaufstasche dabei, in die wir Hunderte von Werbeartikeln füllten – von Minibroten des örtlichen Bäckers bis hin zu Zollstöcken aus dem Farbengeschäft. Wir verbrachten Stunden damit auszuwählen, was wir haben und mitnehmen wollten.

Wir fuhren auch gern mit unseren Großeltern zu ihrem Ferienhaus in den Thousand Islands. Wir durften Oma – egal, bei welchem Wetter – jeden Morgen begleiten, wenn sie um sechs Uhr ihr Bad im Sankt-Lorenz-Strom nahm. Was für ein belebender Start in einen Sommertag!

Sie liebte es auch, sich beim Backen helfen zu lassen. Am Sonntagmorgen halfen wir ihr dabei, Donuts zu machen – eine Gaumenfreude für die ganze Familie. Wir nahmen die warmen Donuts und rollten sie in Puderzucker oder Zimt. Dann setzten wir mit einer Tasse Kaffee in den Frühstücksraum und lauschten einem Radioprogramm. Einem weiteren wunderbaren Sommersonntag stand nichts mehr im Wege.

Obgleich ich nicht viel zum Backen komme, schätze ich sehr die Arbeit und Liebe, die in die Zubereitung dieser Köstlichkeiten für andere gesteckt werden. Jedes Jahr, wenn wieder die Weihnachtsplätzchen in den Regalen stehen, oder wenn wir einen Tüte mit Donuts vom Bäcker holen, erinnere ich mich an Omas wunderbare Rezepte und an die herrliche Zeit, die wir miteinander verbrachten.

Oma Yehles Sommerdonuts

Ergibt 18 Donuts

⚊⚊

Dieses Rezept ist von Florence Markham Smith, der Mutter meiner Großmutter (meiner Urgroßmutter also).

360 g Mehl, gesiebt
220 g Zucker
200 ml Milch
2 EL geschmolzene Butter
2 Eier
2 TL Weinstein
1 TL Natron
½ TL Salz

½ TL Zimt
½ TL Muskat
zusätzliches Mehl,
um den Teig auszurollen
pflanzliches Backfett
zum Braten
Zucker, um darin die noch
warmen Donuts zu rollen
(optional)

1 Vermengen Sie in einer großen Schüssel alle Zutaten außer dem Backfett. Verrühren Sie alles, so gut Sie können, mit einem Löffel. Bestreuen Sie den Teig leicht mit Mehl, und legen Sie ihn auf ein Holzbrett, wo Sie ihn zu einer homogenen Masse kneten. Lassen Sie ihn nicht stehen.

2 Rollen Sie den Teig aus, bis er ungefähr 1,5 cm dick ist, und stechen Sie die Donuts mit einer Donut-Form aus. Rollen Sie den übrig gebliebenen Teig erneut aus, und stechen Sie weiter Donuts aus. Erhitzen Sie das pflanzliche Backfett bei 180 Grad Celsius in einer elektrischen Bratpfanne (oder in einer anderen tiefen Bratpfanne, in die Sie ein Fett-Thermometer gegeben haben). Benutzen Sie einen geschlitzten Bratenheber, den Sie in das heiße Fett getaucht haben, um vier Donuts in das heiße Fett zu legen. Backen Sie diese zuerst auf der einen und dann auf der anderen Seite, bis sie braun sind. Lassen Sie die Donuts auf mehreren Schichten Küchenpapier abtropfen. Backen Sie auch die anderen Donuts, und füllen Sie dabei das Fett in der Pfanne bei Bedarf nach. Wenn Sie möchten, können Sie die Donuts in Zucker rollen, wenn sie noch warm sind.

Oma Yehles deutsche Weihnachtsplätzchen mit Tiermotiven

Ergibt mehr als 200 Kekse

900 g Zucker
4 Eier
½ Pfund Butter
½ Pfund pflanzliches
Backfett
400 ml Milch

1½ TL Natron
1½ TL Weinstein
2 TL Vanille, oder 1½ TL Salz
zum Abschmecken
ungefähr 1200 g Mehl,
gesiebt

1 Vermengen Sie in einer großen Schale Zucker und Eier. Vermischen Sie in einem kleinen Stieltopf Butter und pflanzliches Backfett, und lassen Sie die Mischung abkühlen; wenn dies geschehen ist, geben Sie die Mischung zu den Eiern mit dem Zucker und vermischen alles gut. Erhitzen Sie die Milch, bis sie lauwarm ist; rühren Sie Natron und Weinstein unter, bis sich beide Zutaten aufgelöst haben. Fügen Sie die Milch nun der Mischung aus Eiern, Butter und Backfett hinzu, und vermischen Sie alles gut. Geben Sie Vanille und Salz hinzu.

2 Geben Sie immer mehr Mehl hinzu, bis der Teig die richtige Konsistenz zum Ausrollen hat. Rollen Sie ihn auf einer mit Mehl eingestreuten Unterlage aus, bis er 0,5 cm dick ist. Stechen Sie ihn mit Tierformen (oder anderen Formen) aus. Legen Sie die Plätzchen auf die eingefetteten Backbleche, und backen Sie sie acht bis zehn Minuten. (Überziehen Sie sie mit einer Butterglasur, falls gewünscht.)

Fast so gut wie Omas Apfelkuchen

Kirby Howard

Manchmal fühle ich mitten in der Hitze des Sommers eine schwache, warme Brise, und rieche den köstlichen Duft von Zitrone, Zimt, Butter und Hühnerfutter. Was für eine herrliche Mischung von Aromen, die mich in die Küche meiner Großmutter zurückversetzt.

Von morgens bis abends produzierte der gusseiserne Holzofen die schmackhaftesten Dinge – Zucker- und Schokoladenplätzchen, Kirschkuchen, Rübstiel* und, oh mein Gott, den besten Apfelkuchen des ganzen Universums! Jedes Mal, wenn ich in ihrer Küche war, lag dort – stolz präsentiert – mindestens ein prachtvoller Kuchen und gleich daneben Plätzchen, die einem das Wasser im Mund zusammenlaufen ließen. Und wenn man wirklich Glück hatte, gab es einen Apfelkuchen, den niemand in der Familie so gut backen konnte wie meine Oma.

Wir trösteten uns, indem wir uns einredeten, dass es an ihrem besonderen Herd lag und wir ihren Apfelkuchen nicht auf unseren modernen, emotionslosen Herden mit seinen kühlen Knöpfen und Reglern reproduzieren konnten. Vielleicht

---

* Als Rübstiel bezeichnet man die als Gemüse verwendeten Stiele und Blätter von Speiserüben- oder Kohlpflanzen. Anm. d. Ü.

lag es wirklich am Herd, aber vielleicht war auch eine andere Kraft am Werk, nämlich Liebe, Fleiß und Opferbereitschaft sowie viele Stunden, in denen man anderen selbstlos etwas gab, das ihnen Freude machte und sie das Leben genießen ließ. Aber das Wichtigste war, dass meine Oma zeigte, dass immer genug zum Leben da war, denn in ihrer Generation ging es manchmal ums nackte Überleben.

Ich habe mich oft darüber gewundert, wie viel sie an einem Tag schaffte, denn immerhin hatte sie zehn Kinder zu versorgen und wer weiß wie viele noch, die sie aufnahm. Alle, die unter ihrer Fürsorge standen, trugen saubere, gebügelte Hemden und Hosen oder Kleider. Alle aßen drei reichhaltige Mahlzeiten am Tag, denn sie stammte aus einer Bauernfamilie, in der herzhaft gegessen wurde. Außerdem musste sie die Hühner füttern, Eier sammeln, Butter machen und mit dem Brunnenwasser die Wäsche waschen. Es gab noch keine Klimaanlage, keine Eismaschinen, keine Elektromixer oder andere elektrische Küchengeräte.

Meine Großmutter beklagte sich nie über das, was sie nicht hatte, sondern machte einfach das Beste aus dem, was ihr zur Verfügung stand – ein kräftiger, gesunder Körper und eine positive innere Einstellung. Sie war selbstlos und bescheiden und liebte es, anderen Menschen etwas zu geben. Ich werde nie vergessen, wie schön es war, mit ihr zu reden. Ich wollte immer wieder etwas aus ihrer Kindheit hören, und sie erzählte dann endlose Geschichten, von denen ich mir bis zum heutigen Tag wünsche, ich hätte sie aufgeschrieben.

Nun, da sie nicht mehr unter uns ist, sehne ich mich nach den Gesprächen mit ihr in der Küche oder auf der Veranda, wo Korbstühle und Kakteen standen. Sie war keine Frau, die dich testete oder beurteilte. Das wäre ihr nie in den Sinn gekommen – sie liebte dich einfach! Es war eine bedingungslose, gottähnliche Liebe, an die sie keinen Gedanken verschwendete. Sie haderte nicht mit ihren täglichen Verpflichtungen, sondern erledigte sie einfach. Und so unvorstellbar es aus heutiger Sicht auch sein mag, sie tat ihre Arbeit in einem schlichten, bequemen Kleid und einer Schürze, die sie sich um ihre füllige Mitte band.

Wenn ich mir in einem Moment der Besinnung mein eigenes Leben anschaue, dann frage ich mich, wie ich überhaupt mit ihr verwandt sein kann. Wie total verschieden unsere Lebensweise ist! Das ich keine zehn Kinder und auch keinen Holzofen habe, ist nur die Spitze des Eisbergs. Ich würde alles geben, um ihr Durchhaltevermögen und ihre Großzügigkeit zu haben! Wie viele Dinge gibt es noch außer dem Apfelkuchen, die ich nicht richtig hinbekomme, die sie aber in ihrem Leben gemeistert hat?

Ich bewundere sehr, wie sie anderen gedient hat, und schätze die Erinnerung an sie als einen der positivsten Einflüsse in meiner Kindheit. Ich freue mich riesig, wenn mir meine Mutter sagt, dass ich wie ihre Mutter sei. Ich wünschte nur, es würde mehr der Wahrheit entsprechen, aber zumindest ist meine Oma für mich ein Vorbild, an dem ich mich orientieren kann. Ich glaube, dass sie oft bei mir ist, und ich führe immer noch lange Gespräche mit ihr. Sie sind heute lediglich ein wenig einseitig. Ich sehne mich nach dem Tag, an dem wir uns wieder in den Armen liegen können und sie mir endlich sagen kann, was *genau* ich mit diesem Apfelkuchenrezept falsch mache.

Fast so gut wie Omas Apfelkuchen

Ergibt einen Kuchen mit 23 cm Durchmesser

Boden:

240 g Mehl	1 TL Salz
170 g festes pflanzliches Backfett	5 EL Eiswasser
	Zucker zum Bestreuen

Belag:

900 g Äpfel, geschält und in Scheiben geschnitten	3 EL Zimt
	2 EL geschmolzene Butter
220 g Zucker	½ TL Muskat
30 g Mehl	½ TL Salz

1 Vermengen Sie für den Boden Mehl, Backfett und Salz, indem Sie einen Teigschneider oder zwei Messer benutzen, bis das Backfett die Größe von kleinen Erbsen hat. Sprenkeln Sie jeweils 1 EL Wasser über die Mischung, während Sie Mehl und Fett mit der Gabel vermengen, bis die Mischung zusammenhält.

2 Rollen Sie ungefähr zwei Drittel des Teigs aus, und legen Sie damit die Kuchenform aus. Schneiden Sie aus dem anderen Drittel Streifen, und legen Sie damit später ein Gitter über die Apfelmischung.

3 Mischen Sie für den Belag alle Zutaten zusammen, bis die Äpfel mit einer sirupartigen Glasur überzogen sind. Geben Sie die Mischung in die Kuchenform, und verzieren Sie

sie mit einem Gitter aus Teigstreifen (s.o.). Bestreuen Sie den Kuchen mit Zucker, damit er glitzert. Backen Sie ihn bei 180 Grad Celsius eine Stunde lang.

4
Familie

*Meine Familie hielt so eng zusammen, dass ich
manchmal das Gefühl hatte, dass wir eine einzige
aus vier Teilen bestehende Person seien.*

Henry Ford

Unser
italienisch-amerikanischer Tisch

Carol Miller

Da ich als Kind italienischer Einwanderer in New Jersey aufgewachsen bin, habe ich liebevolle Erinnerungen an köstliche und üppige Speisen, die am großen Familienküchentisch
verzehrt wurden. Wenn ein Gang – zum Beispiel mit Parmesan gefüllte Artischocken – beendet war, stand auch schon
ein Teller mit herrlich marinierten roten und gelben Peperoni
mit Mozzarella auf dem Tisch. Ihm folgten mehrere Haupt-
gerichte: Auberginenauflauf mit Parmesan und Tomatensoße,
mit Ricotta gefüllte Ravioli sowie grüne Paprikaschoten, gefüllt mit Reis und Würstchen.

Verwandte und Freunde waren immer willkommen, und
die Gespräche beim Essen waren sehr lebhaft; manchmal
stritten wir uns, aber fast immer gab es viel zu lachen. Cousin
Mario war ein ausgezeichneter Saxophonist und erzählte uns
oft von seinen Nachtklubauftritten. Er erstaunte sein Publikum, indem er zwei Saxophone gleichzeitig spielte. Wenn
Cousin Steve zu spät kam (was er jedes Mal tat), wurde ihm
schnell verziehen, weil er so viele lustige Witze erzählte.

Meiner Mutter (auch bekannt als Tante Rosie) machte es
großen Spaß, das Essen für große Verwandtschaftstreffen zu

kochen. Ich hatte damals noch keine Ahnung, dass diese frühen Erfahrungen mir meinen beruflichen Weg in der Gastronomie vorzeichneten. Ich bin zutiefst dankbar, dass mich mein italienisches Erbe mit den Freuden in Berührung gebracht hat, die gutes Essen und gute Gesellschaft mit sich bringen.

Es folgt eine der beliebtesten Vorspeisen bei unseren Zusammenkünften.

Sonnengetrocknete-Tomaten-und-Basilikum-Torte mit gerösteten Crostini

Ergibt mindestens 15 Portionen

230 g Frischkäse
(Zimmertemperatur)
110 g Blauschimmelkäse
(Zimmertemperatur)
1 kleine Knoblauchzehe,
geschält
20 g frische Petersilie
3 EL frisches Basilikum
60 g sonnengetrocknete
Tomaten, eingeweicht,
abgegossen und in
Stücke geschnitten

50 ml Olivenöl
230 g Parmesan,
frisch gerieben
30 g Walnüsse,
fein gehackt
Crostini zum Servieren
(Rezept siehe unten)

1 Geben Sie Frischkäse und Blauschimmelkäse in eine Mixerschale, und lassen Sie beide sich auf Zimmertemperatur erwärmen. Mixen Sie dann die beiden Käsesorten gründlich, und stellen Sie die Schale zur Seite.

2 Lassen Sie eine kleine Knoblauchzehe in die *trockene* Schale einer eingeschalteten Universal-Küchenmaschine fallen und Sie haben sofort klein gehackten Knoblauch! Sie können den Knoblauch und die anderen Zutaten natürlich auch mit der Hand klein schneiden. Geben Sie Petersilie, Basilikum und die sonnengetrockneten Tomaten zum Knoblauch in die Schale der Küchenmaschine. Verrühren Sie alles, und geben Sie dann bei eingeschaltetem Motor das Olivenöl hinzu. Geben Sie die Mischung in eine kleine Schale, und rühren Sie Parmesan und Walnüsse unter.

3 Legen Sie eine 6 x 14 cm große Brotbackform mit Plastikfolie aus, und lassen Sie die Folie über die Seiten hängen. Teilen Sie die Käsemischung in drei gleich große Portionen auf. Verteilen Sie ein Drittel der Käsemischung auf dem Boden der Form, und geben Sie die Hälfte der Tomaten-Basilikum-Mischung über den Käse. Wiederholen Sie die Käse- und die Tomaten-Basilikum-Schicht. Bedecken Sie alles mit dem restlichen Drittel des Käses. Bedecken Sie die Form mit Plastikfolie und stellen Sie sie 24 Stunden lang in den Kühlschrank (oder das Gefrierfach).

4 Lassen Sie die Torte sich vor dem Servieren 30 Minuten (oder, wenn tiefgefroren, zwei Stunden) lang auf Zimmertemperatur erwärmen. Stürzen Sie sie auf einen Servierteller, und servieren Sie sie mit den Crostini.

Crostini

1 Baguette	2 EL Kräuter der Provence
50 ml Olivenöl	(oder eine andere Kräuter-
	mischung, die Sie mögen)
	1 EL Knoblauch, fein gehackt

1 Heizen Sie den Ofen auf 180 Grad Celsius vor. Schneiden Sie das Baguette in dünne Scheiben, und legen Sie diese auf ein Backblech.

2 Vermengen Sie in einer kleinen Schale Olivenöl, Kräuter und Knoblauch. Streichen Sie die Scheiben leicht mit der Kräuter-Knoblauch-Mischung ein, und backen Sie sie fünf bis sieben Minuten, bis sie goldbraun sind.

Tomaten und Oregano machen ein Gericht italienisch;
Wein und Estragon machen es französisch;
saure Sahne macht es russisch;
Zitrone und Zimt machen es griechisch;
Sojasoße macht es chinesisch; Knoblauch macht es gut.

Alice May Brock

Teeparty-Leckereien

Jamie Drew

Wer es zu etwas bringen will,
sollte nie die Einfachheit eines Kindes vergessen.
Chinesisches Sprichwort

Ich kam mit Bob Drew dank der eifrigen Bemühungen von Bobs früherer Frau und einem gemeinsamen Freund zusammen. Wie die beiden vorhergesagt hatten, lernten wir uns kennen, verliebten uns ineinander, heirateten und machten aus zwei Sammlungen von Kindern eine. Zusammen haben wir jetzt zehn Kinder und zwölf Enkel.

Als Bob in den Ruhestand ging, zogen wir nach Prescott in Arizona und versuchten von dort aus telefonische Unterhaltungen mit unseren Enkelkindern zu führen. Aber diese konnten sich noch nicht einmal von einem Gespräch zum anderen daran erinnern, wer wir waren. Die Unterhaltungen waren steif, und es war sehr schwer, einem kleinen Kind von drei oder vier Jahren mehr zu entlocken als »ja« oder »nein« oder »hmmm«.

Am Anfang steigerten wie ihr Interesse für uns, indem wir mit ihnen über Teepartys sprachen. Auf unseren Reisen erwarben wir jeweils ein kleines, preiswertes und wenn möglich unzerbrechliches Teeservice, das wir ihnen aus Spanien, Australien, Mexiko und selbst vom lokalen Discounter schickten. Einmal stießen wir sogar auf einen kleinen Teepott aus Silber, zusammen mit einem Sahnekännchen, einer Zuckerdose und einem Tablett.

Aber der Tee selbst spielte eigentlich keine Rolle – der eigentliche Spaß bestand darin zu fragen: »Habt ihr mál wieder zu einer Teeparty eingeladen?« »Wen habt ihr eingeladen?« »Ihr könntet Bess, die Hündin, und Abu, den Kater, einladen… und wen sonst noch?« »Was wird es zum Tee geben? Einen Kuchen? Ein paar Kekse? Und viel Tee!« »Wen würdet ihr sonst noch gern einladen?« »Vielleicht den neuen Jungen in eurer Klasse? Das kleine Mädchen, das weiter hinten in der Straße wohnt?«

Als uns letztes Jahr zu Weihnachten eine unserer elfjährigen Enkelinnen besuchte, fragten wir sie, an was sie sich am besten im Zusammenhang mit uns erinnern könne. Sie sagte: »Eine ganz besondere Teeparty, die wir vor langer Zeit einmal hatten, als wir zusammen ›Happy Unbirthday‹ gesungen haben.«

Als wir unsere Enkelkinder in Minnesota besuchten, die uns kaum kannten, machte es viel Spaß, mit den beiden süßen Mädchen eine Teeparty zu veranstalten. Wir gingen schnurstracks ins Kinderzimmer, verteilten das Teegeschirr und taten so, als tränken wir Tee und äßen Kekse mit allen Puppen, die in diesem Zimmer waren.

Der gleiche Ablauf fand auch an anderen Orten statt, manchmal auch nur über das Telefon. »Wen möchtest du gern zu deiner Teeparty einladen?« »Opa?« »Oh, frag ihn am besten selbst!«

Nächste Woche kommt ein weiteres kleines Enkelkind zu

Besuch nach Prescott, und wir können es kaum abwarten, denn wir werden was veranstalten? Genau – eine Teeparty! Nur dieses Mal gibt es dazu richtigen Kräutertee und richtige Popovers*, die jedes kleines Kind gern macht. Wir werden eine Menge Spaß haben!

Mamasans narrensichere Teeparty-Popovers*

Ergibt sechs Popovers

pflanzliches Backfett	1½ TL Salz
für die Muffinformen	Butter oder Margarine, Mar-
oder -Tassen	melade,
2 Eier	Honig oder warmen Sirup,
200 ml Milch	als Füllung oder Überzug
120 g Mehl	der Popovers

1 Binden Sie dem kleinen Koch oder der kleinen Köchin ein Geschirrtuch oder eine Schürze um. Fetten Sie sechs Pop-over-Tassen, Muffinformen oder Puddingschalen großzügig mit pflanzlichem Backfett ein.

2 Schlagen Sie die Eier in eine große Schale. Schlagen Sie sie mit einem Schneebesen oder einer Gabel schaumig. Geben Sie die Milch hinzu.

3 Sieben Sie Mehl in das geschlagene Ei. Geben Sie Salz hinzu, und verrühren Sie alles gut. Füllen Sie die vorbereiteten For-

* Luftiges Gebäck aus Muffin-Formen. Anm. d. Ü.

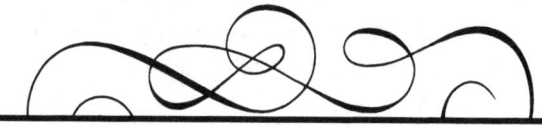

Wie man eine Teeparty veranstaltet

1. Wenn Sie zu Besuch sind, bringen Sie bitte ein neues Teegeschirr mit. Einzelteile gehen verloren, und die Mütter nehmen es persönlich, wenn diese nicht mehr aufzutreiben sind.

2. Gehen Sie zusammen nach draußen, und pflücken Sie kleine Zweige oder eine Blume, und stellen Sie sie in eine kleine Vase.

3. Suchen Sie sich eine Ecke auf einem Handtuch, einen Tisch mit einer Decke oder irgendeinen Platz, der speziell und privat ist.

4. Am Anfang können Sie jede Tasse oder jeden Becher verwenden. Ein großartiges Geschenk für ältere Enkelkinder sind dekorative Tassen, die zu schönen Sammlungen anwachsen können.

5. Servieren Sie Kekse oder kleine Kuchenstücke oder Petit Fours aus der Konditorei. Am besten eignen sich allerdings Popovers, denn sie sind leicht zu machen, preiswert und gelingen immer.

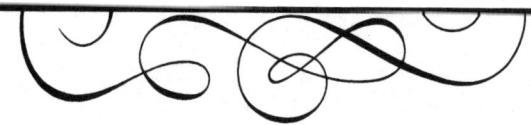

men zu einem Drittel. Stellen Sie sie in den kalten Backofen, den Sie nicht vorheizen. Backen Sie den Teig bei 230 Grad Celsius 25 Minuten lang. Verringern Sie dann die Temperatur auf 180 Grad, und backen Sie den Teig weitere 15 Minuten. Die Popovers sollten dann braun und knusprig sein.

4 Nehmen Sie die Popovers aus dem Ofen, und stürzen Sie sie auf ein Gitter, damit sie abkühlen können. Holen Sie Ihr Zubehör heraus, und schenken Sie Tee ein.

5 Genießen Sie Ihre familiäre Teeparty. Vergessen Sie nicht, den kleinen Köchen einen Kuss zu geben, und machen Sie zusammen die Küche wieder sauber.

Für unsere Kinder

Wir danken Dir für unsere Kinder.
Mögen wir weiterhin durch ihre
bloße Anwesenheit gesegnet sein,
und nicht einen Moment dieses Wunders,
für das wir geboren wurden,
als gegeben hinnehmen.

Steve Myrvang

Abraham Lincoln
und der Kartoffelbrei

Bobbie Probstein

Onkel Bill war ein Verwandter, mit dem ich »angeben« konnte, denn er hatte Dinge erreicht, die keiner von denen, die ich kannte, jemals geschafft hatte. Ich habe das Gefühl, mit einer wirklichen Berühmtheit verwandt zu sein, denn Bill hatte an den Olympischen Spielen 1908 teilgenommen, Medaillen gewonnen und einen Weltrekord im Seilklettern aufgestellt (diese Disziplin wurde später aus dem Wettbewerb genommen, sodass sein Rekord ewig währt). Ich bin stolz auf ihn, weil er für seine Gelehrsamkeit Ehrenwürden von mehreren Universitäten erhielt, obwohl er nicht einmal die Highschool abgeschlossen hatte, da er schon früh arbeiten musste, um seine Familie finanziell zu unterstützen. Sein Spezialgebiet war Abraham Lincoln und der amerikanische Bürgerkrieg, und er wurde oft zu Vorträgen über seine beiden Lieblingsthemen eingeladen. Wir hörten, dass er als Redner großen Erfolg hatte. Er schickte uns Zeitungsausschnitte; auf dem einen sahen wir ihn mit Gouverneur Adlai Stevenson am runden Tisch über den Bürgerkrieg diskutieren, und auf dem anderen war er zusammen mit zwei jungen Männern abgebildet, die er im Winter vor dem Ertrinken im Michigansee gerettet hatte.

Onkel Bill war einfach *anders,* und die Unterschiede schienen mir wegen unseres großen Altersunterschieds sogar noch größer zu sein. Er war eigentlich mein Großonkel, und wenn er einmal im Jahr nach Chicago kam, um uns zu besuchen, dann wusste ich schon, dass er mich zu körperlicher Bewegung anstacheln würde und ich von meinem Studium erzählen musste. Nichts machte ihm mehr Freude, als andere Menschen zu lehren und zu inspirieren, aber da er nie eigene Kinder hatte, wusste er nicht, wie er mit Kindern über die Dinge sprechen sollte, die ihnen *wirklich* etwas bedeuteten, wie zum Beispiel angesagte Spiele und Tänze. Ich glaube, er kam wegen Mutters köstlicher Küche in den Westen, besonders wegen ihres Schmorfleisches mit Kartoffelbrei.

Als ich in San Francisco auf der Highschool war, sollte er an Lincolns Geburtstag zur versammelten Schülerschaft sprechen. Ich schämte mich, weil Onkel Bill mit seinen langen weißen Haaren und seinem zerknitterten dunklen Anzug anders aussah als alle Lehrer, die ich sonst kannte. Ich hatte Angst, dass es mir peinlich sein würde, denn damals war mir vieles schnell peinlich. Aber der Schuldirektor wollte unbedingt, dass er eine Rede hielt, und so kam er angereist.

Als der gefürchtete Morgen gekommen war, verkroch ich mich im Auditorium in meinem Sitz.

Onkel Bill war wundervoll, man konnte es einfach nicht anders ausdrücken. Sein Sprachfluss, seine fundiertes Wissen, seine Liebe zur Geschichte und seine Leidenschaft für die Größe Lincolns inspirierten uns dazu, mehr über unser Land in Erfahrung zu bringen. Zum Schluss gab es stehende Ovationen für ihn.

Ich schwelgte in dem Wissen, mit ihm verwandt zu sein.

Meine Mutter musste an jenem Tag arbeiten und konnte sich daher den Vortrag nicht anhören. Aber am Abend kochte sie Onkel Bills geliebtes Schmorfleisch mit Kartoffelbrei und Bratensoße, und zum Nachtisch gab es Apfelkuchen. Er war ein einfacher Mann mit einem einfachen Appetit.

Bis in seine hohen siebziger Jahre arbeitete er in Chicago und hielt dort Vorträge, aber die eisigen Winter forderten ihr Tribut, und so zog er nach Santa Barbara, wo er das ganze Jahr hindurch im Freien schwimmen konnte. Er wurde Kaplan der lokalen Kriegsveteranen-Vereinigung. Obwohl er seinem Land in beiden Weltkriegen als Sanitäter gedient hatte, war er ein Mann des Friedens.

Ein paar Jahre später, während des Vietnamkriegs, kam ein junger Mann auf ihn zu und spuckte ihm ins Gesicht, weil er eine alte Oberstleutnantuniform trug. Schockiert sagte mein Onkel: »Junger Mann, in meinen 84 Jahren hat noch nie jemand meine Rechtschaffenheit in Frage gestellt oder mich körperlich angegriffen.« Dann verpasste er dem Mann mit seiner Rechten einen Kinnhaken und marschierte weiter zur Kapelle. Ein paar unbeteiligte Zuschauer sahen die Episode und berichteten sie der Zeitung. Onkel Bill wurde erneut gepriesen und war wieder in aller Munde.

Mit 85 schwamm er noch 100 Bahnen im örtlichen Schwimmbad. Er braucht dazu ziemlich lange, meinte er, aber schließlich habe er ja genug Zeit. Ich fragte mich, ob er beim Schwimmen an den Bürgerkrieg dachte, um sich die Langeweile zu vertreiben.

In seinen späten Achtzigerjahren trug er unklugerweise mit einem anderen älteren Mann einen Kühlschrank die Treppe hinunter. Als der andere Mann stürzte, riss die Last

Onkel Bill zu Boden und brach seine Hüfte. Er war lange Zeit im Krankenhaus, wo sein Bewusstsein verblasste und seine Hüfte nur teilweise wieder heilte.

Nach dem Sturz war er nie wieder der Alte. Er fing an, vollständig in der Vergangenheit zu leben. Er wurde dabei beobachtet, wie er Baseballspiele kommentierte und von seinem Rollstuhl aus Anweisungen an einen unsichtbaren Werfer gab.

Ich besuchte ihn oft, obwohl er mich nicht mehr erkannte. Doch wenn ich mich als eine Verwandte von ihm zu erkennen gab, war er sehr galant und erzählte mir, dass er gerade mit seiner Mutter (meiner Urgroßmutter) um den See gefahren war. Sie war damals schon mehr als 40 Jahre tot.

Ich fürchtete seinen 90. Geburtstag in der Rehabilitationsklinik, denn er schien völlig senil geworden zu sein. Sein einst muskulöser Körper war zusammengefallen, und mehrere Zähne fehlten.

Alle Krankenschwestern und alle Patienten, die sich daran erinnern konnten, wie das Lied ging, sangen zusammen »Happy Birthday«. Onkel Bill lächelte und versuchte, auf die Beine zu kommen. Zwei Krankenpfleger hielten ihn, als er seinen alten Körper, so gut er es konnte, in die Höhe streckte. Als er fast aufrecht stand, fing er an, Lincolns Gettysburg-Rede zu rezitieren.

Im Raum wurde es mucksmäuschenstill. Alle Augen waren auf ihn gerichtet, selbst die, die vom grauen Star halb erblindet waren.

Jedes Wort war eine glühende Deklaration von Glaube und Hoffnung und Mitgefühl für die Gefallenen des Bürgerkriegs. Seine Stimme hatte eine große Kraft, und sein Gedächtnis war präzise. Mir waren die Worte noch nie so nahegegangen, und ich fing an zu weinen. Auch vielen anderen liefen Tränen über die Wangen.

Als Onkel Bill fertig war, bereitete man ihm lange, ergreifende Ovationen. Als sich der Applaus schließlich legte, sank er zurück in seinen Rollstuhl.

Jemand fragte ihn, was er sich als Geburtstagsgeschenk nach einer solch inspirierenden Rede wünsche. »Schmorfleisch und Kartoffelbrei mit Bratensoße!«, sagte er. »Ich habe großen Hunger!«

Schmorfleisch mit Bratensoße

Ergibt sechs bis acht Portionen

4 Pfund Rinderbraten (Kamm, Rumpsteak oder Filet)
2 EL Öl oder Bratenfett
1 Zwiebel, gehackt

1 Lorbeerblatt
1 TL Salz
schwarzer Pfeffer, frisch gemahlen
Kartoffelbrei zum Servieren

Bratensoße:
1 EL Bratenfett
600 ml Rinderbrühe

6 EL Mehl

1 Tupfen Sie das Rindfleisch trocken, legen Sie es in einen schweren Topf mit Öl oder Bratenfett, und bräunen Sie es über mittlerer Temperatur. Nehmen Sie das Fleisch aus dem Topf, und bräunen Sie die Zwiebel leicht in dem vom Anbraten übrig gebliebenen Öl oder Fett an. Geben Sie das Fleisch wieder in den Topf, zusammen mit 50 ml Wasser, Lorbeerblatt, Salz und Pfeffer. Schließen Sie den Topf, reduzieren Sie die Temperatur auf niedrige Flamme, und kochen Sie das Fleisch drei Stunden lang, wobei Sie das Fleisch ungefähr jede halbe Stunde wenden und bei Bedarf 1 oder 2 EL Wasser hinzufügen.

2 Nehmen Sie das Fleisch aus dem Topf, wenn es weich ist, und legen Sie es auf eine flache, vorgewärmte Platte. Bedecken Sie es lose mit Alufolie, und halten Sie es im Backofen bei niedriger Temperatur warm. Schöpfen Sie das Fett von der Bratensoße ab, und bewahren Sie einen EL davon auf. Geben Sie 400 ml Rinderbrühe in den Topf, und erhitzen Sie sie, wobei Sie durch Umrühren die braune Kruste vom Topfboden loskratzen. Vermischen Sie in einem Gefäß 200 ml Rinderbrühe mit dem Mehl, und rühren Sie die Flüssigkeit langsam in die köchelnde Brühe im Topf. Verquirlen Sie die Brühe so lange, bis sie angedickt ist. Kochen Sie die Brühe zwei bis drei Minuten, wobei Sie die Soße mit weiteren Gewürzen abschmecken.

3 Schneiden Sie den Schmorbraten in Scheiben, und servieren Sie ihn mit Kartoffelbrei und Bratensoße.

Ein Segen im Nachhinein

June Shoffeitt

Im Jahr 1971 wurde mein Mann, als er sich von einem schweren Herzinfarkt erholte, auf eine salzfreie Diät gesetzt. Bill wurde plötzlich klar, warum er so viele Anfragen nach Gewürzen ohne Salz bekommen hatte. Es dauerte nicht lange und er hatte eine ganze Produktlinie von salzfreien Gewürzen für Menschen mit einer salzfreien oder natriumarmen Ernährung zusammengestellt. Sein Herzinfarkt stellte sich im Nachhinein als ein Segen dar. Die Dankbarkeit von Patienten, denen das Essen wieder schmeckte, war der Lohn für die vielen Jahre harter Arbeit mit all ihren Rückschlägen und Enttäuschungen.

Schon 1965 hatten Bill und ich unsere Firma *Shoffeitt-Gewürze für Feinschmecker* gegründet und obwohl Bill schon lange tot ist, ist die Firma immer noch in Familienbesitz und wird von Familienmitgliedern geführt. Inzwischen besteht sie nur aus Frauen: aus unserer Tochter Bobbie, ihrer Tochter Tonja und Tonjas Tochter Danielle. In diesem Sommer arbeiten also vier Generationen in der Firma.

Es war immer unser Motto gewesen, die Kinder so früh wie möglich mit einzubeziehen. Als meine erste Urenkelin Danielle geboren wurde, stellten wir ihre Krippe in den Aufenthaltsraum der Frauen. Nach ihrem Mittagsschläfchen kam Danielle in einen Babyrucksack, und wir wechselten uns damit ab, sie beim Arbeiten zu tragen.

Zwei- bis dreimal im Jahr gehen wir mit der gesamten Familie auf Messen, um unsere Gewürze zu präsentieren. Bei einer Messe in San Francisco drängten sich meine drei Töchter und zwei Mitarbeiterinnen zusammen in einen Aufzug, der schon mit ihrem Gepäck, Bühnenausrüstung, Geschirr und Kameras vollgestopft war. Alle waren müde und abgekämpft und heilfroh, als der Fahrstuhl endlich nach oben fuhr. Als sie auf der sechsten Etage angekommen waren und die Türen sich öffneten, war Sandy als Erste draußen. Niemand beachtete sie, weil alle mit ihren Taschen und anderen Gegenständen und Geräten beschäftigt waren. Sandy erspähte einen neuen, funkelnden Penny auf dem Fußboden und langte hinunter, um ihn aufzuheben. In diesem Moment traten Sondra und Pam mit vollbeladenen Armen aus dem Fahrstuhl, stolperten über Sandy und fielen direkt über sie. Zu guter Letzt landeten noch Bobbie und Janet auf ihnen. Plötzlich waren überall nur noch Körper, Gepäck, Geschirr und Kameras! Der Herr, der vor dem Fahrstuhl gewartet hatte, um mit ihm nach unten zu fahren, war von diesem Spektakel so alarmiert, dass er buchstäblich zu den Treppen rannte – er konnte nicht schnell genug das Weite suchen.

Auch dieser Vorfall war in Nachhinein ein Segen, denn nach all den Jahren haben wir immer noch genug Dinge, über die wir lachen können. Und wir lachen oft.

Huhn mit Gemüse im Wok

Ergibt vier Portionen

4 Hühnerbrusthälften,
ohne Knochen und
klein geschnitten
50 ml Öl
1 große Zwiebel,
in Scheiben geschnitten
1 Paprika, in Ringe
geschnitten
1 Dose (ca. 170 g)
Esskastanien
4 mittelgroße Zucchini,
in dicke Scheiben geschnitten

200 g Stangensellerie,
in diagonale Scheiben
geschnitten
70 g Champignons,
in Scheiben
300 g Möhren,
diagonal geschnitten
salzfreie Teriyaki-Sauce
(asiatische Marinade
aus Sojasoße, Ingwer,
Reiswein und Zucker)

Erhitzen Sie das Öl in einem Wok oder einer schweren Bratpfanne. Braten Sie das Hühnerfleisch unter ständigem Umrühren in heißem Öl an, bis es gar ist. Fügen Sie die restlichen Zutaten hinzu, und beträufeln Sie alles ausgiebig mit der Teriyaki-Sauce. Braten Sie das Gemüse unter ständigem Umrühren kurz an, bis es die gewünschte Bissfestigkeit erreicht hat. Legen Sie keinen Deckel auf die Pfanne, und kochen Sie alles nicht zu lange.

»Ich liebe dich«

Bonnie Cox

Ein paar Tage vor Weihnachten flog ich mit meinem Mann Michael nach Minneapolis, um die Feiertage bei seinem Bruder und dessen Familie zu verbringen. Wir freuten uns auf den Besuch und im Flugzeug erzählte mir Michael, wie sehr er es sich wünschte, über Weihnachten die Gelegenheit zu haben, sich intensiv mit seinem Bruder auszutauschen. Obwohl sie sich liebten und gegenseitig respektierten, waren sie, was ihre Gefühle betraf, sehr gegensätzliche Charaktere. Michael zeigte seine Gefühle offen, während David eher reserviert und in sich gekehrt war.

Wir wurden nicht nur von David, seiner Frau Vickie und ihren Kindern willkommen geheißen, sondern auch von Bogie, einem auffällig gefärbten Ara-Papagei.

»Ich liebe dich, Michael!«, rief Bogie, als wir durch die Tür kamen. Unglücklicherweise war Bogies Begeisterungsfähigkeit auf Männer beschränkt, denn was ich auch tat, er nahm keine Notiz von mir.

Beim Abendessen vertraute uns Vickie an, dass sie traurige Nachrichten über jemanden in ihrer Familie hatte. Sie war offensichtlich verzweifelt, und irgendetwas an dem Gespräch machte David wütend. Michael konnte spüren, dass lange unterdrückte Gefühle an die Oberfläche kamen. Ihre

Stimmen wurden immer lauter, und schließlich schrien sie einander an.

Meine Augen füllten sich mit Tränen. Auf der einen Seite war es gut, seinen Ärger zu zeigen, denn das hatte wahrscheinlich eine reinigende Wirkung, aber auf der anderen Seite erinnerte mich Geschrei am Tisch zu sehr an meine Kindheit und löste altes Unbehagen aus. Ich musste aus dem Raum, und so nahm ich ein paar leere Teller vom Tisch und ging in die Küche.

Als ich an der Spüle stand, nahm ich einen tiefen Atemzug und versuchte mich zu beruhigen. *Du meine Güte*, dachte ich ... *warum müssen die Feiertage immer alte Erinnerungen hochbringen?* Da hörte ich, wie eine liebenswürdige, sanfte Stimme hinter mir sagte: »Ich liebe dich.« Wie nett! Ich drehte mich um, damit ich sehen konnte, wer mir in die Küche gefolgt war, aber ich sah niemanden.

Ein paar Augenblicke verstrichen, dann sagte Bogie erneut: »Ich liebe dich.« Was konnte ich da noch anderes tun, als einfach nur zu lachen? Als ich zurück ins Esszimmer ging, um es den anderen zu erzählen, war ein weiteres Wunder geschehen. Mike und David hatten die Arme umeinandergelegt und waren wieder guter Dinge. An diesen Weihnachtsfeiertagen wurde Michaels Herzenswunsch erfüllt!

Hier ist ein farbenfroher Fruchtsalat, den die ganze Familie liebt, besonders Bogie!

Bogies tropischer Fruchtsalat

Ergibt acht Portionen

300 g Rotkohl, dünn geschnitten
100 g Stangensellerie, dünn geschnitten
50 g geröstete Erdnüsse
50 g Korinthen oder Rosinen
2 Orangen, in Stücke geschnitten, ohne Membran, oder 1 Dose (ca. 310 g) eingelegte Orangenstücke, abgegossen

1 Dose (ca. 240 g) Ananasstücke, abgegossen (2 EL vom Sirup aufheben)
1 EL Zitronensaft
1 Banane, in Scheiben geschnitten
1 Becher (ca. 230 g) Orangen-, Zitronen- oder Ananasjogurt

1 Vermengen Sie in einer großen Salatschale Rotkohl, Sellerie, Erdnüsse, Rosinen, Orangen und Ananas.

2 Vermischen Sie den aufgehobenen Ananassirup mit dem Zitronensaft, und gießen Sie ihn in einer kleinen Schale über die geschnittene Banane. Nehmen Sie die Bananenstücke aus der Schale, und geben Sie sie zum Salat.

3 Rühren Sie den Jogurt in den restlichen Sirup und dieses Dressing dann unter die Kohlmischung. Kühlen Sie den Salat vor dem Servieren.

5
Feiertagstraditionen

Mit Kummer kann man allein fertig werden,
aber um sich aus vollem Herzen freuen zu können,
muss man die Freude teilen.

Mark Twain

Tante Catherines Zuckerplätzchen

Caroline A. Goering

Ich bin in einer kleinen Stadt in Pennsylvania aufgewachsen. Wir lebten in einer Gegend, von der aus man bequem zu Fuß in die Innenstadt oder zum Bahnhof gehen konnte, um nach Philadelphia zu fahren. Der Milchmann, der Gemüsehändler und der Fleischer lieferten ihre Waren zu uns nach Hause. Wir hatten kein Auto, und meine Verwandten lebten viele Kilometer entfernt. Dies hatte zur Folge, dass meine Nachbarn zu meiner Großfamilie gehörten. Meine Mutter schickte mich zu ihnen, um Zucker oder Mehl oder ein Ei auszuleihen, bis die nächste Lebensmittellieferung kam.

Besonders zwei Frauen, die ich Tante Catherine und Tante Myrl nannte, wurden meine speziellen »Tanten«, und ich wurde ihr »süßes Plätzchen.« Ich ging gern mit der ganzen Familie zu ihnen zum Abendessen oder einfach nur, um eine Zutat für meine Mutter auszuleihen. Sie gaben mir immer das Gefühl, geliebt zu werden – egal, was ich getan oder nicht getan hatte.

Nachdem sie meinen Messbecher gefüllt oder mir das Ei gegeben hatte, das meine Mutter brauchte, durfte ich mir bei Tante Catherine immer ein Plätzchen aus der Dose nehmen. Oft sagte sie: »Nimm noch eins!«, und ich ging mit zwei Plätzchen nach Hause. Ihre Plätzchen waren für mich etwas

Besonderes. Es war nicht nur ihr Geschmack – tief im Inneren fühlte ich mich bedingungslos geliebt.

In der letzten Vorweihnachtszeit hatte ich mehrere Eltern aus meinem Kindererziehungskurs mit ihren Kindern eingeladen, mit mir zusammen Plätzchen zu backen. Zu drei verschiedenen Anlässen mischten, schnitten, dekorierten, backten und aßen wir Tante Catherines Zuckerplätzchen.

Der köstliche Duft gebackener Plätzchen erfüllte das Haus. Wir legten den letzten roten Zuckerbonbon auf Rudolphs Nase und saßen im Wohnzimmer um Tante Catherines Kaffeetisch; ich saß in Tante Myrls rotem Schaukelstuhl und die Kinder auf Stühlen, die mein Vater gemacht hatte. Als wir so dasaßen und heiße Schokolade aus dänischen Porzellantassen nippten, die Früchte unserer Arbeit genossen, die elektrische Eisenbahn unter dem Baum umherfahren sahen und uns an den Lichtern und dem Schmuck erfreuten, erkannte ich plötzlich, dass ich »Tante« Caroline geworden war, und dass diese Kinder nun meine »süßen Plätzchen« waren.

Eltern erzählten mit hinterher, dass sie von ihren Kindern gehört hatten: »Lasst uns spielen, wir gehen zu Carolines Haus. Ich bin Caroline, und ihr kommt an die Tür und klopft, und dann backen wir Plätzchen.« Eine andere Mutter schrieb mir: »Der Nachmittag bei Ihnen war ein besonders schönes Erlebnis, das mir immer in Erinnerung bleiben wird. Wir alle hatten hinterher das Gefühl, etwas Besonderes zu sein.«

Sind auch Sie für ein Kind die »Plätzchentante«? Wenn nicht, sollten Sie ernsthaft in Erwägung ziehen, Kinder zu sich nach Hause einzuladen und mit ihnen Tante Catherines Zuckerplätzchen anzumischen, zu dekorieren, zu backen und zu genießen. Indem Sie die Kinder wissen lassen, dass sie etwas Besonderes sind, entdecken auch Sie den Zauber der Plätzchen von Tante Catherine.

Tante Catherines Zuckerplätzchen

Ergibt ungefähr vier Dutzend mittelgroße Plätzchen

400 g Mehl, gesiebt
2½ TL Backpulver
¼ TL Salz
12 EL Butter

1½ TL Vanille
340 g Zucker
2 große Eier
gefärbter Zucker
zum Dekorieren

1 Heizen Sie den Ofen auf 200 Grad Celsius vor. Sieben Sie Mehl, Backpulver und Salz auf Backpapier, und legen Sie es zur Seite.

2 Schlagen Sie die Butter mit einem Elektromixer in einer großen Schüssel schaumig. Fügen Sie Vanille und Zucker hinzu, und rühren Sie alles gut um. Geben Sie ein Ei nach dem anderen hinzu, und rühren Sie jedes Ei gut unter. Geben Sie nach und nach die gesiebte Mehlmischung hinzu, und rühren Sie so lange, bis alles gründlich miteinander vermischt ist.

3 Halbieren Sie den Teig, formen Sie ihn zu kleinen Küchlein, und schlagen sie jedes einzeln in Backpapier ein. Lassen Sie die Küchlein drei Stunden lang (im Kühlschrank, nicht im Gefrierfach) abkühlen. (Stellen Sie genug von diesen Küchlein her, bevor die Kinder kommen.)

4 Rollen Sie den Teig mit einem Nudelholz auf einem leicht mit Mehl eingestreuten Tuch aus, bis er die gewünschte Keksdicke hat (jüngere Kinder schauen beim Ausrollen zu und helfen beim Ausschneiden und Dekorieren der Kekse.) Stechen Sie den Teig mit unterschiedlichen Ausstechformen (je nach Jahreszeit) aus. Dekorieren Sie den Teig mit farbigem Zucker, den Sie leicht in die Oberfläche drücken. Legen Sie die Plätzchen auf ein eingefettetes Backblech.

5 Backen Sie die Plätzchen acht bis zehn Minuten oder bis sie leicht braun geworden sind. Nehmen Sie einen breiten Pfannenheber, und legen Sie damit die Plätzchen auf eine Ablage zum Abkühlen. Genießen Sie sie mit heißer Schokolade und den frohen Gesichtern der Kinder.

Erinnerungen an ein festliches Mincemeat*

Hazel Court Taylor

Mein Leben begann in England an einem wunderschönen Ort namens Sutton Coldfield im Landkreis Warwickshire. Die Gegend war noch ziemlich ländlich, jeder kannte seine Nachbarn. Der Herbst war für uns immer eine spezielle Zeit, denn es dauerte nicht mehr lange bis Weihnachten. Wir freuten uns auf all die Traditionen, die mit dieser Zeit im Jahr verknüpft waren und von denen es damals noch viele gab. Große Einkaufszentren existierten noch nicht, und so bastelte man im Herbst Geschenke und Dekorationen, sammelte Stechpalmen, Misteln, Julklötze (große Holzstücke, die nach germanischem Brauch während der Weihnachtszeit über mehrere Tage im Kamin verbrannt werden) und kochte natürlich festliche Gerichte.

Wir hatten eine große Küche, in deren Mitte ein großer altmodischer Tisch stand. Aus der Sicht eines kleinen Kindes schien sich das Leben ausschließlich um dieses Möbelstück herum abzuspielen, auf dem ich mit meinen Spielsa-

---

* Füllung für Pasteten; enthält neben Früchten, Trockenfrüchten, Gewürzen und eventuell Alkohol auch tatsächlich »meat« – nämlich Rindertalg oder Schweineschmalz. Anm. d. Ü.

chen spielte und meine Bilder malte. Ich aß dort Frühstück, Mittagessen, eine leichte Mahlzeit am Spätnachmittag und das Abendessen, und was ich nicht mochte, versteckte ich auf der Platte unter dem Tisch.

Auf dem großen Herd brannte ständig ein Kohlenfeuer, und der wunderbare Duft von gebackenem Brot drang immer aus dem Ofen, der von diesem Feuer erhitzt wurde. Es war ein herrlicher, gemütlicher Raum, in dem es angenehm nach Möbelpolitur roch, die aus Bienenwachs und Terpentin hergestellt wurde, oder nach schwarzem Blei, eine Substanz, mit der meine Mutter den Herd putzte, bis sich unsere Gesichter in ihm wie graue Gespenster spiegelten. In diesem Raum kochten wir auch unsere Festmahlzeiten.

Zuerst war der Weihnachtskuchen in der zweiten Oktoberwoche dran. Er wurde gebacken, in ein Baumwolltuch gewickelt, leicht mit Sherry getränkt und in eine farbenprächtige Blechdose gelegt. In der dritten Woche war es Zeit für den Weihnachtspudding, und in der letzten Woche gab es die Mincemeat-Party.

Meine Mutter machte das Mincemeat nach dem Rezept meiner walisischen Oma aus dem Jahr 1842. Nachdem alle Zutaten in eine große Porzellanschale gegeben worden waren, wurden traditionell silberne Dreipenny-Münzen blank gerieben und neben die Schale gelegt. Alle Nachbarn waren eingeladen, an diesem Abend vorbeizukommen und das Mincemeat einmal umzurühren. Jeder machte dabei seinen Wunsch für das nächste Jahr und warf ein Dreipennystück in das Mincemeat. Wer später eine Münze in seinen Stück Hackbraten fand, würde ein außergewöhnlich glückliches Jahr haben.

Jeder Nachbar wurde mit einem Glas Sherry und einem Stück Madeirakuchen empfangen. Es wurde viel gelacht und musiziert, und eine besonders liebevolle Atmosphäre umgab den Tisch, auf dem eine feierliche Decke aus Spitzen lag.

Ich liebte diesen Abend. Er markierte den Beginn des Spätherbstes und den Übergang zum Winter – draußen gab es goldene Blätter und drinnen ein warmes Feuer. Wundervolle Eltern schufen diese besonderen Erinnerungen für mich in einer vergangenen Zeit, als noch niemand viel Geld hatte, es aber viel Liebe und gegenseitiges Verstehen gab. Es war eine Zeit, in der der Weihnachtsstrumpf mit Süßigkeiten, Schokolade, Nüssen und Äpfeln gefüllt war. Ich bin so froh, dass ich ein Teil dieser einfacheren Zeit sein durfte.

Mincemeat

Ergibt fünf 1-Liter-Gläser für fünf Pasteten

1 Pfund Rindertalg, fein gehackt
1 Pfund getrocknete Korinthen
1 Pfund Rosinen, fein gehackt
1 Pfund Äpfel, geschält und klein geschnitten
½ Pfund brauner Zucker
je 110 g kandierte, gewürfelte Zitronen-, Limonen- und Orangenschale

je 1 TL geriebene Muskatnuss, gemahlene Nelken, gemahlener Ingwer und gemahlenes Piment
Saft und fein gehackte Schale von 1 Zitrone
200 ml Weinbrand
100 ml Orange Curaçao
80 ml Sherry

1 Vermengen Sie alle Zutaten in einer großen Schüssel in der oben aufgeführten Reihenfolge.

2 Verpacken Sie das Mincemeat in 1-Liter-Gläsern, versiegeln Sie diese und lagern Sie sie zwei Monate lang an einem kühlen Ort.

Füllung der Mincemeat-Pastete

Ergibt eine 23 cm lange Pastete

450 g Mincemeat
240 g Äpfel,
frisch geschält und gerieben

60 g Walnüsse,
gehackt

1 Vermengen Sie die Zutaten, und füllen Sie sie in eine (23 cm lange) Pastetenform.

2 Verzieren Sie die Pastete mit einem Gittermuster, und backen Sie sie bei 220 Grad Celsius 45 Minuten lang. Lassen Sie die Pastete mindestens eine Stunde stehen, bevor Sie sie schneiden.

Mincemeat-Riegel mit Vanille-Überzug

Ergibt 36 Riegel

Das Rezept wurde uns von Alice Simmons zur Verfügung gestellt.

270 g Mehl
220 g Zucker
1 EL Backpulver
½ TL Salz

250 ml Milch oder
Buttermilch
3 EL Butter oder Margarine
(Zimmertemperatur)
1 großes Ei

Glasur:
120 g Puderzucker
1 EL Milch

Mark einer halben Vanille-
schote

1 Heizen Sie den Ofen auf 180 Grad Celsius vor, und fetten Sie ein Backblech ein. Vermischen Sie in einer Schüssel Mehl, Zucker, Backpulver und Salz; rühren Sie alles gut um. Geben Sie Milch oder Buttermilch hinzu, Butter oder Margarine und das Ei. Mixen Sie alles so lange, bis die trockenen Zutaten feucht sind. Der Teig wird weich und klebrig.

2 Verteilen Sie die Hälfte des Teigs auf dem Boden des Blechs, und lassen Sie einen ungefähr 1,5 cm breiten freien Rand (da der Teig sich beim Backen ausdehnt). Verteilen Sie das Mincemeat bis zum Rand des Teigs. Verteilen Sie die andere Hälfte des Teigs in der gleichen Größe auf Backpapier.

Drehen Sie diesen Teig um, und legen Sie ihn auf das Mincemeat, und entfernen Sie vorsichtig das Backpapier. Backzeit: 30 Minuten.

3 Während der Teig backt, bereiten Sie die Glasur vor. Vermengen Sie in einer kleinen Schale Puderzucker, Milch und Vanille. Rühren Sie so lange um, bis alles gut vermischt ist. Geben Sie mehr Milch hinzu, wenn dies nötig sein sollte, um eine weiche Konsistenz zu erzielen.

4 Wenn der Teig fertig ist, lassen Sie ihn leicht abkühlen. Verteilen Sie dann die Glasur auf der Oberfläche des warmen Teigs. Schneiden Sie ihn nun, während er noch warm ist, in 36 Riegel.

Der Gewürzkuchen des armen Mannes

Warren Farrell

Ich wuchs mit einfachem und gesundem Essen auf. Meine Mutter hörte fast jeden Tag dem Ernährungswissenschaftler Carlton Fredericks im Radio zu. Damals lieferte der Milchmann noch unbehandelte Vollmilch an der Hintertür und der Bäcker luftiges Weißbrot an der Vordertür ab, und Sex gab es nur in der Ehe. Nun, Mutter und Vater waren mit Ersteren und Letzterem einverstanden, aber was das luftige Weißbrot anbetraf … Mutter machte dem Bäcker klar, dass so ein Weißbrot einfach nichts in ihrem Haus verloren hatte.

Unsere Familie war die einzige weit und breit, die nicht nur von Vollkornbrot gehört hatte, sondern es auch tatsächlich aß. Ich war dazu verdammt, ein Waschlappen zu sein. Besonders bewusst wurde mir das an dem Tag, als Bobby Mack, der beste Footballspieler der Stadt, ja sagte, als ich ihn fragte: »Willst du morgen nach dem Spiel mit zu uns zum Mittagessen kommen?«

Ich hatte das Gefühl, in der Lotterie gewonnen zu haben, als meine Mutter meinem Drängen nachgab und bereit war, wenigstens dieses eine Mal Weißbrot zu kaufen. Aber Bobby erspähte das alte Vollkornbrot, das in einem Schrank ver-

149

steckt war. Als er bat, davon essen zu dürfen, weil es hervorragend zur Muskelbildung beitragen würde, und mir auftrug, seiner Mutter zu sagen, dass sie ihm unbedingt Vollkornbrot kaufen müsse – nun, da entwickelte ich plötzlich eine gewisse Zuneigung zum Vollkornbrot. Ich verstand intuitiv, welchen Wert es hatte, wenn berühmte Personen für bestimmte Dinge eintraten, auch wenn es sich dabei nur um einen Jungen handelte, der alles tat, um Aufmerksamkeit auf sich zu lenken.

So großartig meine Mutter auch in Ernährungsfragen war, wenn sie für eine Menschenmenge kochen musste (und alles außer einer Familie mit vier Personen war eine solche Menge), war sie total überfordert. Also kochte Vater an Feiertagen – das beste selbst gemachte Weißbrot und Vollkornbrot, Truthahn, Füllungen und was er den »Gewürzkuchen des armen Mannes« nannte. Zum Glück wusste ich nicht, was eine Kalorie war, geschweige denn ein Gramm Fett, sodass mich nach einem 50 000-Kalorien-Mahl und einer Fettmenge, die für die ganze Woche reichte, nichts von meinem geliebten Gewürzkuchen des armen Mannes abhalten konnte.

Nachdem ich geheiratet hatte, genoss ich die wunderbaren Weihnachtsfeiern in der Familie meiner Frau. An Thanksgiving konnte ich schon riechen, dass bald Weihnachten vor der Tür stand – zumindest fast. Ein Geruch fehlte noch. Als meine Frau mich fragte, um was für einen Geruch es sich handelte, konnte ich mich nur an Pulver und eine Muskete erinnern. »Falsch«, sagte sie. Meinen Vater besuchten wir auf unserer Weihnachtsrunde zum Schluss, und als ich zum Ofen ging, war er auf einmal da, der Duft von Weihnachten, die Feuchte von Weihnachten, der Geschmack eines Kuchens, bei dem das Orchester des Backpulvers niemals die Melodie der Muskat-Rosine übertönte.

Gewürzkuchen des armen Mannes

Ergibt acht bis zehn Portionen

~

1 Packung (ca. 450 g) Muskat-Rosinen	½ TL Gewürznelken
	400 ml Wasser
110 g Butter	240 g Mehl
220 g Zucker	½ TL Natron
1 TL Piment	½ TL Backpulver
1 TL Zimt	½ TL Salz

1 Heizen Sie den Ofen auf 180 Grad Celsius vor, und fetten Sie ein Backblech ein.

2 Vermengen Sie in einem mittelgroßen Stieltopf Rosinen, Butter, Zucker, Gewürze und Wasser. Bringen Sie die Mischung zum Kochen, und lassen Sie sie danach abkühlen.

3 Vermischen Sie Mehl, Natron, Backpulver und Salz miteinander, und rühren Sie es in die Gewürzmischung. Backen Sie den Kuchen eine Stunde oder bis er gerade fest geworden ist – am besten schmeckt er nämlich, wenn er noch feucht ist.

Vinetarta,
die isländische Weihnachtstorte

Naomi Rhode

Wenn Liebe das Heim schmückt,
sind andere Ornamente nebensächlich.

Anonym

Zu Anfang des 20. Jahrhunderts verließen viele isländische Wikinger ihre Heimat und emigrierten hauptsächlich in die Prärie von North Dakota. Zwei dieser Abenteurer, die das Auswandererschiff nach Amerika bestiegen, waren Anna und George Goodman. Auch sie landeten schließlich in North Dakota und versuchten ihr Glück in der neuen Welt.

Sie bauten sich ein Haus, bewirtschafteten das Land im Frühjahr, Sommer und Herbst und hatten 14 Kinder. Meine Mutter Ellenborg (auf Isländisch Elksaborg) war ihre älteste Tochter.

Im Winter führten sie immer einen tapferen Kampf gegen den Frost in ihrem kleinen, dunklen Haus. Um zur Scheune zu gelangen und dort die Kühe füttern und melken zu können, mussten sie Tunnel durch den tiefen Schnee buddeln. Aufgrund der harten Lebensbedingungen waren Feste, Lachen, Geschichtenerzählen und Tanzen immer ein willkommener Zeitvertreib. Essen war mehr als nur Ernährung: Es war *Futter für die Seele*!

Den ganzen Monat Dezember hindurch wurde Weihnachten mit Bäumen, Kerzen, selbst gemachten Dekorationen und endlosem Backen gefeiert. Der Höhepunkt unserer kulinarischen Festlichkeiten war Vinetarta – die Weihnachtstorte. Zur feierlichen Zeremonie, eine Vinetarta zu machen, kamen alle Kinder, Cousins und Cousinen, Tanten und Omas. Es war ein richtiges Fest für sich.

Die fertige Vinetarta hatte sieben bis neun Schichten und wurde in dünne, dekorative Scheiben geschnitten. Zu jeder Gelegenheit und Tageszeit wurde sie mit isländischem Kaffee (*dem* Getränk für Freundschaft und Gastfreundlichkeit) serviert.

Weil Vinetarta feucht ist und sich gut hält, wurde die Torte traditionell bis nach Weihnachten und sogar ins neue Jahr hinein gegessen. Und am Weihnachtstag und Neujahrstag war sie immer der Nachtisch, nachdem wir eine gebratene Gans von unserem Bauernhof verspeist hatten.

Ellenborg hat das Rezept an mich weitergegeben, und ich habe Vinetarta für meine Familie aus Nostalgie für die isländische Tradition übernommen. Genießen Sie dieses Stück Island mit meinen besten Wünschen für ein frohes Fest und ein erfolgreiches neues Jahr.

Vinetarta

Ergibt ungefähr zwölf Portionen

Teig:

220 g Butter	50 ml Milch
340 g Zucker	3 Eier, geschlagen
½ TL Vanille	600 g Mehl

Füllung:

2 Pfund Pflaumen	Rumaroma,
340 g Zucker	zum Abschmecken
	Kardamom,
	zum Abschmecken

1 Vermischen Sie die Teigzutaten, und stellen Sie sie kühl. (Gekühlter Teig nimmt weniger Mehl auf, wodurch die Tortenschichten weicher werden.)

2 Zerlegen Sie den Teig in 7 bis 9 Stücke. Rollen Sie jedes Stück auf einem mit Mehl eingestreuten Brett aus, bis es nur noch 3 bis 6 Millimeter dick ist.

3 Benutzen Sie den Boden einer runden Kuchenform als Vorlage, und schneiden Sie die Tortenschichten aus.

4 Backen Sie jede Schicht wie ein großes Plätzchen auf einem eingefetteten Backblech bei 180 Grad ungefähr fünf bis sieben Minuten lang, oder bis sich der Rand leicht braun färbt. Lassen Sie die gebackenen Schichten abkühlen.

5 Für die Füllung: Kochen Sie die Pflaumen, bis sie weich sind. Zerstampfen und zerkleinern Sie die Pflaumen gut. Geben Sie Zucker hinzu, und kochen Sie so lange weiter, bis die Pflaumenmischung glatt und homogen ist. Lassen Sie sie abkühlen, und würzen Sie mit Rumaroma und Kardamom.

6 Bauen Sie die Vinetarta-Weihnachtstorte auf, indem Sie die Kuchenschichten übereinanderlegen und die Pflaumenfüllung jeweils zwischen den Schichten verteilen.

7 Eine dünne Schicht gestreuter Puderzucker auf der obersten Schicht ist ein wunderbarer Abschluss dieses traditionellen Weihnachtsgebäcks.

8 Wickeln Sie die Vinetarta in Alufolie, und bewahren Sie sie im Kühlschrank auf. Schneiden Sie die Torte vor dem Verzehr in kleine Stücke und servieren Sie sie mit starkem Kaffee.

Pessach im Spielzimmer

Bobbie Jensen Lippman

Baruch ata adonai,
elohenu melech ha'olam,
bore pri hagafen.

Wie eigenartig diese Worte klangen, als ich sie vor 25 Jahren das erste Mal hörte. Im Frühjahr 1970, als wir in Los Angeles lebten, trat Roz in mein Leben. Es entstand sofort eine Freundschaft zwischen uns, obgleich wir wenig gemeinsam hatten. Ich bin groß, sie ist klein. Ich bin dünn, und sie ist es nicht. Ich habe ein Kind, sie hat sechs Kinder. Ich bin Protestantin, sie ist Jüdin. Gemeinsam hatten wir kastanienbraunes Haar, die Liebe zum Leben und einen schrägen Sinn für Humor.

In jenem Frühjahr lud mich meine neue Freundin Roz zusammen mit meiner zehnjährigen Tochter Rocki und meinem neuen Mann Burt zu unserem ersten Pessachfest ein. Auf dem Weg zum Haus von Roz dachte ich an die Presbyterian Sunday School in Nebraska und versuchte mich daran zu erinnern, um was es beim Pessachfest geht.

Ich erwartete einen feierlichen Abend, aber es war alles andere als das! Überall liefen Kinder umher, einschließlich der sechs, die zu Roz gehörten. Es waren Onkel, Tanten, Großeltern, Cousins und Cousinen, Babys und ein lustig aussehender Hund da, der unter einem Kaffeetisch lag und die Aktivitäten beobachtete.

Wir wurden sofort in Begrüßungen und gegenseitiges Vorstellen verwickelt. Der Ruf »Hallo Bubi!« ließ mich herumfahren. Ich dachte, jemand hätte meinen Namen falsch ausgesprochen, aber ich sah nur zwei bärtige Männer, die sich herzlich umarmten. Es war das erste Mal, dass ich den Ausdruck »shalom aleichem« hörte.

Wir nahmen in einem großen Spielzimmer Platz, in dem mehrere runde Tische mit blauen Tischtüchern standen, auf denen koscherer Manischewitz-Wein, Grapefruitsaft und fremdartige Lebensmittel standen. Rocki schaute sich das Essen an, zog an meinem Ärmel und fragte: »Was ist das alles für komisches Zeugs?« Ich flüsterte automatisch »Psst!«, obwohl bei dem allgemeinen Lautstärkepegel niemand ihre Frage gehört haben konnte. Die Erwachsenen setzten sich, nicht aber die Kinder. Sie lachten und kreischten, schubsten sich gegenseitig an oder verweilten widerstrebend in den Armen der Großeltern, um noch einen Kuss zu bekommen.

Meine Aufmerksamkeit richtete sich auf Bob, den Mann von Roz, der geduldig an der Stirnseite des Tisches saß und darauf wartete, dass der Lärm sich legte. Was aber nicht der Fall war. Plötzlich stand er auf, schaute streng nach vorn, erhob seine Arme und rief laut: »... und es war vorüber!« Rocki sprang vor Schreck gleich ein paar Zentimeter aus ihrem Stuhl.

Wir hatten keine Ahnung, ob dies die Art und Weise war, wie Bob um Ruhe bat, oder ob es sich schon um einen offiziellen Teil des Seder handelte. Als schließlich Ruhe eingekehrt war, öffneten wir alle ein Buch mit dem Titel »Die Haggada für die amerikanische Familie«. Am Ende des Abends hatten wir viel über die Befreiung der Israeliten aus der ägyptischen Knechtschaft erfahren. Als jeder der Reihe nach die Geschichte des Auszugs aus Ägypten las, wurde mir klar, dass die Lebensmittel auf dem Tisch eine symbolische Bedeutung hatten, wie zum Beispiel *Moror*, bittere Kräuter, die an das bittere Leben in Ägypten erinnern; und *Mazza*, das ungesäuerte Brot, das den hastigen Aufbruch der Menschen symbolisiert, die vom Pharao verfolgt wurden.

Sobald die Zeremonie beendet war, wurden alle traditionellen Pessachgerichte aufgetragen. Eine ältere Frau an unserem Tisch schaute auf die Matzebällchen in ihrer Hühnersuppe und verkündete laut: »Hm, Rozzies Bällchen schwimmen immer oben. *Meine* gehen immer unter!« Man musste kein Jude sein, um den Witz zu verstehen. Nach der Suppe gab es Gefillte Fisch, Rinderbrust, Kartoffelauflauf, Matze-Farfel, Möhren-Tsimmes, Kompott, Makronen und Honigkuchen.

Bevor wir nach Oregon zogen, haben wir jeden Seder im Haus von Roz mitgefeiert. Opa Sammy ist nicht mehr da, um seine Enkel zu umarmen, aus Kleinkindern sind Jugendliche geworden, und drei Ehen wurden geschieden. Bob starb erst vor Kurzem an Krebs. Jetzt, wo das Pessachfest wieder bevorsteht, versuche ich mir vorzustellen, wie der Seder wohl jetzt bei ihr aussehen mag, nach all den Veränderungen in ihrer Familie. Die Gesichter derer, die um den Tisch herumsitzen, sind vielleicht andere, aber die uralte Geschichte wird wieder erzählt werden, so wie es schon seit Tausenden von Jahren geschieht.

Baruch ata adonai, elohenu melech ha'olam, bore pri hagafen... »Gesegnet seist Du, oh Herr, unser Gott, König der Universums, der die Weinreben erschaffen hat.«

Shalom aleichem – »Friede sei mit dir« – scheint heute, wo unsere Welt so sehr der Heilung bedarf, für Menschen aller Glaubensrichtungen der angemessene Gruß zu sein.

Hühnersuppe, wie Roz sie gemacht hat

Ergibt zwölf Portionen

1 großes Huhn und zusätzliche Flügel und Keulen, wenn gewünscht
2 bis 3 große Zwiebeln, geviertelt
8 große Möhren, in 5 cm lange Stücke geschnitten
1 Pastinake, geschält und in 2,5 cm große Stücke geschnitten

1 Bund Petersilie
Salz und Pfeffer
4 Würfel Hühnerbrühe
2 EL aufgehobenes Fett für die Matzebällchen (Rezept siehe unten)

1 Legen Sie das Huhn in einen großen Topf, und geben Sie so viel Wasser hinzu, bis es ungefähr 2,5 cm hoch bedeckt ist. Bringen Sie es zum Kochen, und schöpfen Sie das Fett ab, das auf der Oberfläche schwimmt. Geben Sie Zwiebeln, Möhren, Pastinaken und Petersilie hinzu. Bedecken Sie den Topf, aber lassen Sie den Deckel einen Spalt offen. Verringern Sie die Kochtemperatur so, dass das Huhn leicht vor sich hin köchelt. Kochen Sie es auf diese Weise eine Stunde. Würzen Sie leicht mit Salz und Pfeffer (die Brühwürfel kommen erst später dazu), und kochen Sie es noch eine Stunde weiter.

2 Nehmen Sie das Huhn aus der Suppe, und lassen Sie es abkühlen. Passieren Sie die Suppe, und verwenden Sie das Gemüse, bis auf 3 bis 4 Möhrenstücke, anderweitig. Geben Sie die Brühwürfel an die Suppe, und schmecken Sie sie ab. Fügen Sie mehr Würfel hinzu, wenn Sie einen kräftigeren Geschmack wünschen.

3 Wenn sich das Huhn genug abgekühlt hat, um weiterverarbeitet zu werden, entfernen Sie Haut und Knochen, und zerschneiden Sie es in kleine Stücke. Geben Sie die Hühnerstücke zurück in die Suppe. Stellen Sie den Topf in den Kühlschrank, und entfernen Sie das Fett, das sich auf der Oberfläche erhärtet, und heben Sie 2 EL Fett für die Matzebällchen auf.

4 Kochen Sie die Suppe vor dem Servieren kurz auf. Schneiden Sie die Möhren in dünne Scheiben, und legen Sie ein paar Scheiben zusammen mit einem Matzebällchen in jeden Suppenteller. Geben Sie die Suppe in die Teller.

Matzebällchen...
die hoffentlich oben schwimmen

Ergibt zwölf Bällchen

4 Eier   2 EL Petersilie, gehackt
2 EL Hühnerfett   1 TL Salz
120 g Matzenmehl   6 EL Hühnersuppe

1 Schlagen Sie die Eier leicht in einer Schale schaumig, und schlagen Sie dann das Hühnerfett unter. Rühren Sie Matzenmehl, gehackte Petersilie und Salz unter. Geben Sie einen Schuss Hühnersuppe hinzu, bis der Teig weich ist. Stellen Sie ihn eine Stunde oder länger in den Kühlschrank.

2 Formen Sie die Matzemischung mit feuchten Händen in kleine Bällchen von 3 cm Durchmesser. Erhitzen Sie 2 Liter Wasser, bis es schwach köchelt. Geben Sie vorsichtig die Matzebällchen in das kochende Wasser. Bedecken Sie den Topf, reduzieren Sie die Kochtemperatur, und kochen Sie die Bällchen ungefähr zehn Minuten lang, ohne den Deckel abzunehmen. Geben Sie ein Bällchen in jede Portion Hühnersuppe.

Alice Wentworths leckere Süßkartoffeln

Diana von Welanetz Wentworth

An unserem ersten gemeinsamen Thanksgiving, das wir wenige Wochen vor unserer Hochzeit feierten, luden wir unsere beiden Familien auf Teds Ranch ein, die in den Bergen oberhalb von Temecula lag. Ich freute mich darauf, zum ersten Mal die gesamte Verwandtschaft zu sehen und ein riesiges traditionelles Truthahnfestmahl zu kochen.

Das Wohnhaus der Ranch war bislang nur an den Wochenenden benutzt worden, und daher hatte ich keine Ahnung, ob in der Küche auch all die Sachen waren, die ich zum Kochen brauchte. Ich hatte Angst, etwas zu vergessen, und machte mir eine lange Liste mit jeder Zutat und jeder Küchenausrüstung, die ich brauchen würde.

Als wir am Tag vor Thanksgiving unser Auto packten, sagte ich: »Hoffentlich habe ich nichts Wichtiges vergessen.«

Der Verkehr war an diesem späten Nachmittag sehr zähfließend, und wir kamen nur langsam auf der Autobahn aus der Stadt heraus. Für 16 Kilometer brauchten wir anderthalb Stunden, und wir ärgerten uns schon, zu spät losgefahren zu sein.

Plötzlich wurde Ted ganz blass: »Diana, wir haben etwas vergessen.«

»Was?«

»Etwas Wichtiges, Diana! Etwas wirklich SEHR Wichtiges!« Sein Gesichtsausdruck machte mir Angst.

»Was haben wir vergessen?«

»Meine Mutter.«

»Deine *Mutter*? Ich hatte keine Ahnung, dass sie mit uns fahren wollte. Kann nicht jemand anderer sie mitnehmen?«

»Nein ... das würde sie zu sehr kränken.«

Wenn wir seine Mutter noch abholen mussten, würde es sehr spät werden, und wir würden das Abendessen mit unseren drei Töchtern verpassen, die schon auf der Ranch auf uns warteten und später noch etwas vorhatten.

Aber Ted hatte eine geniale Idee. In die Gegenrichtung war der Verkehr nicht sehr stark. Wir fuhren zurück und holten seine Mutter Alice ab, mit all ihrem Gepäck und dem Blech kandierter Süßkartoffeln, das sie gemacht hatte. Dann fuhren wir zum John Wayne Airport, wo Ted sein Flugzeug stehen hatte. Wir luden alles, meine Kochutensilien, einen Extraofen, die Küchenmaschine und die Lebensmittel in das Gepäckfach und auf den Rücksitz. Es gab nirgendwo mehr einen freien Stauraum, nachdem wir es Alice auf dem anderen Rücksitz bequem gemacht und sie davon überzeugt hatten, dass sie ihre Süßkartoffeln auf ihrem Schoß halten musste.

Wir erhoben uns in die Luft und flogen hoch über der langen, langen Lichterkette auf der Autobahn. Nur 20 Minuten später landeten wir in Temecula. Beim Landeanflug hatten wir einige Turbulenzen in der Luft und hörten einen kurzen Aufschrei vom Rücksitz. Die klebrige Soße der Süßkartoffeln hatte sich über den Schoß von Alice ergossen.

Die Mädchen warteten auf dem kleinen privaten Landeplatz mit zwei Autos für all unser Gepäck und brannten darauf, mit uns zusammen zu Abend zu essen. Alice nahm ihre missliche Lage mit Humor. Sie ging auf die Toilette, um ihre Wäsche zu wechseln und ihre Hose zu säubern. Sie meinte, es wäre alles in Ordnung und sie hätte nichts dagegen, mit uns ins Restaurant zu gehen.

Nun, es ist kaum zu glauben, aber der Kellner schüttete bei seinem Versuch, jemandem ein Glas Wasser einzuschenken, den Inhalt direkt über den Schoß von Alice. In diesem Moment wurde mir klar, woher Ted seinen Sinn für Humor hatte, denn Alice musste so sehr lachen, dass ihr Tränen über die Wangen liefen.

Die Süßkartoffeln von Alice haben schon eine lange Tradition in der Wentworth-Familie. Ich habe in meinem Leben schon mit vielen Rezepten zu tun gehabt, aber dies ist wahrscheinlich das merkwürdigste, das mir jemals untergekommen ist. Es hat garantiert keinen Nährwert, aber da es nur so von Liebe und purer Süßkartoffelichkeit strotzt, legt auch niemand Wert darauf!

Alice Wentworths leckere Süßkartoffeln

Ergibt mindestens 16 Portionen

Aufgewärmt am nächsten Tag sind sie nicht zu schlagen. Man kann nie genug davon machen!

4 Pfund Süßkartoffeln	200 g dunkelbrauner Zucker
¼ Pfund Butter	300 g Ahornsirup

1 Kochen Sie die ungeschälten Süßkartoffeln, bis sie weich sind, wenn Sie sie mit einem Messer anstechen. Gießen Sie sie ab, und lassen Sie die Kartoffel in ihren Schalen abkühlen, wenn Sie sie nicht sofort weiterverarbeiten. Sie können sie in einer Plastiktüte in den Kühlschrank legen.

2 Schälen Sie die Süßkartoffeln, und schneiden Sie sie kreuzweise in ca. 2,5 cm dicke Stücke. Legen Sie sie in eine große Bratpfanne (Alice benutzt einen Elektroröster), die angeschnittenen Seiten nach oben und so, dass sich die Stücke am Rand berühren. Geben Sie Butter in die Pfanne, zusammen mit dem braunen Zucker und Ahornsirup.

3 Kochen Sie die Kartoffeln ohne Deckel bei mittlerer Hitze ungefähr eine Stunde lang, wobei Sie die Kartoffelscheiben immer wieder ein wenig hin und her bewegen und aufpassen, dass sie nicht anbrennen. Das Gericht ist fertig, wenn die Soße dunkel und nicht länger wässrig ist. Drehen Sie die Kochtemperatur auf null – die Soße wird sich beim Abkühlen noch mehr verdicken. Halten Sie die Süßkartoffeln so lange warm, bis Sie sie auf den Tisch bringen.

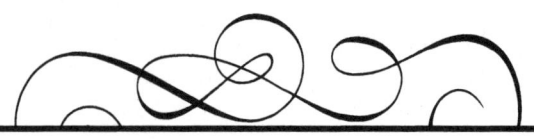

Thanksgiving-Gebet

Wir betrachten so vieles in unserem Leben
und in unserer Freiheit als gegeben,
und glauben, dass wir es verdienen,
dass alles »für uns« geschah.
Denk nur, wie sehr sich die ersten Siedler
in diesem Land abgerackert haben.
So viele starben an den Entbehrungen,
aber dennoch gaben sie niemals auf.
Wenn alle Arbeit getan und die neue Ernte
ausgesät war,
feierten sie mit ihren Nachbarn
und baten um göttlichen Segen.
Allmächtiger Gott, hilf uns,
dankbar zu sein für all die Geschenke,
die Du uns machst.
An diesem Thanksgiving-Tag
möchten wir uns alle bei Dir bedanken.

Kris Ediger

6
Männer in der Küche

Ein Mann ohne Eitelkeit ist kein Mann.

John Wayne

Gesunde Nuss-Pfannkuchen

Rama J. Vernon

Als Tochter eines Chiropraktikers mit holistischem Heilungs-
ansatz wuchs ich in einem Elternhaus auf, in dem mehr Beto-
nung auf gute Ernährung und bewusstes Essen gelegt wurde
als anderswo. Unsere Küchen- und Kühlschränke waren voll
von selbst gemachtem Jogurt, Weizensprossen, Melasse, braunem Reis, Ziegenmilch, Pulvern und Getränken, die als natürliche Heilmittel gegen alle möglichen Beschwerden galten.
Während der Mahlzeiten dominierte die Autorität meines
Vaters, wenn er uns erzählte, welches Vitamin und welcher
Mineralstoff sich hinter welcher Farbe im Essen auf unserem
Teller verbargen. Während er das neueste Elixier für ewige
Gesundheit in seinen morgendlichen Trank und über unser
Müsli streute, kam von meiner Mutter meistens der halb spa-
ßig, halb ernst gemeinte Kommentar: »Eines Tages wird Vati
noch einmal vor lauter Energie explodieren.«

Mein Vater war einer der Pioniere der Chiropraxis, die
sich erfolgreich dafür einsetzten, dass Chiropraktiker in Kalifornien eine offizielle Lizenz bekamen. Meine Mutter, eine
Physiotherapeutin, wurde von den Erfindern der Reflexolo-
gie protegiert. Ihre Gemeinschaftspraxis entwickelte sich in
unserer kleinen südkalifornischen Stadt zu einer hoch ange-
sehenen Schule für Naturheilkunde und holistisches Heilen.

Unser Haus war eine Anlaufstelle für diejenigen, die sich von alten Traditionen lösten und zu Pionieren neuer Wege wurden, und zwar nicht nur in den Bereichen Gesundheit, Heilen und Ernährung, sondern überhaupt im holistischen Denken oder in dem, was wir heute »Neues Bewusstsein« nennen. Adele Davis und Gaylord Houser, Norman Vincent Peale und Ernest Holmes, der Gründer der Kirche für religiöse Wissenschaft, waren nur einige der illustren Persönlichkeiten, die in den Vierziger- und Fünfzigerjahren über unsere Türschwelle schritten.

Die Arbeit meiner Eltern zog eine breit gefächerte Ansammlung von Hellsehern, Mystikern und Heilern an, aber auch ernsthafte »Essensliebhaber«, wie sie damals genannt wurden. Ich erinnere mich daran, dass ich beim Essen mein Kinn auf die Hand stützte und lustlos auf die dampfenden Teller mit braunem Reis, Tofu und biologisch angebautem Gemüse starrte und dabei von Weißbrot, Ravioli aus der Dose und Mars-Riegeln träumte. Mein Vater experimentierte ständig mit neuen Ernährungsweisen, die Krankheiten heilen und den Alterungsprozess stoppen sollten. Er war der Überzeugung, dass das Altern durch einen bestimmten Geisteszustand zustande kam. Wenn nur genügend Menschen sich von der Vorstellung des Alterns und Sterbens verabschieden würden, könnte irgendwann eine kritische Masse erreicht werden, die die Menschheit auf eine neue Stufe von Vitalität und Langlebigkeit heben würde.

Im Sommer weckte mein Vater oft die ganze Familie bei Sonnenaufgang auf und bestand darauf, dass wir ihn auf seiner Suche nach dem ewigen Jungbrunnen begleiteten. Er führte uns dann auf den Rasen vor dem Haus und wies uns

an, barfuß auf das Gras zu stampfen, um das *Prana* der Erd-
umdrehung mit dem morgendlichen Tau aufzunehmen. Er
zog dann sein Hemd aus und forderte uns damit auf, es ihm
gleichzutun und die ersten Strahlen der Morgendämmerung
zu empfangen. Danach machten wir Yoga-Atemübungen und
joggten dabei durch die Nachbarschaft am Wilshire Boulevard. Nachbarn in Schlafanzügen und Bademänteln winkten
uns ermutigend zu, wenn wir in einer Reihe an ihren Fens-
tern vorbeihechelten. Für Kinder im ersten Lebensjahrzehnt
war dies mehr als nur ein bisschen peinlich.

Meine Mutter hatte für unser Gejammer Verständnis und
empfing uns hinterher mit Pfannkuchen, unserem Lieblings-
frühstück. Es handelte sich dabei jedoch nicht um normale
Pfannkuchen, sondern um welche, die unseren Körper stärk-
ten und unsere Seele nährten, weil sie die wichtigste Zutat
von allem enthielten – ihre Liebe.

Obwohl es die gesündesten Pfannkuchen der Welt waren –
Getreide, Nüsse und Kerne wurden frisch mit der Steinmühle gemahlen –, schmeckten sie dennoch köstlich. Da sie
keine Backtriebmittel enthielten, wie zum Beispiel Natron
oder Backpulver, verursachten sie kein Völlegefühl, und wir
konnten mehr von ihnen essen. Das Geheimnis ihrer leichten, lockeren Beschaffenheit war das geschlagene Eiweiß und
das Wenden mit einer einzigen Drehung des Handgelenks im
richtigen Moment – wodurch sie wie ein Soufflé aufgingen.

Zusammen mit meinen Brüdern und Schwestern schaute
ich begeistert zu, wie meine Mutter vor dem Wenden Pekannüsse oder Walnüsse auf die Pfannkuchen streute. Weniger
begeistert waren wir, wenn sie dann zum Schluss noch Sonnenblumenkerne oder Leinsamen, Haferflocken oder Wei-

zenkleie auf die Oberfläche streute. Die Pfannkuchen unterschieden sich immer in Geschmack und Beschaffenheit, je nach Kombination der verschiedenen Getreidesorten. Meine Mutter schüttete nämlich immer eine Vielzahl unterschiedlicher Getreidesorten in die Steinmühle, und zwar unmittelbar bevor sie sie in die Milch und das geschlagene Eiweiß gab, damit der größte Nährwert erhalten blieb. Die Pfannkuchen waren so einfach und schmeckten so gut.

Gesunde Nuss-Pfannkuchen

Ergibt zehn bis zwölf Pfannkuchen

Servieren Sie die Pfannkuchen mit Butter oder Margarine, Ahornsirup und viel Liebe!

3 Eier, Eiweiß und
Eigelb getrennt
300 ml Milch
150 g Vollkornmehl jeglicher Kombination: Weizen,
brauner Reis, Hirse etc.
40 g Maismehl (für eine
lockere Beschaffenheit)

Pekannüsse oder
Walnüsse, klein gehackt
Sonnenblumenkerne,
Leinsamen oder Sesam
Raps-, Sesam- öder
Maisöl

1 Geben Sie das Eigelb in eine große Schüssel, und verrühren Sie es mit einer Gabel. Schlagen Sie das Eiweiß in einer anderen, fettfreien Schüssel, bis es steif ist. Rühren Sie die Milch unter das Eigelb, danach Vollkornmehl und Maismehl.

Heben Sie das Eiweiß vorsichtig mit einer Gabel unter, bis alles gut vermischt ist.

2 Erhitzen Sie die Pfanne, und fügen Sie Öl hinzu. Löffeln Sie den Pfannkuchenteig in die Pfanne, und formen Sie gleichmäßige Pfannkuchen mit weniger als 10 cm Durchmesser. Bestreuen Sie sie nach Belieben mit Nüssen, Kernen oder Samen. Wenn der Pfannkuchen aufgeht und oben zu Blubbern anfängt, drehen Sie ihn mit einer schnellen Handbewegung um. Achten Sie darauf, wann der Boden dunkel wird und zu rufen scheint: »Ich bin fertig!«

Bierbrot

Charles Champlin

Mein Vater starb, als ich zwölf war. Er war von Beruf Weinbauer und ein ziemlich guter Koch, wie man mir erzählte. Er konnte zehn Töpfe und Pfannen schmutzig machen, nur um eine kleine Soße zuzubereiten.

Während der Prohibition, als die Weinproduktion im Familienbesitz zum Erliegen kam und wir nur gelegentlich eine Flasche Altarwein verkauften, hatte mein Vater die Idee, mit einem Teil der riesigen Weinreserven Weinessig für Salatsoßen zu produzieren. Während er mit meiner Großmutter die perfekte Mischung zusammenbraute, war die Küche mit wundervollen Düften erfüllt, erinnert sich ein Cousin. Im Gegensatz zu Paul Newman hat es mein Vater allerdings nicht geschafft, das Zeug auch zu vermarkten, und da der Absatz ausblieb, kam das Projekt nie richtig in Schwung. Ich weiß dies alles natürlich nur aus zweiter Hand, denn selbst erinnere mich nur an all die vielen Essigfläschchen, die in dem mit einem Lehmfußboden ausgelegten Keller Staub fingen, in dem ich mit meinem Bruder an Regentagen spielte.

Die Kochtalente meines Vaters wurden weder an mich noch ein meinen Bruder vererbt, für den eine großartige Mahlzeit darin besteht, statt einem Erdnussbutter-Sandwich zwei zu essen. Ich schaffe es gerade mal, Pfannkuchen und Rühreier zu machen, und einmal habe ich Lammfleisch gebraten, ohne es zu sehr zu verunstalten. Ehrlich gesagt, das Einzige, was ich in der Küche kann, ist Brot backen. Freunde lachen, wenn ich dies sage, bis ich ihnen verrate, dass es sich dabei um Bierbrot handelt. Ich brauche nur zehn Minuten, dann ist der Teig fertig für den Ofen. Kein ermüdendes Herumhantieren mit Hefe und nassen Tüchern, während der Teig aufgeht; kein langes und wiederholtes Kneten, das mich bei meiner Großmutter mütterlicherseits so beeindruckt hatte – wohl wissend, wie großartig das Brot schmeckte, wenn es noch warm vom Backen war.

Meine Großmutter wäre bestimmt entsetzt, wenn sie von meinem schnellen Brot wüsste. Sie war ja schon nicht begeistert gewesen, wenn wir eingelegte Gurken aus dem Laden kauften als Ersatz für ihre eigenen »Wunder-Gurken«, wie sie sie nannte, die in der Herstellung neun Tage verschlangen. Aber mein Brot schmeckt sehr gut, und ich glaube, sie wäre ehrlich genug gewesen, das auch zuzugeben.

Ich kam zum ersten Mal mit Bierbrot über eine Freundin in Kontakt, als ich das Brot lobte, das ich bei ihr aß, und sie fragte, wer der Hersteller sei. Sie antwortete ein bisschen eingebildet, dass es ihre eigene Kreation wäre. Ich war ziemlich beeindruckt, hielt sie jedoch für eine Angeberin und traute ihr ein solches Brot nicht zu, bis sie ihr Geheimnis lüftete und mir das Rezept verriet.

Ich bedaure sehr, dass ich meinen Vater nicht besser gekannt habe. Ich hätte ihm vom Bierbrot erzählen und er mir seine Salatsoßen zeigen können.

Bierbrot

Ergibt einen 13 x 23 cm großen Laib

360 g selbst aufgehendes Mehl (siehe Anmerkung 1)
3 gehäufte EL Zucker (ich nehme Rohzucker, aber jede andere Zuckersorte tut es auch)

1 Flasche oder Dose irgendeiner Biersorte – mit oder ohne Alkohol, hell oder dunkel (ergibt ein dunkleres Brot), einheimisch oder ausländisch (siehe Anmerkung 2)
2 EL Milch

Anmerkung 1: Es gibt ein Rezept, aus normalem Mehl selbst aufgehendes Mehl zu machen, indem man 1½ TL Backpulver und ½ TL Salz pro 120 g Mehl hinzufügt. Dies ist gut zu wissen, besonders, wenn Sie kein Salz essen oder eine natriumarme Diät beachten müssen. Sie können die Salzmenge nach Belieben reduzieren oder sogar ganz auf das Salz verzichten. Meine Frau meint, selbst aufgehendes Mehl macht schon von sich aus ein halbwegs salziges Brot, auch wenn Sie kein zusätzliches Salz hinzufügen.

Anmerkung 2: Ich nehme immer das Bier, das gerade im Hause ist, wenn es geht eine Flasche oder Dose, die nicht im Kühlschrank stand. Bier mit Zimmertemperatur scheint dem Ganzen mehr Pep zu geben.

1 Heizen Sie den Ofen auf 180 Grad Celsius vor. Vermengen Sie in einer Schale Mehl, Zucker und Bier. Ich rühre die Mischung fünf Minuten lang kräftig um, bis der Teig homogen und blasenfrei ist. Wenn der Teig zu trocken wird und sich nur noch schwer umrühren lässt, gebe ich ein wenig Wasser hinzu. Das Rezept kann einfach nicht misslingen – auch wer noch nie ein Brot gebacken hat, wird es hinbekommen.

2 Geben Sie den Teig in eine eingefettete Form, und schieben Sie diese in den Ofen. Meine Freundin empfahl mir, eine Stunde bei 190 Grad oder 70 Minuten bei 175 Grad zu backen. Ich entscheide mich meistens für die kürzere Backzeit. Wenn Sie die Backform in den ersten 45 Minuten leicht mit Alufolie bedecken (wobei Sie darauf achten, dass das Brot aufgehen kann, ohne an die Folie zu stoßen, an der es sonst festkleben würde), wird das Brot krustiger. Entfernen Sie die Folie und streichen Sie den Teig mit Milch ein (ich nehme fettarme), bevor die Backzeit zu Ende ist. Der alte Test mit dem Zahnstocher tut es immer noch. Wenn Sie ihn in den Teig stechen und er beim Herausziehen sauber ist, ist das Brot fertig. Mit ihm können Sie auch einen besonders leckeren Toast machen, der genauso gut schmeckt wie der von meiner Großmutter.

Der eine, der verschwand

Ralph Waterhouse

Ich stamme aus England und wuchs in Yorkshire auf. Hinter unserem Haus erstreckte sich kilometerweit unkultiviertes Land. In meiner Jugend streunte ich in den Wiesen und Buschlandschaften umher, beobachtete Vögel, Kaninchen, Igel, Feldmäuse und noch viele andere Tiere.

Das Beobachten der Vögel führte schließlich dazu, dass ich anfing, zuerst Vögel, aber dann auch noch andere Geschöpfe zu zeichnen. In diesen frühen Jahren meiner Kindheit entwickelte ich eine lebenslange Leidenschaft für kleine Tiere. Sie bildete die Grundlage für meine lange Karriere als ein Künstler, der sich speziell mit der Tierwelt befasst. Mit meiner Malerei möchte ich den Menschen bewusst machen, dass unsere Umwelt etwas Heiliges ist, eine Ganzheit, und dass wir uns selbst schaden, wenn wir sie zerstören.

Es ist noch nicht lange her, da gab mir ein Klient in England, der schon mehrere Tierbilder von mir gekauft hatte, den Auftrag, einen bestimmten Lachs zu malen, den er in Schottland gefangen hatte. Es war ein besonders schönes Exemplar – groß, rosafarben und delikat. Ich nahm ihn mit nach Hause und überlegte, wie ich ihn in der Zwischenzeit bis zum Malen am besten aufbewahrte.

Ich kam zu dem Schluss, dass es das Beste wäre, den Fisch

einfach aufzuessen. Ich brauchte ja nur den Kopf und den Schwanz als wirklich markante Vorlage. Also schnitt ich beide Teile ab, wickelte sie sorgfältig in Alufolie ein und legte sie in die Tiefkühltruhe. Aus dem verbliebenen Rest machte ich eines meiner Lieblingsessen, Lachs-Steaks in Apfelwein. Es schmeckte vorzüglich.

Ein paar Wochen später hatte ich alles vorbereitet, um mit dem Malen anzufangen, und so ging ich zur Tiefkühltruhe, um mein Modell zu holen. Aber es war nicht da! Ich suchte verzweifelt, schaute alles drei- oder viermal durch und dachte, dass mein Verstand mir einen Streich spielte. Als meine Frau nach Hause kam, klärte sich das Rätsel schließlich. Ich hatte ihr nämlich nichts von den Lachsstücken erzählt, und so hatte sie beim Aufräumen der Kühltruhe nichts ahnend mein Modell weggeworfen.

Ich kaufte beim Fischhändler einen anderen Lachs (der nicht annähernd so schön war), um mir Modell zu stehen. Als er das fertige Bild betrachtete, sagte mein Klient: »Hmmm. Wie konnten Sie nur den kleinen runden Fleck übersehen, den der Fisch auf dem Kopf hatte?«

Ich war durchschaut und musste zugeben, dass ich sein Prachtexemplar aufgegessen hatte. Liebenswürdigerweise fing er mir einen neuen Lachs, den ich auch aß, aber diesmal nicht, ohne ihn *vorher* zu malen.

Lachs-Steaks in Apfelwein

Ergibt vier Portionen

Als Beilage eignen sich gut Kartoffeln und junge Erbsen mit frischer Minze.

4 Lachs-Steaks,
ca. 2,5 cm dick
2 EL weiche Butter
Salz, Pfeffer
3 bis 4 Stängel Estragon,
Dill oder Thymian

1 Zitrone, dünne Scheiben
100 ml Apfelwein
Mayonnaise oder Sauce
Hollandaise

1 Heizen Sie den Ofen auf 160 Grad Celsius vor. Bestreichen Sie eine flache Auflaufform mit Butter. (Wenn diese keinen Deckel hat, können Sie sie auch fest mit Alufolie verschließen.)

2 Legen Sie die Lachs-Steaks in die Auflaufform, und garnieren Sie sie mit Butter. Würzen Sie nach Geschmack mit Salz und Pfeffer. Legen Sie einen Kräuterstängel auf jedes Steak, und bedecken Sie alles mit 2 Zitronenscheiben.

3 Erhitzen Sie den Apfelwein, und gießen Sie ihn in die Auflaufform. Backen Sie den Lachs 25 bis 30 Minuten, bis er leicht auseinanderfällt. Servieren Sie ihn zusammen mit der Bratensoße und entweder Mayonnaise oder Sauce Hollandaise.

Ein Priester, der den ganzen Tag erfolglos geangelt hatte,
kaufte drei große Fische auf dem Markt.
»Bevor Sie sie einwickeln«, sagte er zum Verkäufer,
»werfen Sie mir bitte einen Fisch nach dem anderen zu.
Auf diese Weise kann ich, wenn ich wieder zu Hause bin,
ohne zu lügen sagen,
dass ich sie eigenhändig gefangen habe.«

Köstlicher Lachs aus Long Beach, British Columbia

Val van de Wall

Vor einigen Jahren war ich mit ein paar guten Freunden in einem Teil von Kanada, den noch nicht einmal die meisten Kanadier kennen. Wie der Name schon sagt, besteht Long Beach aus einem langen Strand, der es mit dem kalifornischen Long Beach aufnehmen kann. Allerdings hat die Natur hier eine völlig andere Handschrift hinterlassen. Sie zeigt sich in diesem Teil unseres Landes durch die raue See und unberührte Küstenstreifen, von blauweißer Gischt liebkost, aber auch durch Totems, die die Ureinwohner hier vor langer Zeit geschnitzt hatten und die zum Teil von immergrünen Pflanzen überwuchert sind.

Eines Abends gingen wir nach Einbruch der Dunkelheit im Mondschein am Strand entlang. Als wir an einer Reihe von Totems vorbeikamen, bestaunten wir den Geist unserer einheimischen Vorfahren. Als wir weiter am Strand nach Norden gingen, stießen wir auf einen Ureinwohner, der im Sand eine Mahlzeit zubereitete. Er hatte große Lachsstücke in Windrichtung eines offenen Feuers auf Stöcke aufgespießt, wodurch sie im kalten weißen Rauch von einer warmen, schonenden Flamme gegrillt wurden.

Als leidenschaftlicher Sammler von Geschmacksvarianten wunderte ich mich, dass ich selbst noch nicht auf diese Idee gekommen war. Wir kamen mit dem Ureinwohner ins Gespräch und durften seinen wunderbaren Lagerfeuer-Lachs probieren. Der herrliche Geschmack durchströmte meinen Körper, und ich entschied mich an Ort und Stelle, den Lachs auch einmal für meine Familie auf diese Weise zuzubereiten.

Nachdem ich wieder zu Hause war, bemühte ich mich wochenlang, den Lachs nach dieser uralten Methode zu grillen. Ich wollte unbedingt diese alte Tradition unseres Landes wiederbeleben. Nach vielen vergeblichen Versuchen gelang es mir schließlich, den genauen Geschmack zu reproduzieren. Beseelt vom Geist der Vergangenheit gebe ich jetzt von ganzem Herzen diese uralte Art der Zubereitung an Sie weiter.

Sie brauchen dazu einen Holzkohlengrill und genügend Holz – am besten Kirsche oder Erle. Außerdem brauchen Sie Lungen, die viel Rauch aushalten können.

Köstlicher Lachs aus Long Beach

Ergibt sechs bis zehn Portionen, je nach Größe des Lachses

Am besten servieren Sie den Lachs einfach mit Gemüse, ohne eine Extrasoße, nur mit Butter sowie Salz und Pfeffer zum Abschmecken, denn im Fisch selbst verbirgt sich eine riesige Geschmacksvielfalt. Servieren Sie den Lachs mit einem frischen, kalten Chardonnay.

1 ganzer frischer Lachs,
ca. 3 bis 5 Pfund schwer
(siehe Anmerkung)
Meersalz,
frisch gemahlener Pfeffer
getrockneter Dill
zum Abschmecken
(möglichst frisch verpackt)

Knoblauchpulver
zum Abschmecken
(benutzen Sie kein
Knoblauchsalz und auch
keine frisch gepresste
Knoblauchzehe, weil
dann der Knoblauch-
geschmack zu streng ist)

Anmerkung: Bitten Sie Ihren Fischhändler, den Lachs für Sie auszunehmen und auch die Schwanzflosse zu entfernen. Den Fisch zu filetieren ist einfach, weil Sie die Gräten nach dem Kochen leicht entfernen können.

1 Bei jeder Zubereitung einer Mahlzeit geht es auch um Energie – um Ihre innere Einstellung beim Kochen. Ist eine Mutter zum Beispiel verärgert und aufgebracht, wenn sie ihrem Kind die Brust gibt, dann gibt sie diese Gefühle an das Kind weiter. Es dient allen, wenn wir die Mahlzeiten mit Liebe und Freude zubereiten, sodass wir die Körper der Menschen, die wir lieben, mit konstruktiver, die Gesundheit fördernder Energie füllen.

2 Legen Sie den Fisch mit dem Rückgrat nach unten auf ein Holzbrett, auf das Sie ein Stück Küchenpapier gelegt haben. Schneiden Sie den Lachs mit Ihrem schärfsten Küchenmesser am Bauch auf. Waschen Sie den Hohlraum des Fischs sorgfältig unter fließendem Wasser, und tupfen Sie ihn trocken. Fahren Sie mit der Messerspitze das Rückgrat hinunter, sodass der Fisch völlig flach liegt.

3 Nehmen Sie ein großes Stück Alufolie, und schlagen Sie es in der Breite um. Die doppelte Folie ist Ihre Unterlage auf dem Grill. Bestreichen Sie die Folie mit Öl. Legen Sie den Lachs mit der Hautseite nach unten auf die Folie. Bestreuen Sie ihn großzügig mit Knoblauchpulver und Dill.

4 Den Lachs auf diese Weise zu grillen erfordert Ihre ständige Aufmerksamkeit. Sie benötigen ein helles Licht über Ihrem Grill, um den Lachs mit der liebevollen Sorgfalt zubereiten zu können, die das Rezept erfordert. In unserem Fall muss der Rauch einen Großteil des Garens übernehmen. Und das Wichtigste ist die richtige Temperatur des Feuers – es darf niemals zu heiß sein. Sobald die Holzkohle gut durchgeglüht ist, können Sie das vorbereitete Holz anzünden. Sie brauchen genug Holz, um viel kalten Rauch zu erzeugen. Sobald der Rauch vom Holz aufsteigt, legen Sie den Lachs mit der Unterlage aus Alufolie auf den Grill. Schließen Sie die Abdeckhaube und alle Lüftungsklappen, damit der Rauch um den Fisch zirkulieren kann. Die Lüftungsklappen werden geschlossen, damit nicht zu viel Hitze erzeugt wird, die den Fisch überhitzen oder gar verbrennen würde.

5 Nun ist es Zeit, das helle Licht über Ihrem Grill einzuschalten. Vergewissern Sie sich, dass die Holzkohle keine heißen Stellen auf der Folie erzeugt, denn sie würden den Fisch verbrennen. Mit einem kalten Glas Chardonnay, einer Gabel und hellem Licht sind Sie in der Lage, den weiteren Grillvorgang zu verfolgen. Eine weiße, milchige Substanz wird sich auf der Oberfläche des Fischs absetzen.

6 Der Lachs darf nicht zu viel und nicht zu wenig Hitze abbekommen. Wenn er gar ist, sollte er eine hellrosa Farbe haben und weder rot noch gräulich rosa aussehen.

7 Wenn der Fisch fertig ist, nehmen Sie ihn mit in die Küche und entfernen alle Gräten. Sie werden überrascht sein, dass das Fleisch nicht nach Knoblauch schmeckt, sondern eine Schärfe hat, die man sonst nicht vom Lachs kennt. Außerdem hat er durch die Qualität Ihres Holzes einen leicht geräucherten Geschmack.

Tomaten-Durcheinander

Art Linkletter

Im Juni 1929 machte ich im Alter von 16 Jahren meinen Abschluss an der San Diego Highschool. Ich war 163 Zentimeter groß, wog ungefähr 140 Pfund und sah aus einem bestimmten Winkel wie ein tollpatschiger Waschbär aus. Die Mädchen aus meiner Klasse, die 17 oder 18 waren, ignorierten mich. Keines von ihnen wollte mit mir beim Schulfest tanzen. In Schulaufführungen spielte ich die Kinderrollen, und bei den Spielen der Schulauswahl wurde ich immer in die letzte Zuschauerreihe gedrängt. Also fasste ich den Entschluss, mich ein Jahr beurlauben zu lassen und die Welt zu sehen. Mit anderen Worten: Ich würde erst dann aufs College gehen, wenn ich mich auch reif dafür fühlte. Aber ich hatte ein ernsthaftes Problem – ich war pleite. Meine Pflegeeltern waren arm und ich konnte mich nicht daran erinnern, dass ich jemals mehr als einen halben Dollar in der Tasche gehabt hätte. Wie sollte es mir gelingen, die Welt zu sehen?

Ganz einfach – ich wurde zu einem Wanderarbeiter! Die nächsten anderthalb Jahre fuhr ich auf den Dächern von Güterzügen, sprang hier und da ab, um in kleinen Städten in ganz Amerika als Hilfskraft im Restaurant, Schreibkraft im Büro oder einfach als Mädchen für alles zu arbeiten. Wenn es mal hart auf hart kam und mich die Bahnpolizei vom

Güterzug hinuntergeworfen hatte, schlief ich mit anderen Durchreisenden unter Schienengerüsten am Rand der Stadt, und wir kochten über offenem Feuer das, was zur Verfügung stand.

Während eines dieser gastronomischen Abenteuer, bei denen ich mich fragte, was um aller Welt heute im Topf war, machte ich mit etwas Bekanntschaft, was wir »Tomaten-Durcheinander« nannten. Dieser große blubbernde Eintopf aus Tomaten, Brotkrumen und ein paar anderen Zutaten war eines der köstlichsten Gerichte, die ich jemals gegessen habe.

Es ist immer noch eines meiner Lieblingsessen, nur dass ich heute in meinem Haus in Bel Air sitze, einen wunderbaren Blick auf Los Angeles habe und von den Villen der Reichen und Berühmten umgeben bin. Ich erinnere mich immer noch gern an diese frühe Zeit und höre fast noch den Pfiff der Güterzüge, wenn sie den Güterbahnhof verließen. Die Kameradschaft einer zusammengewürfelten Truppe von Reisenden ohne festes Ziel, die langen Geschichten, die Aufregung, auf schnelle Züge aufzuspringen, waren ein Lichtblick in der harten Zeit, als Amerika die tiefste Depression seiner Geschichte durchmachte. Und dennoch, mit all seiner Wechselhaftigkeit war das Leben voll von unerwarteten Abenteuern und herzlichen Freundschaften.

Ich erwarte nicht, dass Sie die gleichen Erinnerungen haben, wenn Sie dieses Rezept ausprobieren, aber ich denke, Sie werden überrascht sein, was für ein gemütliches, leicht zuzubereitendes und anspruchsloses Essen sich daraus machen lässt. Zu wenig Gaumenkitzel? Zu einfach und leicht? Das Gleiche gilt für ein Erdnussbutter-Sandwich mit einem Glas Milch an einem heißen Tag oder für einen Keks mit einem Glas

Limonade. Manchmal sind die einfachsten Dinge im Leben die besten, besonders wenn sie – wie für mich – mit wunderbaren Erinnerungen verknüpft sind.

Tomaten-Durcheinander

mehrere Dosen	Butter, zum
eingemachter Tomaten	Abschmecken
viele Brotkrumen	Zucker, zum
oder Brötchenstücke	Abschmecken

1 Öffnen Sie die eingemachten Tomaten, und geben Sie sie in einen großen Topf oder eine große Pfanne (nicht aus Eisen). Geben Sie die Brotkrumen oder Brötchenstücke hinzu plus Zucker und Butter zum Abschmecken.

2 Erhitzen Sie die Topf oder die Pfanne, und rühren Sie alles so lange um, bis das Brot den Saft aufgenommen hat und Brocken in der Größe von Marshmallows bildet – alle in einem wunderschönen Tomatenrot.

Dinge, die mir mein Vater beibrachte, einschließlich »Hütten-Eintopf«

Bobbie Jensen Lippman

Man hört immer wieder davon, dass Väter ihre Kinder schlagen. Mein Vater hat mich nur ein einziges Mal geschlagen. Körperliche Züchtigung blieb ansonsten meiner Mutter überlassen, die uns kurzerhand übers Knie legte, wenn sie sich nicht mehr anders zu helfen wusste, und uns mit einem großen Holzlöffel den Allerwertesten versohlte.

Es war ein heißer Nachmittag in Nebraska, als mein Vater mich schlug. Meine Eltern machten sich gerade fertig, auf eine Hochzeit zu gehen. »Spritzt du bitte das Auto mit dem Schlauch ab?«, rief mein Vater aus einem der oberen Fenster unseres alten Hauses.

An dem Tag, an dem ich Schläge bekam, war ich zehn Jahre alt, und ich liebte es, in der Nachmittagshitze mit dem Schlauch herumzuspielen. Es ist wichtig zu wissen, dass ich zusammen mit älteren Brüdern aufgewachsen bin, die oft glaubten, einen guten Grund dafür zu haben, mich zu schlagen. Meine Eltern tolerierten das nur, wenn die Jungen sich dabei an die folgende Regel hielten: »Ihr könnt eure Schwester auf ihren rechten Oberarm schlagen, aber nirgendwo anders hin!«

190

Da stand ich also in der Einfahrt und spülte den Staub von unserem alten Ford, als Vater aus der Seitentür kam. »Das reicht«, sagte er, »stell den Schlauch ab!«

Gehorsam drehte ich mich zum Wasserhahn um, um den Schlauch abzustellen, merkte aber nicht, dass er dabei direkt (und voll aufgedreht) auf meinen Vater zeigte. Als ich sah, wie sein bester Anzug nass wurde, war ich so schockiert, dass ich kein Wort herausbekam – und meinem Vater ging es genauso. Ohne ein Wort zu sagen, schlug er mich auf meinen mickrigen rechten Arm und marschierte dann ins Haus, um sich umzuziehen. Und damit war die Sache erledigt.

Obgleich ich das einzige Mädchen in der Familie war, schlossen mich meine Brüder nie von ihren Aktivitäten aus. Mein Vater lehrte mich das Gleiche, was er auch meinen Brüdern beibrachte, und das hieß, dass ich auch mehrtägige Campingausflüge mitmachen durfte. Manchmal campierten wir unter freiem Himmel, aber meistens fuhren wir zu einer baufälligen Hütte am Ufer des Elkhorn River. Sie war eine der wenigen Investitionen meines Vaters, aber zweifellos eine seiner größten Leidenschaften. Unsere Verpflegung war dort draußen immer gleich und wurde von uns allen nur noch »Hütten-Eintopf« genannt (zu dem es frische Brötchen und irgendeinen Salat gab). Aber der Duft von Vaters Hütten-Eintopf, der über einem offenen Feuer vor sich hin köchelte, ließ allen das Wasser im Mund zusammenlaufen.

Mein Vater nahm mich nicht nur zum Campen und Fischen mit, sondern sorgte auch dafür, dass ich Ballspiele mitmachte, Football spielte und sogar »Jungenpflichten« übernahm, wie zum Beispiel Rasenmähen, Schneeräumen und Kohlen in den alten Brennofen im Keller schaufeln. Von meinem Vater lernte ich viel über harte Arbeit, Sport und Konkurrenzkampf.

Er lehrte uns Kinder auch, Waffen zu respektieren und behutsam mit ihnen umzugehen. Geduldig brachte er mir bei, ein Gewehr richtig zu handhaben, bis ich fast so gut schießen konnte wie er und die Jungen. Aber wir durften *niemals* auf einen Vogel oder ein anderes Lebewesen schießen. Von meinem Vater lernte ich so von klein an, Tiere zu lieben und zu respektieren.

Im Jahr 1926 gründete Vater eine Pfadfindergruppe, die gleichzeitig eine Musikkapelle war. Die Mitglieder waren so arm, dass die Basstrommel mit einem Stock gespielt wurde, an dessen Ende sich ein Knäuel aus Bindfäden befand. Da mein Vater Kinder und Musikkapellen liebte, gelang es ihm, die Union Pacific Railroad (bei der er arbeitete) davon zu überzeugen, eine Kindermusikkapelle zu sponsern. Meine Brüder und ich wurden sofort Mitglieder.

Wie viele Väter bringen ihrer kleinen Tochter bei, eine Trommel, ein Signalhorn und ein Glockenspiel zu spielen? Schließlich überredete ich ihn noch dazu, mir ein paar Stunden (zu dem Riesenbetrag von 50 Cent pro Stunde) zu spendieren, damit ich lernte, den Taktstock richtig zu schwingen, sodass ich im Mittelpunkt der Aufmerksamkeit an der Spitze der Kapelle marschieren konnte. Mein Vater verhalf mir zu einigem Selbstvertrauen. Bis auf den heutigen Tag kann ich keiner Parade zuschauen, ohne dass es mir die Kehle zuschnürt, besonders, wenn es sich um eine Kinderkapelle handelt. Und ich kann immer noch den Taktstock schwingen.

Die persönlichen Erinnerungen an meinen Vater sind mir lieb und teuer. Der Geruch seines Mantels, wenn er an einem kalten Wintertag aus dem Büro nach Hause kam. Wie er immer am Haus herumwerkelte und seinen linken Arm zum Ausgleich ausstreckte, wenn er in der rechten Hand etwas Schweres trug, wie zum Beispiel einen Werkzeugkasten oder einen Farbeimer.

In meinen frühen Teenagerjahren kam Vater eines Tages von der Arbeit nach Hause und schenkte mir ein kleines Maniküre-Set, das er in der Mittagspause gekauft hatte. Keine Worte, keine große Ankündigung und kein besonderer Anlass, einfach nur seine schweigsame Art, »Ich liebe dich« zu sagen. Aus dieser Erfahrung lernte ich, wie viel Spaß es machen kann, einem anderen auch außerhalb von Geburtstagen kleine Geschenke zu machen, um so Zuneigung und Liebe auszudrücken.

Als ich 13 war, gab es in unserer Familie einschneidende Veränderungen. Meine gebrechliche, betagte Großmutter lebte bei uns, und ich war an dem Tag zu Hause, als sie in den Armen meines Vaters starb. Ich saß am Ende ihres Bettes und streichelte ihre Füße, aber mein Kummer galt meinem Vater, der »Mama, Mama« schluchzte. Es war das erste Mal, dass ich einen Erwachsenen weinen und jemanden sterben gesehen hatte. Von meinem Vater lernte ich, mit älteren Menschen umzugehen und den Tod zu akzeptieren. Seit 25 Jahren bin ich nun schon in der Hospiz-Arbeit aktiv. Wenn ich am Bett einer sterbenden Person sitze, dann weiß ich tief im Inneren, dass mein Vater mich beeinflusst hat, diese »Arbeit des Herzens« zu tun.

An heißen Sommerabenden saß unsere Familie oft auf der Veranda (das war zu einer Zeit, als es noch kein Fernsehen gab) und mein Vater verbrannte trockenen Zunder, um die Mücken in Schach zu halten. Wenn wir Kinder Glück hatten, erzählte er uns Gespenstergeschichten. Manche handelten von meinem Urgroßvater, der der einzige Sargmacher der Stadt war. Wir warteten immer gespannt auf den Moment, wo sich die Räuber in den Keller der Kirche schlichen, um Ringe und Schmuck der frisch Verstorbenen zu stehlen. Von meinem Vater lernte ich die Kunst des Geschichtenerzählens.

In meinen Teenagerjahren war Vater besonders streng. Ich bin fest davon überzeugt, dass sich Männer nur zu genau an ihre eigenen adoleszenten Gefühle erinnern und deshalb alles daransetzen, ihre eigenen Töchter vor räuberischen Männern zu schützen. Meine erste Verabredung hatte ich mit einem Nachbarjungen. Um 23 Uhr (meine Sperrstunde!) setzte uns die Straßenbahn über dreieinhalb Kilometer von zu Hause entfernt ab. Ich lief den ganzen Weg zurück, der arme Junge konnte kaum mit mir mithalten. Mein Vater wartete schon auf den Verandastufen. Er sah sehr ernst aus und verkündete, dass ich drei Wochen lang Stubenarrest hätte. So viel zu meiner ersten Verabredung, aber ich lernte von meinem Vater die wichtige Lektion, mein Wort zu halten.

Im gleichen Jahr, als ich auf die Highschool kam, wurde mein kleiner Bruder Paul geboren. Ich beobachtete meinen Vater mit diesem winzigen Baby und lernte etwas über männliche Zärtlichkeit.

Mein Vater ist vor noch nicht langer Zeit im Alter von 90 Jahren gestorben, und ich vermisse ihn sehr. Aber bis auf den heutigen Tag bin ich plötzlich wieder ein kleines Mädchen, das am Lagerfeuer sitzt, wenn jemand Hackfleisch und Zwiebeln anbrät. Ich warte dann darauf, dass mein großer, attraktiver Vater aufhört, den Inhalt des alten schwarzen Eisenkessels zu rühren, und verkündet: »Lasst uns essen, der Hütten-Eintopf ist fertig!«

Chris Jensens Hütten-Eintopf

Ergibt acht bis zwölf Portionen

Die Menge der Zutaten hängt von der Anzahl der hungrigen Münder ab.

2 Pfund mageres Rinderhackfleisch	2 bis 3 (ca. 450 g schwere) Dosen eingemachte
2 bis 3 Zwiebeln, fein gehackt	Tomaten
2 bis 3 (ca. 420 g schwere) Dosen rote Bohnen, oder Schweinefleisch und Bohnen oder beides	Salz und Pfeffer
	Worcestershire-Soße
	Ketchup
	Senf

1 Braten Sie das Fleisch und die Zwiebeln in einer großen Pfanne an, wobei Sie das Fleisch mit der Rückseite des Holzlöffels auseinanderdrücken. Geben Sie die Bohnen und Tomaten hinzu, und bringen Sie alles zum Kochen.

2 Schmecken Sie mit Salz und Pfeffer, Worcestershire-Soße, Ketchup und Senf ab, und vergessen Sie nicht zu rufen: »Lasst uns essen, der Hütten-Eintopf ist fertig!«

> *Schüttle den Ketchup gut.*
> *Zuerst kommt nichts*
> *und dann eine ganze Flut.*
> Richard Armour

7
Freunde

Der Freund ist einer, der alles von dir weiß,
und der dich trotzdem liebt.

Elbert Hubbard

Cyndis schnelle Quiche

Cyndi James Gossett

Vor drei Jahren hat sich mein Leben total verändert. Ich wurde geschieden, und mir wurde klar, dass sich mein Leben drastisch änderte. Ich ging durch eine geistige Transformation, und alle meine Überzeugungen wurden auf jeder Ebene getestet. Ich war plötzlich eine Alleinerziehende, die so viel wie nie zuvor um die Ohren hatte.

Meine Kinder waren ebenfalls in der Krise, und es gab Zeiten, wo ich nicht wirklich für sie da sein konnte, weil ich selbst zu verwirrt war. Ich war so dankbar, dass ich wenigstens viele Freundinnen hatte, die mich unterstützten und mir halfen. Sie nahmen mich in den Arm, hörten mir zu und beteten für mich.

Ich kaufte ein neues Haus und wollte es für mich und meine Kinder gemütlich einrichten. Es war mir wichtig, in einer angenehmen und friedlichen Umgebung zu leben. Ich wusste, dass es nicht leicht werden würde, Beruf und Familie in Einklang zu bringen.

Meine Freundinnen halfen mir umzuziehen und meine neue Küche einzurichten. Ich hatte keine Putzfrau oder Köchin mehr, und meine Söhne in den Teenagerjahren aßen immer noch, als gäbe es kein Morgen. Ich musste lernen, gesunde Mahlzeiten für die Familie und für Freunde zu kochen, die einfach waren und sich schnell zubereiten ließen. Wir entschieden uns zusammen, Vegetarier zu werden und bis auf Fisch alles Fleisch aus unserem Speiseplan zu streichen. Ich erfand die schnell zubereitete Quiche, die zu einem unserer Lieblingsgerichte wurde.

Die Zeit verging wie im Flug, und inzwischen fühle ich mich so gesegnet. Ich kann zurückschauen und sagen, dass dies die beste Zeit meines Lebens ist. Meine Kinder sind gesund und zufrieden. Wir trotzten zusammen den Stürmen des Lebens und sind dadurch stärker geworden und enger zusammengerückt.

Cyndis schnelle Quiche

Ergibt vier bis sechs Portionen

1 tiefgefrorener Kuchenboden (oder stellen Sie selbst einen aus einer Backmischung her)
100 g fettarmer Cheddar-Käse, gerieben
100 g Mozzarella, gerieben (Sojakäse kann auch verwendet werden)
½ Zwiebel, fein gehackt
1 Knoblauchzehe

1 EL Rapsöl oder Butter
50 ml Wasser
1 Handvoll Spinatblätter, gut gewaschen
Tamari oder Sojasoße (als Salzersatz) und Gemüse-Gewürzmischung
Cayennepfeffer zum Abschmecken
2 Eier
200 Sojamilch

1 Heizen Sie den Backofen auf 180 Grad Celsius vor. Bereiten Sie den Kuchenboden vor. Vermengen Sie den geriebenen Käse, und verteilen Sie die Hälfte der Mischung auf dem Kuchenboden.

2 Braten Sie in einer Pfanne Zwiebeln und Knoblauch in Rapsöl oder Butter an. Fügen Sie Wasser und Spinatblätter (gut abgewaschen) hinzu. Geben Sie Tamari oder Sojasoße hinzu sowie ein bisschen von der Gemüse-Gewürzmischung und dem Cayennepfeffer (je nach Geschmack). Verteilen Sie die Spinatmischung über dem Käse auf dem Kuchenboden und bedecken Sie sie mit der Hälfte von dem übrig gebliebenen Käse.

3 Verrühren Sie Eier und Sojamilch, und gießen Sie die Mischung über den Boden. Backen Sie das Ganze 15 bis 20 Minuten. Geben Sie dann den Rest des Käses auf die Quiche, und schließen Sie den Ofen erneut für ein paar Minuten, bis der Käse geschmolzen ist und die Füllung sich gesetzt hat. Sie können die Quiche jetzt gleich servieren oder später in der Mikrowelle erhitzen. Am nächsten Tag schmeckt sie noch genauso gut.

Die finnische Bekanntschaft

Dennis Mannering

Wenn du viel besitzt, gib von deinem Reichtum;
wenn du wenig besitzt, gib von deinem Herzen.

Arabisches Sprichwort

Vor mehreren Jahren machte ich eine schwere Zeit im Leben durch, bis ich eine junge Grundschullehrerin kennenlernte, die ich später heiratete. Seit sie mich das erste Mal mit nach Hause genommen hatte, um mich ihren Eltern vorzustellen, lerne ich immer mehr, was es wirklich bedeutet, ein »Weltbürger« zu sein.

Vater und Mutter (Carl und Agnes) Pokela hatten finnische Eltern und zu Hause wurde oft Finnisch gesprochen, im Fall von Carl sogar ausschließlich. Als er zur Schule kam konnte er kein Englisch, und er musste diese Sprache lernen, ohne den Vorteil zu haben, dass sie in seinem Elternhaus gesprochen wurde. Wenn man in einer kleinen ländlichen Stadt zur Schule ging, hatte man keine große Auswahl an Partnern zum Ausgehen oder Heiraten, aber Vater sagte immer: »Nachdem ich Mutter mit ihren fliegenden Zöpfen auf der Schaukel gesehen hatte, habe ich mir nie wieder Gedanken über ein anderes Mädchen gemacht.«

Alle ihre drei Kinder wuchsen in dem gleichen kleinen Dorf im gleichen Haus auf, in dem sie auch heute noch wohnen. In unserer mobilen Gesellschaft gehören sie zu einer verschwindenden Gruppe von Menschen, die noch feste Wurzel haben und an ihnen festhalten.

Als ich in diese Familie einheiratete, faszinierten mich ihre Traditionen: Sie sangen auf Familientreffen finnische Lieder, aßen *Kropsu* zum Frühstück, gingen in die Sauna und pflegten eine nie versiegende Gastfreundschaft.

Es gibt viele Geschichten über die vielen Personen, die Carl und Agnes im Lauf der Zeit zum Essen und Übernachten eingeladen haben. Carl sagt, es war ein Teil ihrer Heiratsvereinbarung, dass jedem, der ihr Haus betrat, wenigstens eine Tasse Kaffee und etwas zu essen angeboten werden sollte.

Eine dieser Geschichten handelt von einem jungen Mann aus Deutschland, der Amerika kennenlernen wollte und mit dem Fahrrad von der Ostküste an die Westküste fuhr. Seine Reise führte ihn auch über den Highway 8 im nördlichen Wisconsin, wo Carl gerade vorn an seiner Einfahrt arbeitete. Es war gegen Mittag, und da er Hunger verspürte, fragte der junge Mann Carl, ob es in der Nähe eine Gaststätte gäbe. Da er wusste, dass es im Umkreis von 30 Kilometern kein Restaurant gab und seine Frau die beste Köchin weit und breit war, antwortete er: »Sie können gleich hier bei uns ein großartiges Mittagessen bekommen.« Schon wieder hatte Carl jemanden zum Mittagessen eingeladen, ohne vorher seine Frau zu fragen. Aber sie hatte nichts dagegen, denn ihr Motto lautete: »Koche immer mehr, als du essen kannst, denn du weißt nie, wer plötzlich hereinschneit!« (Da alle wussten, dass es bei den Pokelas immer reichlich zu essen

gab, kam es häufig vor, dass plötzlich Tischgäste »herein-
schneiten«.) Der junge Mann bekam nicht nur sein Mittagessen, sondern blieb auch über Nacht. Nachdem Vater ihn
mit seinem Akkordeon unterhalten und er zum Frühstück
Kropsu serviert bekommen hatte, machte er sich, bepackt mit
mehreren Sandwiches, wieder auf den Weg. Mehrere Monate
später erhielten die Pokelas einen Brief aus Deutschland, in
dem der junge Mann ihnen für ihre Gastfreundschaft dankte.
Er schrieb: »Von allen wunderbaren Ansichten und Erlebnis-
sen, die ich hatte, waren Sie der Höhepunkt meiner Reise.«

Unten finden Sie das Rezept für *Kropsu*, das Ihnen vorge-
setzt wird, wenn Sie an einem Samstag- oder Sonntagmorgen einen Zwischenstopp bei Carl und Agnes einlegen. Es
braucht eine Zeit, um im Ofen zu backen, sodass genug Zeit
zum Plaudern bleibt.

Kropsu (finnischer Pfannkuchen)

Ergibt zwei bis drei Portionen

❧

3 EL Butter oder Margarine 1½ EL Zucker
2 bis 3 Eier (mehr Eier erge- 200 ml Milch (Vollmilch,
ben eine mehr puddingartige fettarm oder entrahmt)
Konsistenz) 60 g Mehl
½ TL Salz

Zum Servieren:
Sirup, zerdrückte Erdbeeren oder Himbeeren, Blaubeermar-
melade oder eine Mischung aus Ihren Lieblingsfrüchten.

1 Heizen Sie den Ofen auf 200 Grad Celsius vor. Geben Sie Butter oder Margarine in eine schwere Bratpfanne (leichte Pfannen verbrennen den Boden des Pfannkuchens) im Ofen, bis die Butter geschmolzen ist.

2 Schlagen Sie die Eier in eine Schale. Rühren Sie Salz und Zucker unter. Geben Sie abwechselnd Milch und Mehl hinzu, und rühren Sie nach jeder Beigabe gut um.

3 Gießen Sie den Teig in die heiße Butter in der Pfanne. Backen Sie das Ganze 20 Minuten lang.

4 Schneiden Sie keilförmige Stücke aus und servieren Sie die Pfannkuchen mit Ihrem Lieblingsaufstrich.

Ein gälisches Tischgebet

Möge kein Weg beschwerlich für dich sein,
mögest du immer Rückenwind haben,
möge die Sonne dir warm ins Gesicht scheinen
und der Regen sanft auf deine Felder fallen;
und möge Gott dich behüten und schützen,
bis wir uns wiedersehen.

Autor unbekannt

Für einen Freund zu kochen ist mehr, als einen Freund einfach nur satt zu machen

Barbara Swain

*Warte nicht auf außergewöhnliche Umstände,
um etwas Gutes zu tun;
tue es in gewöhnlichen Situationen.*
Jean Paul Richter

In letzter Zeit ist mir erst so richtig bewusst geworden, was für ein großes Glück es ist, dass ich so gern koche. Ich wuchs in einem Elternhaus auf, in dem jeder Anlass am Abendtisch mit der Familie und mit Freunden gefeiert wurde. Das Essen mit anderen zu teilen war für uns immer die natürlichste Sache der Welt.

Während der Weihnachtsfeiertage vor 15 Jahren wurde mir auf eine neue Art bewusst, welche Macht das Kochen besitzt. Ich erhielt einen Anruf von einem Mann, den ich noch nie getroffen hatte. Er war aus Chicago, und eine gemeinsame Freundin hatte ihm vorgeschlagen, mit mir Kontakt aufzunehmen, wenn er in Los Angeles war. Meine Reaktion schien mir völlig normal zu sein – ich lud ihn zum Abendessen ein. Als er eintraf, brannte im Kamin bereits ein Feuer. Ich hatte einen kleinen Esstisch vor den Kamin gestellt und ihn mit ein wenig Weihnachtsschmuck dekoriert.

Als er kam, war ich noch voll mit der Zubereitung beschäftigt. Er setzte sich also auf einen Stuhl zu mir in die Küche und wir unterhielten uns bei einem kleinen Glas Wein und ein paar Snacks, während ich die Mornay-Soße für den Fisch rührte und den Caesar Salad anrichtete. Er sagte, er sei geschieden, und wir sprachen über die Veränderungen, die dadurch in seinem Leben eingetreten waren. Erst in der Mitte unseres Abendessens, als wir vor dem Feuer saßen, wurde mir klar, dass es sein erstes Weihnachten allein war – weit entfernt von seinem jahrelangen Zuhause und den Kindern, die er großgezogen hatte.

In diesem Moment erkannte ich, dass ich ihm nicht nur ein gutes Essen und meine Gastfreundschaft anbot. Obgleich er mich kaum kannte, hatte ich ihm wahrscheinlich das schönste Geschenk gegeben, dass ich ihm geben konnte – den Trost einer Küche mit jemandem, der für ihn kochte, einen besonderen Tisch mit einem warmen Feuer und einem Abend zu Hause, an dem er im Mittelpunkt stand.

Seit jenem Weihnachtsabend wird mir der Schmerz im Leben anderer Menschen immer bewusster, sei es der Verlust von Gesundheit oder finanzieller Sicherheit, das Gefühl, nicht mehr gebraucht zu werden oder, was am schlimmsten ist, einen geliebten Menschen verloren zu haben. Ich bin dankbar dafür, ein Leben weniger hoffnungslos, weniger einsam und liebevoller machen zu können, indem ich einfach einen anderen Menschen zum Abendessen einlade.

Überraschenderweise habe ich als die Person, die gibt, davon genauso viel wie die Person, die empfängt. Und das ist einer der Gründe, warum ich mich gesegnet fühle, dass mir das Kochen so viel Spaß macht.

Hier ist ein wunderbares Rezept für ein Gericht, das Sie mit jemandem teilen können, der leidet. Es wird ihn trösten und wieder aufbauen!

Huhn und Knödel

Ergibt zwei Portionen

Wenn Sie es möchten, können Sie das Ganze dadurch beschleunigen, dass Sie das Huhn nicht anbraten.

2 EL Butter oder Öl
2 Hühnerschenkel oder Hühnerbrusthälften oder jeweils 1 Schenkel und 1 Brusthälfte
Salz, frisch gemahlener schwarzer Pfeffer zum Abschmecken
60 g Zwiebeln, grob gehackt
3 EL Mehl
250 ml Hühnerbrühe, selbst gemacht, aus der Dose oder als Brühwürfel

1 oder 2 Stangensellerie, in große Stücke geschnitten
2 bis 4 Möhren (½ Pfund), geschält und in 5 cm große Stücke geschnitten
Knödel (Rezept weiter unten)
70 g tiefgefrorene Erbsen
gehackte Petersilie oder Schnittlauch zum Garnieren
(optional)

1 Erhitzen Sie die Butter oder das Öl in einem 2 bis 3 Liter fassenden Kochtopf über mittlerer Temperatur. Würzen Sie das Hühnerfleisch mit Salz und Pfeffer, und braten Sie es gut auf allen Seiten an; stellen Sie es dann zur Seite.

2 Braten Sie die Zwiebeln in dem Topf kurz an, bis sie glasig sind. Fügen Sie Mehl hinzu, und kochen Sie das Ganze eine Minute lang unter ständigem Umrühren.

3 Geben Sie die Brühe hinzu, und bringen Sie den Topfinhalt zum Kochen. Rühren Sie dabei so lange um, bis sich alle Ansätze vom Topfboden gelöst haben. Kochen Sie unter ständigem Rühren so lange weiter, bis die Brühe dick geworden ist.

4 Geben Sie das Hühnerfleisch wieder in den Topf, auch den Sellerie und die Möhren. Würzen Sie mit Salz und Pfeffer. Schließen Sie den Topf, und drehen Sie die Kochtemperatur zurück. Lassen Sie alles eine Stunde lang leicht kochen.

5 Bereiten Sie währenddessen den Knödelteig vor. Wenn das Hühnerfleisch eine Stunde gekocht hat, teilen Sie den Teig in vier gleich große Portionen auf. Geben Sie die Knödel mit dem Löffel in die Hühnersuppe, wobei Sie darauf achten, dass um die Knödel herum genug Platz ist, damit sie sich ausdehnen können. Kochen Sie alles ohne Deckel für weitere zehn Minuten. Schließen Sie dann den Topf, und lassen Sie noch einmal alles zehn Minuten lang köcheln.

6 Geben Sie Knödel, Hühnerfleisch und Gemüse mit einem Löffel auf zwei Servierteller; bedecken Sie diesen, und stellen Sie ihn warm. Rühren Sie die gefrorenen Erbsen in die

Bratensoße, bis diese vollständig erhitzt sind. Geben Sie zusätzliches Wasser in die Soße, wenn sie zu stark angedickt ist. Gießen Sie die Soße über Hühnerfleisch, Gemüse und Knödel. Wenn Sie wollen, können Sie den Teller mit Petersilie oder Schnittlauch garnieren.

Variation: HUHN UND KNÖDEL MIT SUPPE AUS DER DOSE

Lassen Sie das Mehl und die Brühe weg. Nehmen Sie stattdessen eine Dose (ca. 280 g) Hühnercremesuppe, Sellerie- oder Pilzsuppe, gestreckt mit 50 ml Wasser. Halten Sie sich sonst an das Rezept wie oben beschrieben.

Knödel

Ergibt zwei Portionen

(Dieses Rezept stammt aus dem Buch *Intimate Dining – Memorable Meals for Two* von Barbara Swain)

60 g Mehl	¼ TL Geflügel-Würz-
½ TL Backpulver	mischung (optional)
⅛ TL Salz	1 EL zerlassene Butter
⅛ TL Pfeffer	oder Öl
	3 EL Milch

1 Vermischen Sie Mehl, Backpulver und Salz in einer mittelgroßen Schale, bis keine Klumpen mehr vorhanden sind.

2 Rühren Sie Pfeffer und die Geflügel-Würzmischung unter, wenn gewünscht. Fügen Sie Butter oder Öl und Milch zu den trockenen Zutaten hinzu, und rühren Sie so lange um, bis Sie einen homogenen, feuchten Knödelteig haben.

Variationen: Bevor Sie Fett und Flüssigkeit hinzugeben, können Sie auch folgende Zutaten unterrühren: ¼ TL gemahlenen Pfeffer, ½ TL gemahlene Geflügel-Würzmischung, ½ TL Thymian, 1 EL frisch gehackte Petersilie, 1 EL gehackter Schnittlauch, 1 EL fein geschnittene Pimentos aus der Dose, 2 EL geriebenen Cheddar- Käse.

BISKUIT-KNÖDEL: Vermengen Sie 75 g Biskuitmischung und eine Auswahl der oben aufgeführten Gewürzzutaten in eine kleine Schale. Geben Sie 50 ml Milch hinzu und verrühren Sie alles, bis eine feuchte Masse entstanden ist. Verfahren Sie dann weiter wie in den Schritten 5 und 6 beschrieben.

8
Inspirationen und Einsichten

Gib jedem Tag die Chance,
der schönste deines Lebens zu werden.
Mark Twain

Für Russland, mit Liebe

Diana von Welanetz Wentworth

Ich gehe davon aus, dass ich dieses Leben nur einmal lebe.
Ich kann daher nur jetzt freundlich sein und
meinen Mitgeschöpfen Gutes tun,
denn ich werde diesen Weg nicht wieder nehmen.

William Penn

Leningrad, im Mai 1985. Diese europäische Stadt mit großen, breiten Straßen wird täglich von alten Frauen sauber
gemacht, deren Gesichter so grau sind wie der Dezember. Es
ist schon auf den ersten Blick klar, dass sich diese Babusch-
kas keine Illusionen über Unsterblichkeit machen. Sie wissen,
dass Liebe und Mut zu den Schätzen dieser Erde gehören, genauso wie die Tatsache, am Morgen ohne Bombenflugzeuge
über dem Kopf aufzuwachen.

Seit drei Tagen sind wir nun schon in dieser stark vom
Krieg in Mitleidenschaft gezogenen Stadt und unsere liebge-
wordenen Überzeugungen geraten immer mehr ins Wanken.
Wir sind hier auf Initiative des Zentrums für einen sowje-
tisch-amerikanischen Dialog, und unsere Aufgabe besteht darin, in einem Land, das – wie unser eigenes – die Macht hat,
die Erde zu zerstören, für Frieden und positive Zusammen-

arbeit zu werben. Wenn wir wieder wegfliegen, ohne die Herzen dieser uns fremden Menschen berührt zu haben, wird unsere Mission gescheitert sein.

Unsere beiden Reiseleiter, der eine amerikanischer, der andere russischer Herkunft, ermutigen uns, die Stadt auf eigene Faust zu erkunden. Ich mache mich daher zusammen mit Paul auf den Weg zur U-Bahn, in der Hoffnung, dort Menschen zu treffen, die uns gegenüber offen sind. Wir gehen erwartungsvoll eine zugige Straße im Frühling hinab, unter einem Himmel, der voll von Krähen ist. Alte Augen folgen unseren Bewegungen; junge Augen starren auf unsere Schuhe, als wären wir Filmstars. Paul verstärkt seinen Griff um meine Hand.

»Ich habe den Fotoapparat vergessen«, sage ich. »Lass uns zurück auf unser Zimmer gehen.«

Ich hatte uns eine Gnadenfrist von wenigen Minuten verschafft. Warum sollte einer dieser fremden Menschen überhaupt mit uns sprechen wollen? Wir sehen so anders aus, dass es nicht leichtfällt, uns anzusprechen.

Als wir wieder unser Zimmer betreten, werden wir von Hunderten lächelnder Glasaugen begrüßt. Sie stammen von handgemachten Puppen, die kirchliche Gruppen in Seattle angefertigt und die wir in unserem Gepäck mit über die Grenze genommen hatten, um sie bei erster Gelegenheit auf Veranstaltungen des Friedenskomitees an Schulkinder zu verschenken.

»Das ist es! Wir nehmen eine Puppe mit und schauen uns nach einem Kind um, dem wir sie schenken können!« Ich suche ein reizendes Puppenmädchen mit einem handgenähten blauen Karokleid aus.

»Ich wette, die Person, die diese Puppe gemacht hat, wünscht sich nichts mehr, als dass sie direkt in den Armen eines Kindes landet.«

Zurück auf der Straße gehen wir die Stufen hinab zur Metro, wie die U-Bahn in der Sowjetunion heißt. Jeder sieht uns an, dass wir Amerikaner sind: ich in meinem weißen, wasserdichten Trenchcoat mit Pauls fliederfarbenen Schal um meinen Hals, Paul im braunen Rollkragenpullover und in Tweedsachen. Wir folgen der Menge und fahren eine lange Rolltreppe hinab, bis wir in einer Eingangshalle mit einem großen Kronleuchter stehen. Wir stecken Fünf-Rubel-Münzen in die Drehkreuze und gelangen so auf den Bahnsteig.

Der Zug kommt an. Wir nehmen auf der langen Sitzbank Platz, die sich zu beiden Seiten des Waggons erstreckt. Die Türen schließen sich lautlos, und wir fahren los. Ich schaue mich um – ein Kind oder auch zwei Kinder kommen als Geschenkempfänger in Frage. Welches wird die Puppe bekommen? Das Mädchen zu meiner Linken tut so, als würde es mich nicht sehen. Ein anderes, das mir gegenübersitzt, schaut glasig durch mich hindurch, wenn ich es anlächle. Das Mädchen, das wir suchen, muss noch woanders sein. Mit diesen beiden haben wir kein Glück.

Die U-Bahn wird langsamer und kommt schließlich zum Stehen. Eine Familie – Kind, Mutter, Vater und ein Begleiter – steigt ein und setzt sich uns schräg gegenüber, direkt neben die Türen. Man sieht ihnen an, dass sie sich freuen, einen Sonntagsausflug zu machen. Das dunkelhaarige Mädchen schaut interessiert auf die Puppe in meinem Schoß. Erfreut darüber, eine mögliche Empfängerin gefunden zu haben, winke ich ihr mit dem kleinen Arm der Puppe zu und lächle sie begeistert an. Sie wird plötzlich schüchtern und drückt ihr Gesicht in den Mantel ihrer Mutter, aber Mama ermutigt sie dazu, mir gegenüber freundlich zu sein.

Paul und ich schauen uns kurz an und entscheiden uns, es zu probieren und dann an der nächsten Haltestelle auszusteigen. Als die U-Bahn langsamer wird, stehen wir auf und gehen auf das Mädchen zu. Ich biete ihr die Puppe wortlos an, indem ich sie ihr entgegenhalte. Ihr Gesicht verschwindet wieder hinter ihrer Mutter. Leicht irritiert, mein Geschenk immer noch in der ausgestreckten Hand, halte ich nun die Puppe der Mutter hin.

»Paschowsta«, sage ich. Es ist eines der russischen Wörter, die ich kenne, eine Kombination aus »bitte« und »nichts zu danken«.

Ein plötzliches Leuchten in ihren Augen, und unser Geschenk wird angenommen. Wortlos steht sie zusammen mit dem Vater auf, und beide legen die offene Hand über ihr Herz. Mit leuchtenden Augen und einem breiten Lächeln berühren Paul und ich unsere Herzen und treten mit feuchten Augen durch die Schiebetür.

Zu sehr innerlich bewegt, um etwas sagen zu können, gehen Paul und ich schweigend zum gegenüberliegenden Bahnsteig. Ich frage mich, wie diese Familie wohl anderen Menschen von ihrem Erlebnis berichten wird. Als ob er meine Gedanken ahnt, sagt Paul laut: »Du bist für sie die Madonna der Metro.«

In jenem Frühling aßen wir in Leningrad und Moskau viele herzhafte Kohlsuppen. Hier ist unsere Version:

Kohlsuppe

Ergibt vier Liter oder acht bis zwölf Portionen

2 EL Butter oder Margarine
3 große Kartoffeln,
geschält und in 1,5 cm
große Würfel geschnitten
4 mittelgroße Möhren,
geschält und in 1,5 cm dicke
Scheiben geschnitten
2 Lauchstangen, gewaschen
und in 1,5 cm dicke
Scheiben geschnitten

2 Liter Wasser
1 mittelgroßer Kohlkopf,
fein gehackt
2 (oder mehr) Knoblauch-
zehen, klein gehackt
Salz und Pfeffer

1 Zerlassen Sie Butter oder Margarine über mittlerer Hitze in einem großen 6 Liter fassenden Topf. Geben Sie Kartoffeln, Möhren und Lauch hinzu. Kochen Sie alles fünf Minuten lang unter ständigem Umrühren.

2 Geben Sie Wasser hinzu, und kochen Sie die Suppe auf. Drehen Sie die Temperatur zurück, und lassen Sie alles eine Stunde lang leicht vor sich hin köcheln. Geben Sie den Kohl in den Topf, zusammen mit dem Knoblauch. Kochen Sie alles zehn Minuten weiter. Schmecken Sie mit Salz und Pfeffer ab. Servieren Sie die Suppe heiß mit einer knusprigen Scheibe Parmesanpumpernickel.

Parmesanpumpernickel

Ergibt ungefähr 30 Scheiben

1 Pfund schwerer Laib ungeschnittener Pumpernickel, Schwarzbrot oder Roggenbrot

230 g Butter oder Margarine (nicht »fettarm«), Zimmertemperatur
240 g Parmesan, fein gerieben

1 Heizen Sie den Ofen auf 150 Grad Celsius vor. Halbieren Sie den Brotlaib. Bestreichen Sie ein geschnittenes Ende großzügig mit weicher Butter oder Margarine. Halten Sie ein langes Messer unter heißes Wasser und schneiden Sie damit das mit Butter bestrichene Ende zu einer Brotscheibe ab, die ungefähr 0,5 cm dick ist.

2 Verteilen Sie den Parmesan gleichmäßig auf einem Teller. Drücken Sie die mit Butter bestrichene Seite der Brotscheibe in den Parmesan, sodass sie ganz mit Käse überzogen ist. Legen Sie die Scheibe mit der Käseseite nach oben auf ein Backblech. Stellen Sie auf die gleiche Weise so viele Scheiben her, bis das ganze Blech bedeckt ist.

3 Backen Sie die Brotscheiben 15 bis 20 Minuten lang, bis das Brot knusprig ist. Nehmen Sie es aus dem Ofen und lassen Sie es abkühlen. Backen Sie weitere Parmesanscheiben, bis alle Zutaten aufgebraucht sind.

4 Wenn die Scheiben abgekühlt sind, können sie in einem luftdichten Behälter für ein bis zwei Tage bei Zimmertemperatur aufbewahrt werden.

Nachbarschaftssuppe

Linda McNamar

Im Januar 1994 wurde Südkalifornien durch das Northridge-Erdbeben heimgesucht. Am Tag nach dem verheerenden Beben fuhr ich mit meiner Familie durch das verwüstete Gebiet. Wir waren auf dem Weg zu unserer Nichte und unserem Neffen, um ihnen bei den Aufräumarbeiten zu helfen. Ihr Haus war fast dem Erdboden gleichgemacht worden. Alles war verstreut oder zerschlagen. Sie erzählten uns, dass ihr dreijähriger Sohn in dem Moment, als ihre Welt erzitterte und durchgeschüttelt wurde, von seinem Schlafzimmer aus rief: »Mami und Papi, es ist alles in Ordnung. Ich bleibe hier, wo ich bin.« Die ruhige kleine Stimme bewahrte sie davor, vor Angst in Panik auszubrechen.

Nachdem das Beben vorbei war, gab es viel Arbeit, Trauer und Angst. Aber während all der Ereignisse zeigte sich auch eine große menschliche Hilfsbereitschaft und Widerstandsfähigkeit. In der Stimme ihres Kindes, den anpackenden Händen ihrer Nachbarn, dem Schmerz ihrer Verluste fanden sie eine innere Stärke und eine tiefere Liebe als jemals zuvor. Nachbarn, die in Zelten in ihrem eigenen Vorgarten campierten, verhielten sich auf einmal so, als seien sie auf einem großen Campingausflug. Das Wasser aus den Swimmingpools in den Gärten wurde großzügig mit anderen geteilt. Erlebnisberichte, Schaufeln und Sicherheitstipps wurden von einer Person an die andere mit einem Gefühl der Kameradschaft und des gegenseitigen Wohlwollens weitergegeben. Weil ihnen in den ersten Tagen nach dem Beben nicht viel zur Verfügung stand, teilten sie auch ihre Lebensmittel und machten in einem Fall eine »Nachbarschaftssuppe«, einen speziellen Eintopf, der Körper, Geist und Seele nährte. Indem sie ihre Mahlzeiten miteinander teilten, bekamen sie ein grundlegendes Gefühl von Sicherheit und bauten Beziehungen zu anderen Familien auf, die noch über Jahre hinaus anhielten.

Die Zeit verging, und die sichtbaren Zeichen der Zerstörung verschwanden. Auf den Häusern sitzen neue Schornsteine, und die Einfahrten und Fundamente sind wieder ordentlich und eben. Aber eine Nachwirkung des Erdbebens ist weiterhin sichtbar: Die Nachbarn treffen sich weiterhin auf der Straße. Sie teilen sich die Aufsicht über ihre Kinder, veranstalten Grillfeste und Straßenfeiern und geben sich gegenseitig Haushaltstipps. Wir lesen von den schrecklichen Verwüstungen, die das Beben angerichtet hat. Aber noch etwas ist geschehen, auch wenn darüber nicht immer geschrieben wurde. Das Leben hat sich für viele positiv verändert, weil das, was die Menschen voneinander trennte, zusammengekracht war.

Nachbarschaftssuppe

Ergibt sechs bis acht Portionen

Diese Suppe kann aus jedem frischen Gemüse oder – wenn es schnell gehen muss – aus jedem Dosengemüse gemacht werden. Servieren Sie sie mit Sauerteigbrot und einem Salat.

1 gehackte Zwiebel
2 Knoblauchzehen
1 EL Olivenöl
3 (ca. 400 g) Dosen Gemüsebrühe
400 ml Wasser
6 EL Gerste
1 Lorbeerblatt
2 (ca. 400 g) Dosen passierte Tomaten mit ihrem Saft
150 g Möhren, der Länge nach halbiert und in 0,5 cm dicke Scheiben geschnitten
180 g Brokkoli, zerteilt
1 (ca. 280 g) Packung tiefgefrorener grüner Bohnen

½ TL getrockneter Rosmarin, zerrieben, oder 1 TL frischer Rosmarin aus dem Garten
½ TL getrockneter Oregano, zerrieben
½ TL Salz
¼ TL frisch gemahlener schwarzer Pfeffer
3 Kartoffeln, in mundgerechte Stücke geschnitten
1 mittlere Zucchini, der Länge nach halbiert und in 0,5 cm dicke Scheiben geschnitten
1 (ca. 400 g) Dose schwarze Bohnen, abgegossen und gewaschen

1 Braten Sie Zwiebeln und Knoblauch in einem großen Suppentopf in Olivenöl über mittlerer Temperatur ungefähr fünf Minuten lang an, bis die Zwiebeln glasig sind. Geben Sie Gemüsebrühe, Wasser, Gerste und das Lorbeerblatt hinzu.

Kochen Sie alles auf, schließen Sie den Topf, und drehen Sie die Kochtemperatur ein wenig zurück. Lassen Sie es eine Stunde lang köcheln.

2 Fügen Sie die Tomaten mit ihrem Saft hinzu, außerdem Möhren, Brokkoli, grüne Bohnen, Rosmarin, Oregano, Salz und Pfeffer. Kochen Sie alles für weitere 30 Minuten auf kleiner Flamme.

3 Geben Sie Kartoffeln, Zucchini und die schwarzen Bohnen hinzu. Kochen Sie die Suppe für weitere 30 Minuten.

Herzförmige Scones* für Helen

Diana von Welanetz Wentworth

*Die besten und schönsten Dinge der Welt kann man
weder sehen noch berühren ...
sondern nur mit dem Herzen fühlen.*

Helen Keller

An einem verregneten Nachmittag, nachdem es schon vier oder fünf Tage ununterbrochen geschüttet hatte, brauchte ich unbedingt eine Schreibpause. Ich sehnte mich nach einem Ortswechsel, einem heißen Tee und ein bisschen Bewegung. Also machte ich mich auf und fuhr nach Crystal Court, einem lokalen Einkaufszentrum, in dem ich noch nie gewesen war. Es war in sich geschlossen und würde einen sicheren Zufluchtsort bieten.

Als ich auf den drei Etagen die Läden durchstöberte, hatte

---

* Ein »Scone« ist ein von den Britischen Inseln stammendes Gebäck, das gern zum Nachmittagstee gereicht wird. Das ursprünglich dreieckig geformte Gebäck wird aus Weizen-, Gersten- oder Hafermehl und Backpulver als Backtriebmittel hergestellt. Die besondere Konsistenz der Scones entsteht durch die Zugabe von Eiern, süßer Sahne und die vorsichtige Vermischung der Zutaten. Die weichen, krustenlosen Scones werden gern mit Butter, Konfitüre oder Honig gegessen. In den USA enthalten die Scones oft auch Nüsse oder Preiselbeeren. Anm. d. Ü.

ich keine Ahnung, dass das Schicksal mich hierhergeführt hatte. Ich begeisterte mich in letzter Zeit sehr für Briefe – sowohl sie zu schreiben als auch sie zu lesen – und stand plötzlich in einem ausgezeichneten Buchladen, in dem ich mehrere Bücher mit historischen Briefen fand. Als ich den Laden mit einer Tasche voller Bücher verließ und mir eine gemütliche Ecke in einem Restaurant suchen wollte, wo ich sie alle durchblättern konnte, fiel mir ein ungewöhnlicher Laden gleich nebenan auf, der »The Gallery of History« (Die Galerie der Geschichte) hieß. Es war ein Spezialgeschäft für eingerahmte Originaldokumente berühmter Persönlichkeiten.

Die meisten Dokumente waren Geschäftsbriefe, Belege und Empfangsbescheinigungen und Ähnliches, aber ein Dokument stach von seiner Erscheinung und von seinem Inhalt her klar heraus. Es handelte sich um einen Rahmen, der ein Bild und einen mit der Schreibmaschine geschriebenen und eigenhändig unterzeichneten Brief von Helen Keller an ihren Verleger und Freund Frank Nelson Doubleday enthielt, den sie ihm aus ihrem Urlaub in Schottland geschrieben hatte. Die Anrede lautete »Effendi«, das türkische Wort für »Meister« oder »Vorgesetzter«. Es handelte sich dabei um Doubledays Spitznamen, den er von seinem Freund Rudyard Kipling erhalten hatte, weil er (in der englischen Aussprache) wie seine Initialen klang: F.N.D.

Bei einem Teller Scones mit Schlagsahne las ich fasziniert ihren Brief, zutiefst berührt davon, wie sehr sich ihre großzügige Natur in ihren Worten offenbarte:

South Arcan, Muir of Ord, Rose-shire, Schottland
21. Januar 1934

Lieber Effendi,
Ich bin froh, dass es ich wieder getan habe. Ihr Buch Indiscreet Recollections *ist wunderbar, und ich genieße es sehr, mit Ihnen die Straße der Erinnerung hinabzuschlendern. Es ist schön, dass einige der Freunde, über die Sie schreiben, auch meine Freunde sind. Was für wundervolle Buchabenteuer Sie erlebt haben!*

Ein Kritiker von Midstream *meinte, ich würde viele berühmte Leute beiläufig kennen. Ich frage mich, was das heißt. Es stimmt, wie Conrad haben auch Sie und ich keine Intrigen oder Skandale oder aufregende Romanzen mit den Menschen, die wir kennen, aber ist eine Freundschaft nicht das Spannendste überhaupt? Und ist es nicht schon an sich ein großartiges Ereignis, bedeutende Persönlichkeiten zu treffen und mit ihnen Gedanken auszutauschen?*

Es freut mich zu hören, dass die Lindberghs angenehme Zeitgenossen sind. Es war lieb von ihnen, Sie ins Krankenhaus fliegen zu wollen, als Sie krank waren. Was ich von anderen bis dahin gehört hatte, vermittelte mir einen ziemlich anderen Eindruck von ihnen.

Colonel Lindbergh scheint nicht viele Freunde unter den Journalisten zu haben. Ich finde, seine Einstellung gegenüber der Öffentlichkeit ist unhaltbar, aber ich kann mich irren. Wenn jemand etwas Außergewöhnliches leistet, sei es verwerflich oder bewundernswert, dann ist es nur natürlich, dass die Öffentlichkeit daran interessiert ist und so viel wie möglich über diese Person in Erfahrung bringen will.

Ich weiß nur zu gut, wie unangenehm es sein kann, von Reportern verfolgt zu werden, aber meine Erfahrung ist, dass Höflichkeit und Freundlichkeit bei ihnen Wunder bewirken, und ich glaube, ich habe ein paar gute Freunde unter ihnen.

Mir fällt ein Vorfall ein, der deutlich macht, was ich damit meine. Eine Freundin meiner Schwester war vom Empfangskomitee auserkoren worden, Colonel Lindbergh einen Rosenstrauß zu überreichen. Er fragte kühl: »Ist das ein offizieller Strauß?« Natürlich war er zu Tode gelangweilt, wenn ihm schöne Mädchen alles Mögliche schenkten, von Rosen bis hin zu Küssen, aber sicherlich hätte es nicht mehr von seiner kostbaren Zeit und Energie in Anspruch genommen, wenn er freundlich gewesen wäre. Hundert Rosensträuße in Empfang zu nehmen hätte ihn nicht mehr gekostet, als sie zurückzuweisen, und die Atmosphäre des Wohlwollens hätte sich auch in seinen Privatbereich hinein ausgewirkt.

Wenn man in den amerikanischen Zeitungen Berichte über meine Winterferien liest, muss man darüber lächeln, was für ein trostloses Bild die Reporter vom schottischen Hochland zeichnen. Heute ist wieder einer der vielen warmen Tage eines milden Winters. Ich kann den Frühling fast schon riechen. In meiner Vorstellung sehe ich schon das Meer goldgelben Ginsters, das sich die Hügel hinab in die breiten Flusstäler ergießt; die Glockenblumen, die auf jeder Wiese läuten; die Primeln, die den Straßenrand überziehen. Der Saft steigt in den Bäumen nach oben, das Gras ist vielerorts schon grün, und jeden Tag sehe ich einen neuen Vogel. Wir füttern Amseln, Finken und Drosseln und erwarten im März einen großartigen Chor.

Grüßen Sie bitte Mrs. Doubleday ganz herzlich von mir. Ich hoffe, ihr geht es gut, und das neue Jahr bringt Ihnen beiden viel Glück und Segen. Auch meine Lehrerin und Polly lassen herzlich grüßen. Ich wünschte, eine der vielen Tauben, die es hier gibt, hätte ein paar seetüchtige Flügel und den richtigen Orientierungssinn, um Ihnen meine lieben Grüße direkt zu überbringen.

Herzlichst
Ihre Helen Keller

Ein paar Tage später wurde mir klar, dass ich diesen Brief gern hätte, und so rechtfertigte ich den Kauf mit seinem Investitionswert. Er hängt nun in meinem Arbeitszimmer über meinem antiken Schreibtisch und erinnert mich daran, beim Briefeschreiben authentisch und offen zu sein.

Ich habe die herzförmigen Scones in liebender Erinnerung an jenen schicksalshaften Regennachmittag kreiert.

Herzförmige Scones für Helen

Ergibt neun oder zehn Scones

❧

Servieren Sie die Scones am besten warm oder bei Zimmertemperatur mit Schlagsahne.

240 g Mehl	2 Eier
110 g Zucker	150 g saure Sahne
1 EL Backpulver	(oder fettarmer Jogurt
1 Orangenschale,	mit Orangen- oder
fein gerieben	Zitronengeschmack)
¼ TL Salz	150 g getrocknete Preisel-
4 EL kalte Butter,	beeren oder Korinthen
in Stücke geschnitten	1 EL groben oder normalen
	Zucker, für die Glasur

1 Heizen Sie den Ofen auf 200 Grad Celsius vor. Belegen Sie ein Backblech mit Backpapier, oder fetten Sie es leicht ein. Vermengen Sie in einer Schüssel oder in einer Universal-Küchenmaschine, die mit einer stählernen Schneide ausgerüstet ist, Mehl, Zucker, Backpulver, Orangenschale, Salz und die Butterstückchen. Benutzen Sie einen Teigschneider, oder stellen Sie die Maschine immer kurz an und aus, bis die Butter krümelig geworden ist.

2 Trennen Sie bei einem Ei das Eigelb vom Eiweiß, und stellen Sie das Eiweiß zu Seite. Vermischen Sie in einer kleinen Schale das andere Ei mit dem Extra-Eigelb. Geben Sie die saure Sahne (oder den Jogurt) und die getrockneten Früchte hinzu. Rühren Sie die feuchten Zutaten unter die trockenen Zutaten, bis Sie einen klebrigen Teig haben.

3 Bestreichen Sie eine Unterlage leicht mit Mehl und breiten Sie den Teig kreisrund aus, bis er ungefähr 2,5 cm dick ist. Schneiden Sie die Scones mit einer herzförmigen Ausstechform oder einem Teigschneider aus, und legen Sie die kleinen Herzchen im Abstand von 2,5 cm auf das Backblech. Schlagen Sie das übrig gebliebene Eiweiß mit der Gabel schaumig, und bestreichen Sie damit die Scones. Bestreuen Sie sie zum Schluss mit dem Zucker.

4 Backen Sie den Teig 15 bis 20 Minuten, bis er aufgegangen und leicht gebräunt ist.

Udanas leckere Waffeln

Udana Power

Für diejenigen, die auf alles allergisch sind.

Ich habe leider keine herzerwärmende, heitere Geschichte darüber anzubieten, wie mir meine Großmutter diese Waffeln machte, als ich noch ein kleines Mädchen war, obgleich meine Mutter ein altes, rundes Waffeleisen von ihr geerbt hatte. Wir füllten es mit Biskuit-Teig, der an den Seiten herausquoll und den wir mit unseren Fingern abwischten. Lecker!

Als ich älter wurde, vergaß ich die Waffeln, hauptsächlich auch deswegen, weil ich immer wieder Phasen hatte, in denen ich keinen Zucker aß, keinen Weizen vertrug und auch kein Öl zu mir nahm. Und ich wusste, dass ich keine Eier und kein weißes Mehl essen sollte. Wenn ich alles addierte, was ich nicht aß, dann buchstabierte es sich so: W-a-f-f-e-l-n.

Schließlich fand ich heraus, dass die 100 Bücher, die ich über richtige Ernährung gelesen hatte, sich alle widersprachen. Obgleich ich mich nach den meisten Büchern zu jeweils unterschiedlichen Zeiten richtete, wurde mir irgendwann klar, dass ich einfach wieder Spaß am Essen haben wollte.

In einem dieser Bücher stand, dass Waffeln aus Vollkornmehl zu den nahrhaftesten, preiswertesten und am einfachsten zu machenden Leckereien gehörten, die man überhaupt essen konnte. Hmmm... Ich fing an, mir Rezepte anzuschauen. Ich wollte kein Vollkornweizenmehl. Nein, nein, nein, nein. (Schokoladenchips? Ja. Aber kein Vollkornweizenmehl. Fragen Sie mich nicht, warum.) Ich mochte die Vorstellung, keine Eier zu essen (eine Empfehlung von einer veganen Freundin). Ich konnte Rapsöl nehmen. Ich fühlte mich schon viel gesünder. Und Sojamilch mit Vanillegeschmack. Oder sogar Reismilch. Ja! Keine Milchprodukte für das alte Mädchen – mit Ausnahme der Milch in meinem Kaffee. (Perfektion ist langweilig.)

Aus dieser wählerischen Mischung entstand eines meiner liebsten Nahrungsmittel überhaupt. Und Tatsache ist, dass all meine Freundinnen und Freunde ganz närrisch danach sind. Jim kaufte sich gleich für 25 Euro ein eigenes Waffeleisen und all die nötigen Zutaten. Wenn er auf Reisen ist, nimmt er alles mit. Er nennt unsere kleine Zweisamkeit den Waffelklub.

Für mich ist eine Waffel eine Mischung aus einem Toast und einem Muffin. Wenn mir ein langer Tag auf einer Fernsehbühne bevorsteht, wo für den Snack zwischendurch ein Haufen Donuts und andere Sachen zur Verfügung stehen, die zu dekadent sind, um sie hier zu erwähnen, dann mache ich mir vorher meine Waffeln, lasse sie abkühlen und verstaue sie in einer Plastiktüte. Während alle anderen einen Zuckerschock bekommen, schwebe ich auf einer Energiewelle dahin, die den ganzen Tag über anhält. Sie sind köstlich. Ich habe nicht das Gefühl, irgendetwas entbehren zu müssen.

Nun kommt aber endlich das, worauf Sie alle schon längst warten: das Waffelrezept! Ich habe alle Zutaten jederzeit griffbereit, denn ich weiß nie, wann ich Lust auf sie bekomme. Ich mag sie am liebsten einfach so, wie sie sind, mit nichts drauf. Mein Freund Joel mag sie so ebenfalls am liebsten. Meine Mutter liebt sie mit Melasse. Mein Mitbewohner mag sie so, wie sie ihm angeboten werden. Ha! Nein, am liebsten mag er sie mit Ahornsirup. Mein Partner und seine Kinder mögen sie mit allem, was man auf sie draufmachen kann, einschließlich Marmelade. Ich habe ihnen sogar ein Waffeleisen und die nötigen Zutaten gekauft und siehe an, Charles, der 15-Jährige, macht sie gern für seinen Vater und seinen Bruder. Es ist kaum zu glauben!

Udanas leckere Waffeln

Ergibt vier Waffeln

200 ml Reismilch oder Soja-milch mit Vanillegeschmack (aus dem Bioladen)
50 ml Rapsöl
2 TL Ei-Ersatzpulver
1 EL Tamari oder Sojasoße (aus dem Bioladen)
1 TL Vanille-Extrakt
60 g Vollkornreismehl
60 g Hirsemehl
2 TL Backpulver
½ TL süßes Malzpulver (auch aus dem Bioladen)
weitere (optionale) Zutaten:
2 EL Erdnussmus,
Tahini (Sesampaste) oder
Schokoladenchips

1 Stecken Sie den Stecker für das Waffeleisen in die Dose und stellen Sie die Zeitschaltuhr auf sechs Minuten.

2 Vermischen Sie mit einem Schneebesen in einer Schale Reis- oder Sojamilch, Ei-Ersatz, Tamari oder Sojasoße und

Vanille. Geben Sie Vollkornreismehl, Hirsemehl (denken Sie daran, Ihr Mehl im Kühlschrank aufzubewahren, es schmeckt dadurch nicht abgestanden und behält seine natürliche Süße), Backpulver und süßes Malzpulver hinzu.

3 Fügen Sie (zum reinen Vergnügen) eine der folgenden Zutaten hinzu: Erdnussmus, Tahini oder Schokoladenchips oder ersetzen Sie den Vanille-Extrakt mit Mandel-Extrakt.

4 Nachdem sich das Waffeleisen sechs Minuten erwärmt hat, streichen Sie es mit einem Backpinsel ein, den Sie vorher in Öl oder Butter getaucht haben. Verteilen Sie dann sparsam den Waffelteig auf dem Rost, schließen Sie den Deckel, und backen Sie die Waffel drei Minuten lang. Nehmen Sie die fertige Waffel aus dem Eisen, und lassen Sie sie auf einem Kuchengestell abkühlen. (Wenn Sie die Waffel direkt auf einen Teller legen, wird sie anfangen zu »schwitzen« und leicht matschig werden.)

Variationen: Ich habe folgende Variationen ausprobiert: Lebkuchenwaffeln, Möhrenkuchenwaffeln und Maismehlwaffeln, die alle sehr gut schmecken, aber am beliebtesten sind die Killermaiswaffeln.

KILLERMAISWAFFELN: Verwenden Sie Maismehl statt Reismehl. Manchmal nehme ich sogar Hirsemehl anstatt Gerstenmehl. Ich gebe auch noch eine kleine Dose süßen Mais (abgegossen) hinzu.

Ich backe diese Waffelmischung wegen der Maiskörner im Teig ein wenig länger – aber olálá, Sie und Ihre Familie werden sich freuen, dass Sie sich die Zeit genommen und dies hier gelesen haben.

Alles Gute und viel Spaß! Genießen Sie den Energieschub, den Ihnen diese Waffel geben wird. Der Waffelklub heißt Sie als neues Mitglied willkommen.

PS: Morgen früh fahre ich hoch nach Carmel. Raten Sie mal, was ich mir für die Fahrt zum Essen mitnehme? Waffeln sind leicht beim Fahren zu essen und schmecken besser als alles andere, was ich mir unterwegs kaufen kann.

Preisgekrönter Apfel-Kiwi-Kuchen

Linda Bruce

Als Frischvermählte war ich nicht gerade eine erfahrene Köchin, und daher wunderte ich mich, als ich gebeten wurde, zu Thanksgiving Zitronenschaumgebäck zu machen. Da mir die Menge Zitronen, die im Kochbuch empfohlen wurde, nicht auszureichen schien, nahm ich einfach mehr – und zwar so viel mehr, dass alle ihr Gesicht verzogen und beinahe einen Wangenmuskelkrampf bekamen. Zu Weihnachten sollte ich einen Kuchen mit Pekannüssen backen. Nun, er sah gut aus und schmeckte auch gut, aber ich vergaß, vor dem Backen das Papier von der Oberfläche des gefrorenen Kuchenbodens zu entfernen, was dazu führte, dass der Kuchen nicht gerade leicht zu handhaben war.

Ich hatte bereits mit dem Kuchenbacken abgeschlossen und den Gedanken aufgegeben, mich jemals mit meinen Koch- und Backkünsten rehabilitieren zu können, als ich auf das Rezept für einen Apfel-Kiwi-Kuchen stieß. Er schmeckte so köstlich, dass ich mich entschied, mit ihm an dem Wettbewerb beim jährlichen County-Volksfest teilzunehmen. Ich weiß, wie ein guter Kuchen schmeckt, wenn ich einen esse, aber als ich den ersten Preis gewann, war ich so außer mir, als hätte ich eine Million Dollar gewonnen! Ich rief meine gesamte Familie an und berichtete ihnen die aufregende Neu-

237

igkeit. Natürlich wurde ich gebeten, den Kuchen zu unserem nächsten Familientreffen zu backen. Im Lauf der Jahre wurde er für alle der Lieblingskuchen, und ich musste immer wieder von meinen ersten kläglichen Erfahrungen beim Kuchenbacken erzählen.

Erst vor Kurzem hat der Kuchen noch eine größere Bedeutung bekommen. Meine Mutter starb an Krebs, und die letzten Tage der Nachtwache an ihrer Seite waren für uns alle sehr anstrengend. Ich ging in ihre Küche und backte den Kuchen an zwei Tagen hintereinander. Der wunderbare Duft des Kuchens, der das Haus erfüllte, tröstete uns alle. Und ich weiß, dass meine Mutter durch den Duft wusste, dass wir da waren und mit der Situation fertig wurden.

Halten Sie also Ihre Geschmacksknospen bereit. Dies ist ein Kuchen, der den ersten Preis gewonnen hat!

Preisgekrönter Apfel-Kiwi-Kuchen

Ergibt einen Kuchen mit 23 cm Durchmesser

220 g Zucker
3 EL schnellkochende Tapioka
1 TL Zimt
¼ TL Muskat
7 geschälte Kiwis, in Scheiben geschnitten
2 saure Äpfel, geschält und in Scheiben geschnitten
1 EL frischer Zitronensaft
Teig für einen Kuchen mit einem Boden und einem Deckel (siehe Anmerkung)
2 EL Butter, in kleine Stücke geschnitten
1 Eiweiß
2 EL Zucker

Anmerkung: Wenn Sie Fertigteig nehmen, ist dieser Kuchen schnell gemacht. Aber vergessen Sie nicht, die Papierabdeckung zu entfernen.

1 Heizen Sie den Ofen auf 180 Grad Celsius vor. Vermengen Sie in einer Schüssel Zucker, Tapioka, Zimt und Muskat. Geben Sie Kiwis, Äpfel und Zitronensaft hinzu. Rühren Sie das Ganze vorsichtig um und lassen Sie es 15 Minuten lang stehen.

2 Rollen Sie die Hälfte des Teigs aus, und belegen Sie damit den Boden einer runden Kuchenform. Geben Sie die Kiwi-Apfel-Mischung in die Form, und verteilen Sie einzelne Butterstückchen darauf. Rollen Sie die andere Hälfte des Teigs kreisrund aus, und legen Sie sie auf die Mischung; versiegeln Sie den Rand. Machen Sie kleine Schlitze in den oberen Teig, damit die Luft entweichen kann. Um eine knusprige Zuckerkruste zu erhalten, können Sie den oberen Teig mit dem geschlagenen Eiweiß bestreichen und mit 2 EL Zucker bestreuen.

3 Um zu verhindern, dass der Kuchen zu braun wird, können Sie den Rand des Kuchens mit einem Streifen Alufolie bedecken. Backen Sie den Kuchen in der Mitte des Backofens 20 Minuten lang. Entfernen Sie die Alufolie, und backen Sie 25 bis 30 Minuten weiter, bis die obere Kruste goldbraun ist.

Eine raffinierte Vorspeise

Vaughn Greditzer

In meinem langen Leben, in dem ich viel herumgekommen bin, habe ich mich oft verliebt – aber nur ein einziges Mal dauerte die Liebe über ein halbes Jahrhundert. Ich wurde mit einer außergewöhnlichen sinnlichen Sensibilität geboren und fing schon mit zehn Jahren an zu kochen. Ich liebte den herrlichen Duft, Anblick und Geschmack!

Ich bin Künstler. In meiner Küche arbeite ich mit genauso viel Begeisterung wie in meinem Studio und mit dem gleichen uneingeschränkten Vergnügen. Obgleich ich niemals Nahrungsmittel oder andere Rohmaterialien auf meiner Leinwand benutzt habe, wie es manche moderne Maler tun, bringe ich umgekehrt meine Farben und meine Kunstfertigkeit in meine Küche. Ich plane und arrangiere jedes Detail so, als hätte ich eine Leinwand vor mir – Blumen, Kerzen, Leinentücher, Essgeschirr und ein Bewusstsein darüber, welches Gericht ich auf den Tisch bringe.

Einmal verbrachte ich 17 Stunden damit, steinerne Wildhühner aus Cornwall in Schwäne zu verwandeln und sie (mindestens 20 Stück!) so auf unserem schwarz lackierten Esstisch zu arrangieren, als schwämmen sie auf einem See. Das Ergebnis war spektakulär!

Mein Gedächtnis ist voll von Rezepten, die ich ausprobiert

habe und noch ausprobieren will, und meine Kochbücher sind alte Freunde, die ich im Lauf der Jahre immer wieder zu Rate gezogen habe. Wie im richtigen Leben, so geschehen auch beim Kochen die Dinge nicht immer so, wie man es sich erhofft hat; aber wenn wir weiterhin experimentierfreudig, begeisterungsfähig, neugierig und hartnäckig bleiben, dann stehen die Chancen nicht schlecht, dass aus uns talentierte kulinarische Schöpfer werden. Hier ist eine Farbskala, die ich besonders gern arrangiere. Sie sorgt immer für Furore!

Eine raffinierte Vorspeise

Die Menge der Zutaten hängt von der Anzahl der Gäste ab.

Blätter von verschiedenen Salatsorten
dicke Scheiben saftiger Tomaten
dicke Orangenscheiben
Sardellenfilet (bewahren Sie das Öl aus der Dose für das Dressing auf)
Gemüsezwiebelringe
Gurkenscheiben
rote Pimentos aus der Dose
Mozzarella
italienische Salami, in dünnen Scheiben
verschiedene Peperoni-Sorten
naturbelassenes Olivenöl
Saft einer Zitrone
warmes italienisches Weißbrot, in Stücke geschnitten

1 Belegen Sie einen großen runden Servierteller mit den Blättern verschiedener Salatsorten. Legen Sie darauf abwechselnd dicke Tomatenscheiben und dicke Orangenscheiben. Bedecken Sie jede Orangenscheibe über Kreuz mit zwei Sardellenfilets. Bedecken Sie jede Tomate mit einem dünnen Gemüsezwiebelring und einer Gurkenscheibe.

2 Schneiden Sie die roten Peperoni und den Mozzarella in dünne Streifen, ungefähr 10 cm lang und 1,5 cm breit, und trennen Sie damit die Tomaten- und Orangenstapel attraktiv voneinander ab.

3 Kreieren Sie in den Tomaten- und Orangenstapeln kleinere Kreise mit dünn geschnittener Salami. Errichten Sie in der Mitte des Serviertellers einen kleinen Hügel aus Gurkenscheiben und umgeben Sie ihn kreisförmig mit den Peperoni. Schauen Sie sich Ihre Kreation an, und fügen Sie mehr Käse, Peperonistreifen und kleine Peperonis hinzu, wenn Sie dadurch das Arrangement verschönern können.

4 Gießen Sie das Öl der eingelegten Sardellen über alles, plus einen Schuss Olivenöl und zum Abschluss den Zitronensaft. Stellen Sie das Ganze, bis es serviert wird, in den Kühlschrank.

5 Stellen Sie die Vorspeise in die Mitte des Tischs, und genießen Sie den Anblick! Fordern Sie Ihre Gäste auf, den überschüssigen Saft mit den warmen Weißbrotstücken aufzutippen. Man nennt dies *scarpete,* und mein italienischer Schwiegervater meint, dass man damit keine schlechten Manieren zeigt, sondern es absolut dazugehört!

Ein chilenisches Quinoa-Tabouleh nach einem Erdbeben, von Herzen geteilt

Carlos Warter

Als ich in der Sechzigerjahren Medizin studierte, wurde Chile von einem Erdbeben heimgesucht, das 8,9 Punkte auf der Richterskala maß. Wie es in meinem Heimatland üblich ist, schloss ich mich zusammen mit anderen Studenten Solidaritätskomitees an, um den Dorfbewohnern zu helfen, deren Häuser beschädigt worden waren. Da es Winter war und das Erdbeben viele Häuser zerstört und ganze Felder weggeschwemmt hatte, benötigten viele Menschen dringend Hilfe.

Zusammen mit anderen Freiwilligen war ich für ein Dorf in den Bergen eingeteilt worden. Zu unseren Aufgaben gehörte es, uns um die Kranken zu kümmern und Baracken als Notunterkünfte zu errichten.

Das Dorf war sehr arm und hatte eine ethnisch gemischte Bevölkerung. Einige waren Nachkommen der alten, ortsansässigen Kultur, die sich bis zu den Mapuches zurückverfolgen ließ, einem Stamm, der von den Inkas beeinflusst worden war. Andere waren in Chile geborene Einwanderer in der zweiten oder dritten Generation, die man – sehr zu ihrem Verdruss – *turks* nannte. Sie erhielten diesen Namen, weil

243

sie Nachkommen von Palästinensern, Libanesen, Syrern oder anderen Nationalitäten aus dem Mittleren Osten waren, die vor dem Ersten Weltkrieg nach Südamerika gekommen waren, aber immer noch Pässe besaßen, die ihnen das ottomanische Reich ausgestellt hatte.

Das Besondere des Dorfes bestand darin, dass alle Einwohner in Eintracht zusammenlebten und schon seit Generationen untereinander heirateten. Aber nun waren sie traurig und niedergeschlagen, weil ihre Häuser vom Erdbeben getroffen waren und sie sich die Notunterkünfte teilen mussten.

Nach einem langen Tag freiwilliger Arbeit waren wir müde und hungrig. Es gab nur wenig Lebensmittel, und so waren wir überrascht, als die Dorfbewohner uns aufforderten, unsere Arbeit einzustellen, aufzuräumen und zusammen mit den Armen zu essen.

Obwohl wir ihr Angebot sehr schätzten, lehnten wir es zuerst ab und erklärten ihnen, dass sie das wenige Essen, das sie hatten, nicht noch mit uns teilen müssten, da jeder von uns Dosennahrung mitgebracht habe. Einer der Dorfbewohner sagte schließlich: »Esst zusammen mit den Armen. Unser Essen kommt von Herzen. Es schmeckt besser als eure Dosen.«

Eine Frau erzählte uns, dass ein Gericht aus dem Nahen Osten auf uns wartete. Eine andere meinte, wir würden ein altes Inka-Gericht essen. Im Lauf der Mahlzeit wurde uns klar, dass wir einem Festgelage beiwohnten.

Mitten in der Katastrophe würdigten diese Dorfbewohner das, was sie hatten. Obwohl es eine Mahlzeit der Armen und derjenigen war, die ihr Zuhause verloren hatten, kam es zu einer Synthese zwischen den verschiedenen Kulturen, und wir erlebten eines der herzlichsten Abendessen in unserem ganzen Leben.

Quinoa gibt es im Bioladen oder in der Bioecke eines konventionellen Supermarkts. Es hat ein kleines, perlrundes Korn, das köstlich schmeckt, sei es als warme Mahlzeit oder kalt in Salaten. Ursprünglich wurde es hoch in den Anden angebaut und war Hauptbestandteil der Ernährung der Inkas. In unserem Fall wurde daraus eine chilenisch und nahöstlich inspirierte Mahlzeit mit Avocados, Tomaten, Mais, Gurken und Koriander. Wenn Sie dieses Rezept kochen, rühren Sie Quinoa nicht zu stark um, denn dadurch bleibt es locker. Und wie einer der Bauern bemerkte, wenn man nicht gleich alles verzehrt, hat man auch noch am nächsten Morgen etwas davon.

Quinoa-Tabouleh

Ergibt zehn Portionen

Die nachfolgenden Zutaten waren alles, was wir hatten. Es war faszinierend, wie die Menschen miteinander teilten, und es wurde einem warm ums Herz, wenn man sah, wie sich die Kulturen vermischten, um zusammen eine Mahlzeit zu kreieren, die unsere ganze Gruppe satt machte und miteinander verband. Auch wenn Sie die folgenden Anweisungen ungewöhnlich finden, so sind sie doch wesentlich für die Freude und Einheit, die wir fühlten. Folgen Sie daher den einzelnen Schritten so, wie ich sie aufgeschrieben habe, damit auch bei Ihnen ein großes Gemeinschaftsgefühl entstehen kann.

250 g Quinoa
800 ml Wasser
½ TL Salz
¼ TL frischer schwarzer
Pfeffer
5 EL frischer Zitronensaft
70 ml Olivenöl
15 g frische Koriander-
blätter, grob gehackt

2 TL Knoblauch, gehackt
1 reife Avocado, geschält
und in 1,5 cm große Würfel
geschnitten
110 g frische Maiskörner,
gekocht
150 g Gurken, gewürfelt
70 g frische Zwiebeln, gehackt
4 große Tomaten, in 1,5 cm
große Würfel geschnitten

1 Waschen Sie Quinoa unter kaltem Wasser (in einem eng-maschigen Sieb), und lassen Sie es abtropfen. Geben Sie es in eine mittelgroße Pfanne. Geben Sie Wasser hinzu, und lassen Sie das Quinoa aufkochen. Drehen Sie die Kochtemperatur zurück, bedecken Sie die Pfanne, und lassen Sie das Quinoa ungefähr 10 Minuten lang köcheln, bis die Flüssigkeit absorbiert ist.

2 Wenn das Quinoa gar ist, würzen Sie es mit Salz und Pfeffer, und rühren es um. Geben Sie 4 EL Zitronensaft und das Olivenöl hinzu. Mischen Sie Koriander und Knoblauch unter.

3 Vermischen Sie die gewürfelte Avocado mit dem restlichen 1 EL Zitronensaft.

4 Geben Sie Mais, Gurken, Avocado, Zwiebeln und Tomaten in die Quinoamischung. Würzen Sie nach Ihrem Geschmack. Lassen Sie das Gericht zwei bis drei Stunden lang bei Zimmertemperatur stehen, bevor Sie es servieren.

Wenn Sie das gleiche Gemeinschaftsgefühl wie wir damals erleben wollen, dann sollten Sie die folgenden Anweisungen ebenfalls befolgen.

5 Würdigen Sie jede Person, die an der Mahlzeit teilnimmt.

6 Erzählen Sie sich gegenseitig Geschichten. (In unserem Fall waren es Geschichten aus den Anden oder dem Nahen Osten, die mit offenem Herzen erzählt wurden. Sie waren Ausdruck unserer Solidarität und spiegelten den wahren Kern der Anwesenden. Vielleicht erzählen Sie auch eine Geschichte aus dem Band *Hühnersuppe für die Seele*.)

Der Regenbogen

Joan Fountain

Als Kind wurde mir erzählt,
dass unter jedem Regenbogen ein Schatz vergraben ist.
Ich habe so stark daran geglaubt,
dass ich fast mein ganzes Leben lang erfolglos Regenbogen
hinterhergejagt bin. Leider hat mir niemand gesagt,
dass sich sowohl der Regenbogen als auch der Schatz
in meinem Inneren befinden.

Gerald G. Jampolsky

In San Diego hielt ich einen Vortrag auf einem vor Anker liegenden Flussboot. Es war ein regnerischer Tag, und ich war total erschöpft, denn in den letzten zehn Tagen war ich viel unterwegs gewesen und hatte viel gearbeitet, ohne mir eine Pause zu gönnen. Die Konferenz war gut besucht, aber ich war müde und fühlte mich fremd. Nachdem mein Vortrag zu Ende war, hörte es auf zu regnen. Als Menschen aus dem Publikum auf mich zukamen, um mit mir zu sprechen, wünschte ich mir, ich könnte jetzt einfach nach Hause fahren. Schließlich war auch die letzte Person gegangen, und ich war endlich frei.

Als ich den Landungssteg hinunterging, nahm ich einen

tiefen Atemzug und genoss es, nun endlich freie Zeit zu haben. Da es aufgehört hatte zu regnen und sogar die Sonne etwas durchgekommen war, hielt ich nach einem Regenbogen Ausschau.

Aber sosehr ich mich auch bemühte, ich konnte nirgendwo einen entdecken. Plötzlich hörte ich hinter mir eine Frauenstimme sagen: »Wenn Sie einen Regenbogen sehen wollen, müssen Sie in den dunklen Wolken nach ihm suchen.«

Es war einer jener Momente, in dem einem schlagartig klar wurde, dass das Gesagte mehr bedeutete als bloße Worte. Aber wie war es möglich, dass jemand hinter mir stand? Ich war die Letzte gewesen, die vom Boot ging.

Wie die meisten Menschen, so hatte auch ich bislang versucht, eine schwierige Zeit möglichst schnell zu vergessen und mich auf eine bessere Zukunft zu freuen; ich hatte mich hauptsächlich an vergangene Erfolge erinnert und die unangenehmen Erfahrungen einfach ausgeblendet.

Ich schaute wieder zum Himmel, aber diesmal in die dunklen Wolken – und sah einen wunderschönen Regenbogen! Ich drehte mich um, um mich bei der Frau dafür zu bedanken, dass sie mir das Geheimnis verraten hatte, wie man in der Natur und im Leben einen Regenbogen findet. Aber sie war spurlos verschwunden. War sie wirklich da gewesen? Oder kam die Stimme aus meiner Phantasie? Oder hatte ich gar die Worte eines Engels vernommen? Die Vorstellung, dass ein Engel mit mir gesprochen hatte, gefiel mir am besten, denn sie war so schön tröstlich.

Mexikanische Neujahrssuppe (posole) mit Huhn

Ergibt zehn bis zwölf Portionen

500 g Polenta
(Maisgrieß aus dem Bioladen
oder Reformhaus)
1600 ml Hühnerbrühe
1 EL Chilipulver
1 EL Oregano, zerrieben
2 TL Kreuzkümmel
3 Lorbeerblätter
4 Knoblauchzehen,
klein gehackt
Cayennepfeffer zum
Abschmecken
12 Stangen Sellerie, in
1,5 cm dicke Scheiben
geschnitten
8 mittelgroße Möhren,
in 1,5 cm dicke Scheiben
geschnitten

1 mittelgroße Zwiebel,
in 2 cm große Stücke
geschnitten
1 Pfund Paprika, in 2 cm
große Stücke geschnitten
3 Pfund Hühnerbrust,
ohne Haut und Knochen,
in 2,5 cm dicke Würfel
geschnitten
1 Bund Koriander,
nur die Blätter
Saft von 1 Limette
(optional)
Warme Tortillas aus
Mais oder Weizen
und Limettenscheiben,
zum Servieren

1 Bereiten Sie die Polenta nach den Anweisungen auf der Packung zu.

2 Gießen Sie 200 ml Hühnerbrühe in einen großen Suppentopf, und bringen Sie sie schnell zum Kochen. Geben Sie Chilipulver, Oregano, Kreuzkümmel, Lorbeerblätter, Knoblauch und Cayennepfeffer in die kochende Brühe, und kochen Sie alles eine Minute lang, damit das Aroma der Gewürze voll zur Geltung kommen kann. Gießen Sie die restlichen 1400 ml Brühe in den Topf, und bringen Sie sie zum Kochen.

3 Geben Sie Sellerie, Möhren und Zwiebeln in die Suppe, und kochen Sie sie 20 Minuten lang. Fügen Sie Paprika und Polenta hinzu, und kochen Sie alles auf. Lassen Sie es dann leicht weiterkochen, bis das Gemüse weich ist. Geben Sie das Hühnerfleisch und den Koriander hinzu. Lassen Sie alles für weitere zehn Minuten oder bis das Hühnerfleisch gar ist köcheln, und schöpfen Sie dabei immer wieder den Schaum ab, der sich an der Oberfläche bildet. Achten Sie darauf, die Suppe nicht zu lange zu kochen.

4 Schmecken Sie die Suppe nach Ihrem Geschmack ab. *Optional:* Gießen Sie den Saft von 1 Limette in den Topf. (Den besten Geschmack erzielen Sie, wenn Sie die Suppe in den Kühlschrank stellen und am nächsten Tag vor dem Essen wieder aufkochen.)

5 Geben Sie die heiße Suppe zum Servieren in Suppenteller. Garnieren Sie sie mit frischem, klein gehacktem Koriander. Servieren Sie die Suppe mit warmen Tortillas, und stellen Sie Limettenstückchen auf den Tisch, mit denen Gäste die Suppe würzen können.

Sarson Ka Saag

Rita und Mallika Chopra

‡══‡

»Bhabhiji, warum stellst du beim Abendessen immer eine Portion zur Seite?« Es war eine Angewohnheit, die sie schon immer hatte.

Sie starrte durch den sich langsam drehenden Ventilator an der Decke, und ihre Stimme war zuerst kaum hörbar, als sie in die Bilder einer anderen Welt eintauchte. Sie hatte eine zarte Figur und wirkte in ihrem weißen Sari wie verloren, während sie auf einem harten Bett saß und mehrere Kissen ihren ausgemergelten Körper stützten. Ein stiller Raum mit weiß getünchten Wänden. Sie hatte eine Kette mit Rudraksha-Perlen um ihre Finger gewickelt, und der Rauch von Räucherstäbchen umspielte ein verblichenes Foto ihres Mannes. Nachdem sie uns einen kurzen, flüchtigen Blick zugeworfen hatte – lange genug, um sicherzustellen, dass wir ihr auch zuhörten –, erzählte uns Bhabhiji (unsere Großmutter und Urgroßmutter) eine Geschichte, die in unserer Familie schon seit Generationen weitergegeben wurde.

»Er muss damals sechs und sieben Jahre alt gewesen sein. Er soll das klarste Gesicht gehabt haben, das man sich vorstellen kann – unschuldig und voller Freude. Es erinnerte in seiner Klarheit an einen erleuchteten Weisen. Tiefe dunkle Augen, die wie Sterne funkelten und ein Universum erhellten.

Vor sieben Generationen herrschte im Nordwesten Indiens Krieg. Es war ein großes gegenseitiges Abschlachten mit vielen unschuldigen Opfern. Immer wieder gibt es in der Geschichte der Menschheit unruhige und gewalttätige Zeiten, in denen Gruppen oder ganze Völker aus religiösen Gründen verfolgt werden. Unsere Familie hatte miterlebt, wie ihr nahestehende Personen aus dem Haus gezerrt und totgeschlagen wurden – grausame Szenen, die so schrecklich sind, dass man sie sich nicht vorstellen kann.

Auch sie selbst waren in Gefahr. Um ihre Kinder zu retten, entschieden die Eltern, ihr Zuhause zu verlassen und tiefer ins Landesinnere zu fliehen, wo sie nicht verfolgt werden würden. Ein gefährliches Vorhaben, denn wenn man sie erwischte, wäre das für alle der sichere Tod. Sie zogen ohne Geld und Besitztümer los und hatten nur ihre sieben Söhne und ihren festen Willen zu überleben.

Es war eine regnerische Nacht, es blitzte und donnerte, der Sturm heulte, und Geister wanderten umher. Sie gingen zu Fuß, vielleicht hatten sie auch einen Karren dabei, und waren schon mehrere Stunden unterwegs. Von anderen Flüchtlingen hörten sie, wie gefährlich es war, denn andere waren entdeckt und getötet worden, weil sie versucht hatten zu fliehen.

Schließlich kamen sie an einen Fluss. Um weiterzukommen, mussten sie ihn irgendwie überqueren. Sie stießen auf einen alten Fährmann, der ein bleiches Gesicht mit düsterem Ausdruck hatte. Er besaß ein Boot, mit dem sie sicher den Fluss überqueren konnten.

Der Fährmann musterte die Familie, die ihn anflehte, ihr Leben zu retten. Er sah die Eltern mit ihren sieben Söhnen –

· eine Familie, in der alle füreinander einstanden. Er sah die Angst in ihren Augen, aber noch klarer die Liebe, die aus ihren Seelen strömte. Er beneidete sie um die Gefühle, die sie füreinander hegten. Er hatte auch eine Frau und ein Kind gehabt, aber beide waren tot. Er war ganz allein in dieser Welt – eine Seele, die dahinwelkte und sich nach Geselligkeit sehnte. Man sah ihm an, wie eine unerträgliche Einsamkeit ihn langsam tötete.

Die verzweifelten Eltern wussten nichts von der Verzweiflung des Fährmanns. Sie bettelten, dass er sie über den Fluss setzen möge. Da sie kein Geld hatten, gab es keine Möglichkeit, ihn für seine Dienste zu bezahlen. Der alte Mann schaute auf die Kinder. In dem Versuch, sich selbst zu retten, bat er um einen der Söhne als Bezahlung.

Zuerst waren alle entsetzt. Einen Sohn wegzugeben bedeutete, einen Teil von sich selbst zu verlieren. Aber der Krieg zwingt die Menschen zu neuen Einsichten. Die Eltern sahen den Schmerz und das Leid in den traurigen Augen des alten Mannes. Sie hatten Angst um das Leben ihrer Familie, weil sie so viel hatten, für das es sich zu leben lohnte. Aber auf diesen Mann wartete ein schleichender und unentrinnbarer Tod, denn er hatte nichts mehr, auf das er hoffen, nichts mehr, für das er leben konnte. In einem Moment der Verzweiflung, des Mitgefühls und der Erlösung entschlossen sie sich dazu, dem Fährmann ihren jüngsten Sohn zu geben. Nicht nur das Leben ihrer Kinder, sondern auch sein Leben sollte gerettet werden.«

Diese Geschichte wird schon seit Generationen erzählt, und es entwickelte sich eine Tradition, die Bhabhiji ihr ganzes Leben weiterführte. Bei jeder Mahlzeit wird ein Teller mit Essen für den jüngsten Sohn zur Seite gestellt. Während einer jeden Mahlzeit erinnert man sich an ihn und ehrt ihn. Sarson Ka Saag war sein Lieblingsessen gewesen. Es handelt sich dabei um ein traditionelles nordindisches Gericht mit Spinat, das hauptsächlich im Winter gegessen wurde. Im Andenken an einen kleinen Jungen, der das Leben seiner Familie und das eines einsamen alten Mannes rettete, wurde Sarson Ka Saag zu einer besonderen Mahlzeit in unserer Familientradition.

Sarson Ka Saag
Ergibt vier bis sechs Portionen

1 Pfund Senfblätter, gewaschen und klein geschnitten
¼ Pfund Spinat, gewaschen und klein geschnitten
1 TL frischer Ingwer, gehackt

3 EL *Ghee* (siehe Anmerkung 1)
2 EL Mehl oder Maisstärke
Salz zum Abschmecken
optional: *Garam masala* (siehe Anmerkung 2)

Anmerkung 1: Ghee kann beim Inder gekauft oder selbst gemacht werden, indem man die Milchbestandteile der Butter entfernt und nur das klare, goldfarbene Öl verwendet. Um *Ghee* herzustellen, kochen Sie ungesalzene Süßrahmbutter über sehr kleiner Flamme, bis das Wasser verdampft ist und die Milchbestandteile mandelbraun geworden sind und sich an den Seiten des Topfs oder auf dem Topfboden ablagern. Seihen Sie die übrige klare Flüssigkeit ab, und benutzen Sie sie zum Kochen.

Anmerkung 2: Garam masala ist eine aromatische Gewürzmischung, mit der indische Speisen gewürzt werden. Oft handelt es sich dabei um eine gemahlene Mischung aus leicht gerösteten Kreuzkümmelsamen, Koriandersamen, Kardamom, Zimt, schwarzem Pfeffer und Knoblauch.

1 Geben Sie die Senfblätter und den Spinat zusammen mit dem frischen Ingwer in einen Schnellkochtopf oder einen großen Topf mit Deckel. Kochen Sie beides 30 Minuten im Schnellkochtopf oder 60 Minuten im großen Topf. Der Senf wird sehr weich.

2 Erhitzen Sie *Ghee* in einem Wok über mittlerer Hitze. Geben Sie Mehl hinzu, und braten Sie die Mischung eine Minute lang an. Fügen Sie nun die Senfblätter mit dem Spinat hinzu, und kochen Sie sie, indem Sie sie behutsam zerstampfen, so lange, bis alle überschüssige Flüssigkeit verdampft ist, was ungefähr 15 Minuten dauert. Würzen Sie je nach Geschmack mit Salz. Servieren Sie alles in einer Tonschale. Wenn Sie möchten, können Sie das Gericht mit ein wenig *Garam masala* bestreuen.

Der Holzlöffel

Tony Luna

Soweit ich mich erinnern kann, haben mir meine Eltern nur zweimal den Hintern versohlt. Das eine Mal war, als ich während des Gottesdienstes herumgezappelt habe. Ich trug einen Anzug, der mir nicht passte, und was ich in ihm anstellte, passte wiederum meinen Eltern nicht. Mein Vater nahm mich mit nach draußen, legte mich über seine Knie und gab mir ein paar unangenehme Schläge auf mein Hinterteil. Während des restlichen Gottesdienstes zog ich es vor zu knien. Ich weiß nicht, welche Ungehorsamkeit ich mir beim zweiten Mal geleistet habe, aber ich erinnere mich noch gut daran, dass meine Mutter einen alten Holzlöffel auf meinem Allerwertesten tanzen ließ.

Der Vorfall mit dem Holzlöffel ist ein gutes Beispiel dafür, was sich meine Mutter unter einer Veränderung des Verhaltens vorstellte. Immer wenn ich anfing, Ärger zu machen, warnte sie mich: »Wenn du dich nicht zusammenreißt, junger Mann, hole ich den Holzlöffel.« Soweit ich mich erinnern kann, brauchte sie dieses Küchenutensil nur zu erwähnen und schon reagierte ich in der gewünschten Weise. Pawlow und Skinner wären stolz auf Mutter gewesen.

Die Jahre vergingen, und ich führte ein ziemlich ordentliches Leben. Ich überquerte die Straße auf dem Zebrastreifen, wechselte nach der Schule meine gute Kleidung und schlüpfte in meine Spielklamotten, die ruhig dreckig werden durften, und ich gab brav die richtigen Handzeichen, wenn ich mit dem Fahrrad unterwegs war. Ich erhielt immer gute Noten in Benehmen und Sozialverhalten, und wenn jemand hinter dem Rücken des Lehrers ein unflätiges Geräusch machte, fiel der erste Verdacht in der Regel nicht auf mich. Wenn überhaupt, dann hatte ich eine unauffällige, fast fromme Kindheit. Andere Eltern verglichen mich peinlicherweise mit ihren eigenen Kindern und sagten: »Nun, mein lieber Sohn, warum kannst du nicht so brav sein wie Mrs. Lunas Sohn?«

Auch nach der Pubertät war ich noch ziemlich angepasst. Ich war kein Heiliger, aber ich hatte die Gabe, Schwierigkeiten aus dem Weg zu gehen, wenn meine Spielkameraden direkt auf sie zusteuerten. Ich wäre nie auf die Idee gekommen, etwas anderes zu sein als ein gutes Kind. Bis Mitte 20 war Rebellion für mich überhaupt kein Thema.

Nach dem College und verschiedenen Jobs und noch während meiner aktiven Zeit in der Armee fing ich jedoch an, Konventionen in Frage zu stellen. Es ging einher mit der Entstehung der Hippiebewegung, freier Liebe und wöchentlichen Demonstrationen gegen die Regierung und das Establishment. Mit dem Geld, das ich beim Haareschneiden einsparte, konnte ich mir – sagen wir es so – eine Menge Jasmin und Patchouli kaufen. Es war eine Zeit mit großem Idealismus und großer Experimentierfreudigkeit.

Ich nahm im November 1970 an der Revolutionary People's Constitutional Convention in Berkeley teil, wo ich viele Gleichgesinnte traf, die die Konventionen hinter sich ließen. Mir imponierte ihre Entschlossenheit genauso wie ihre

Vielfalt. Es gab Selbsthilfegruppen, die das Podium stürmten, um ihre Stimme zu erheben; es gab Flugblätter, Petitionen und Reden im Namen der Schwarzen Panther, der Grauen Panther, der Braunen Basken und der schwulen Vegetarier, um nur ein paar zu nennen.

Da ich nicht sonderlich gut auf mich aufgepasst hatte, als ich aus Berkeley zurückkam, zog ich mir das Pfeiffersche Drüsenfieber zu. Meine Milz war infiziert, und ohne medizinische Behandlung würde ich sicherlich operiert werden müssen.

Als ich im Krankenhaus lag, bewirkten das Fieber und meine bis dahin zügellose Lebensweise, dass ich immer wieder aus der manifesten Realität hinausflog. In einem Moment war ich ganz ruhig und von Engeln umgeben und im nächsten verurteilten mich teuflische Wesen. Manchmal wurde ich von Ärzten und Krankenschwestern besucht, manchmal von urbildlichen Schamanen in leuchtenden Gewändern.

Einmal sah ich meine Mutter mit einem Priester neben meinem Bett stehen, und der Priester betete über mir. In so einem jungen Alter die Letzte Ölung zu bekommen machte mich total wütend, ich schoss hoch und warf ihm vulgäre Ausdrücke an den Kopf. Ich ließ mir von niemandem die Möglichkeit nehmen, mein Leben so weiterzuführen, wie ich es wollte. Später schämte ich mich wegen meines Verhaltens, war aber zu stolz, es auch zuzugeben.

Nachdem ich aus dem Krankenhaus entlassen worden war, versuchte ich da wieder anzuknüpfen, wo ich aufgehört hatte, aber es funktionierte nicht mehr – ich hatte eine bestimmte Grenze überschritten. Ich konnte es nicht erklären, aber die Welt hatte sich für mich irgendwie verändert.

Am darauffolgenden Weihnachten kam die Familie wie gewohnt zusammen. Ich kam in einem gebatikten Armeeunterhemd, dazu Latzhose und Mokassins. Ich nahm jede Gelegenheit wahr, die sich mir bot, um zu erklären, warum ich nicht an Weihnachten (eine von Schuldgefühlen getriebene kapitalistische Verschwörung) und seine äußeren Zeichen glaubte. Meine Familie hatte große Geduld mit mir. Nach dem Abendessen saßen wir alle um den Baum (auch dazu hatte ich meine eigene Meinung).

Die Geschenke wurden verteilt, und ich schaute während des Rituals selbstgefällig in die Runde. Als man mir etwas gab, was wie eine Krawattenschachtel aussah, eingeschlagen in blödes Weihnachtspapier und am Band mit einem wiederbenutzten Anhängeschild von Mutter und Vater versehen, grinste ich süffisant: »Wunderbar, eine Krawatte. Genau das, was ich brauche!« Ich entfernte das Band, zerriss das Papier, öffnete die Schachtel und erschrak über den Inhalt. Es war der Holzlöffel. Genau der Holzlöffel, der meine Jugend beherrscht und ihr eine Richtung gegeben hatte. Der alte Holzlöffel mit angekohlten Stellen am Griff, der so lange oben auf dem Herd gelegen hatte, lag nun in meinen Händen. Verlegen wandte ich mich meinen Eltern zu. »Er gehört jetzt dir«, sagte meine Mutter. »Du trägst jetzt die Verantwortung für den Holzlöffel.«

Mit jenen Worten gaben sie mir das Zepter der Verantwortung. Sie bevollmächtigten mich und zeigten mir gleichzeitig, welche großartige Stärke daraus erwächst, wenn man sein Schicksal in die eigenen Hände nimmt. Durch dieses einfache Geschenk haben mich meine Eltern sowohl gestärkt als auch meine Schwäche offengelegt. Diese beiden bescheidenen Menschen, denen ich mein Leben verdanke, gaben mir die Macht, mein Leben zu vergeuden oder zu nutzen. Ich fing an zu weinen. Wir umarmten uns eine lange Zeit.

Jahre später ließ meine Frau eine Plexiglasbox für den Holzlöffel anfertigen. Er hängt nun für alle sichtbar in meinem Büro und erinnert mich an Werte, Verantwortung und grenzenlose Liebe.

Ich bin froh, dass ich meine Mutter gebeten habe, ihre Rezepte für dieses Kochbuch aufzuschreiben. Bevor sie sie für mich aufschrieb, gab es keine schriftlichen Unterlagen über die Gerichte, die ich in meiner Kindheit so gern gegessen hatte und die von einer Generation zur nächsten weitergegeben wurden. Nun kann auch ich sie an meine Tochter weitergeben. Wenn ich mir die Rezepte durchlese, rieche ich förmlich die gerösteten Chilischoten und wie das Fleisch mit dem Lorbeerblatt in der Pfanne gart.

Mama Dees und Papa Julios Caldillo (Mexikanischer Eintopf mit Rindfleisch)

Ergibt vier Portionen

6 mittelgroße Tomatillos*
4 frische Jalapeños
1 frische Chili pasilla
3 EL Olivenöl
2 kleine Knoblauchzehen, geschält
1½ TL Salz

½ TL Kreuzkümmel, gemahlen
1 Pfund Rinderfilet, in 1,5 cm große Würfel geschnitten
250 g frischen Spinat
3 Lorbeerblätter

1 Schälen und waschen Sie die Tomatillos. Kochen Sie diese zusammen mit den Chilis in ca. 100 ml Wasser (das die Tomatillos und Chilis voll bedecken sollte), bis sie weich sind (testen Sie es, indem Sie mit einer Gabel in das Gemüse stechen). Geben Sie Tomatillos und Chilis zusammen mit 2 EL Olivenöl, Knoblauch, Salz und Kreuzkümmel in einen Mixer. Stellen Sie das Gerät kurz an, sodass die Mischung die Konsistenz einer Salsa bekommt. Stellen Sie sie zur Seite.

---

* Die Tomatillo ist ein Nachtschattengewächs und vor allem in *Mittelamerika* wegen ihrer als *Gemüse* genutzten Früchte bekannt. Sie ist unter anderem verwandt mit der *Kapstachelbeere* (*Physalis*) und der zur Dekoration genutzten, jedoch nicht essbaren *Lampionblume*. Tomatillofrüchte haben ein säuerlich würziges Aroma und sind reich an Mineralstoffen und Vitaminen. Sie passen sehr gut in Ratatouille oder andere Mischgemüsegerichte. Tomatillos sind wichtige Bestandteile von Chilis, Eintöpfen und Saucen (»Salsa verde«) der mittel- und südamerikanischen Küche. Anm. d. Ü.

2 Braten Sie das Rinderfilet in 1 EL Olivenöl ungefähr zehn Minuten an (oder bis es schön braun ist). Waschen Sie unterdessen den Spinat gründlich, und schütteln Sie ihn trocken; entfernen Sie die Stiele. Geben Sie den Spinat in die Pfanne zum Fleisch, und braten Sie ihn kurz an. Geben Sie dann die Chili-Mischung und die Lorbeerblätter hinzu, und kochen Sie alles 20 Minuten lang oder bis das Fleisch weich ist, wenn Sie es mit einer Gabel anstechen. Gießen Sie bei Bedarf Wasser nach, und rühren Sie alles mit einem Holzlöffel um, damit es nicht anbrennt. Entfernen Sie die Lorbeerblätter vor dem Servieren.

9
Liebe, Romantik und Heiraten

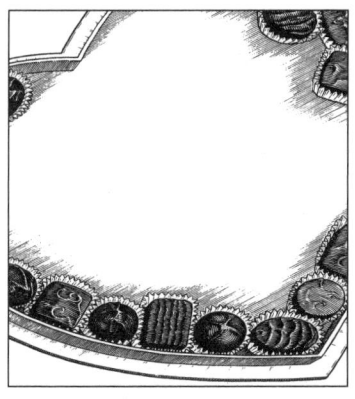

Es gibt doch nichts anderes,
wofür es sich zu leben lohnt, als die Liebe.
Wim Wendes

Liebe aus der Ferne

Diana von Welanetz Wentworth

Als ich Ted heiratete, war er noch nie in Paris gewesen. Ich hatte dort vor vielen Jahren gelebt und wollte ihm unbedingt die Stadt der Lichter zeigen. Sechs Tage vor Weihnachten landeten wir an einem geschäftigen Samstag auf dem Flughafen Orly. Viel sah noch genauso aus wie früher, und als ich merkte, wie Ted auf diese Stadt reagierte, verliebte ich mich erneut in Paris. Frühstück mit frischen Orangen, *pain au chocolat* und *café au lait*; vor dem Besuch einer Aufführung der Pariser Oper Abendessen im Le Soufflé, wo es die herrlichsten Aufläufe gibt, für jeden Gang einen anderen.

An unserem ersten Morgen in Paris machten wir eine Stadtrundfahrt, damit Ted sich einen Überblick über die ganze Stadt verschaffen konnte. Danach schauten wir uns viel zu Fuß an, und am Nachmittag schlenderten wir durch die engen Gassen von Montmartre, jenem malerischen Stadtteil voller Geschichte, von dem aus man das Zentrum von Paris überblicken kann. Montmartre ist der Standort der herrlichen Basilika von Sacre Coeur und seit dem späten 19. Jahrhundert der Lieblingsplatz der Künstler.

Die Kopfsteinpflasterstraße, auf der wir gingen, hatte gerade eine Biegung gemacht, als Ted auf seine erste von vielen Pariser Crêpes-Verkäuferinnen stieß, eine attraktive blondhaarige Frau mit einem einladenden Lächeln. Ich erklärte Ted, wie Crêpes gemacht werden, und bestellte ihm eine Crêpe mit Zucker und Grand Marnier, dem aromatischen Likör aus Cognac und Orangenextrakt. Er starrte die Verkäuferin mit großen Augen an, als sie den weichen, cremefarbenen Teig in eine riesige runde Grillpfanne löffelte und ihn mit einem T-förmigen Holzstück bis an den Rand verteilte.

»Schau nur, sie benutzt eine Vogelstange!«, sagte Ted.

Geschickt drehte sie den riesigen Pfannkuchen um, bestrich ihn mit Butter, bestreute ihn großzügig mit Zucker und goss Grand Marnier. darüber. Nachdem sie die Crêpe kurz auf der zweiten Seite gebacken hatte, faltete sie sie ordentlich zusammen und steckte sie in eine Papiertüte, die sie Ted reichte. Ein Bissen und Ted bekam jenen abwesenden Gesichtsausdruck, den er auch bekommt, wenn er Schokolade isst.

Während er sich genüsslich jeden Bissen auf der Zunge zergehen ließ, wartete ich, bis er sich daran erinnerte, dass ich ja auch noch da war, und mir einen Bissen anbot.

»Uh ... ich weiß nicht, wie ich es dir sagen soll, Diana ... aber ich glaube, ich habe mich in eine andere Frau verliebt.«

Ich habe ein Rezept entworfen, damit ich ihm auch zu Hause Crêpes machen kann, und sie schmecken ihm genauso gut. Aber ab und zu bekommt er diesen Blick, und dann weiß ich, dass er an sie denkt. Ah ... Liebe aus der Ferne.

Crêpes mit Grand Marnier

Ergibt über 20 Stück

Grundrezept für die Crêpes:

180 g Mehl, gesiebt	400 ml Milch
1 Prise Salz	2 Eier, leicht geschlagen
	2 EL Pflanzenöl

Zum Servieren:

zerlassene Butter	Grand Marnier
Zucker	

1 Geben Sie Mehl und Salz in eine Schüssel. Vermengen Sie die übrigen Zutaten, und gießen Sie sie vorsichtig in die Schüssel. Schlagen Sie die Mischung mit einem Schaumschläger, bis Sie eine gleichmäßige Teigmasse haben. Lassen Sie sie bei Zimmertemperatur 15 Minuten lang stehen.

2 Bestreichen Sie eine Pfanne (mit 15 cm Durchmesser) oder eine spezielle Crêpes-Pfanne mit Pflanzenöl und erhitzen Sie sie über mittlerer Temperatur, bis ein Tropfen Wasser von der heißen Oberfläche abperlt. Rühren Sie den Teig um, und geben Sie 2 EL davon in die Pfanne, gerade so viel, dass der Teig den Boden bedeckt, wenn Sie die Pfanne hin und her schwenken. Die Crêpe sollte sehr dünn sein, es ist also nicht schlimm, wenn sie kleine Löcher hat. Zuerst mag sich die ganze Prozedur komisch anfühlen, aber wenn Sie erst einmal das richtige Gespür dafür haben, werden Sie sehen, wie einfach es ist!

3 Bräunen Sie eine Seite leicht an, und drehen Sie die Crêpe mit einem Pfannenheber um, damit auch die andere Seite braun wird. Legen Sie die Crêpe auf Küchenpapier, und zwar mit der schönen Seite nach unten, damit sie oben ist, wenn die Crêpe gefaltet wird. Verbrauchen Sie den übrigen Teig auf die gleiche Weise. (In diesem Zustand können sie im Kühlschrank aufbewahrt oder eingefroren werden; und sie passen zu vielen Gerichten, entweder süß oder herzhaft.)

4 Erhitzen Sie die Crêpes unmittelbar vor dem Servieren in einer Grillpfanne, zwei oder drei gleichzeitig, alle mit der schönen Seite nach unten. Bestreichen Sie sie mit der zerlassenen Butter, bestreuen Sie sie mit extrafeinem Zucker, und beträufeln Sie sie mit Grand Marnier. Falten Sie sie in Viertel und legen Sie sie auf Servierteller, am besten drei Stück pro Person.

Kochen ist wie lieben.
Entweder man tut es ganz oder gar nicht.
Harriet Van Horne

Zweimal im Leben

Rhonda Nima Nielsen Bisnar

Als ich meinen Mann John 1992 kennenlernte, hatten wir beide das Gefühl, uns aus einer anderen Welt zu kennen … eine Art Déjà-vu, dass wir schon einmal miteinander zu tun gehabt hatten.

Wir waren beide schon einmal verheiratet gewesen und hatten an verschiedenen Orten gelebt. Während sich unsere Beziehung vertiefte, sprachen wir viel über den Verlauf unseres Lebens und über die Orte, an denen wir gewohnt hatten. Überrascht stellten wir fest, wie oft sich unsere Wege beinahe schon gekreuzt hätten.

Er erzählte mir von einer Nacht im Jahr 1969, als er als junger Soldat in Honolulu stationiert war und von seiner Wohnung in der Nähe von Waikiki allein zum Kalakaua Boulevard ging. An einer Straßenecke sah er eine junge Frau, die vielleicht 16 oder 17 Jahre alt sein mochte, deren Bild die nachfolgenden Jahre immer wieder in ihm auftauchte. Er konnte sie immer noch klar in seiner Vorstellung sehen. Sie hatte langes, blondes Haar, trug ein sehr ungewöhnliches Fischernetzkleid über dem engen Einteiler und lachte einen ungewöhnlich großen, jungen orientalischen Mann an. Er fühlte sich sofort stark zu ihr hingezogen und konnte sie nicht mehr aus den Augen lassen. »Ich fand die junge Frau sehr anziehend und hatte das Gefühl, irgendetwas tun zu sollen«, sagte er, »als ob sie den Schlüssel zu einer Gelegenheit besaß, die man nur einmal im Leben hat… Wenn ich nur gewusst hätte, was ich hätte tun oder sagen sollen.«

Ich erzählte ihm, dass ich im Jahr 1969 auf Hawaii gelebt hatte und im letzten Jahr auf die Punahou High School ging. Ich wohnte in der Kalakaua Avenue am Fuße von Diamond Head, nicht weit entfernt von der Stelle, an der John seine blonde Frau gesehen hat. Und ich erinnere mich sogar vage an das Kleid, das er beschrieben hat, und dass ich einen Freund hatte, Eddie Ebisui, der der junge Mann gewesen sein konnte, an der sich John erinnerte.

Was hätte er an jenem Abend tun oder sagen können? Eindeutig nichts, denn wir lebten in verschiedenen Welten und hatten nichts gemein. Heute, 25 Jahre später, sind John und ich verheiratet, wir sind beide Rechtsanwälte, und unsere Familien, bestehend aus zwei Jungen und drei Mädchen, haben sich auf magische Weise miteinander vereint. Wir sind davon überzeugt, dass unser Aufeinandertreffen Schicksal war, aber es ließ sich nicht beschleunigen. Erst jetzt ist unsere Zeit gekommen.

Erst vor Kurzem waren wir wieder in Honolulu, weil ich dort ein Klassentreffen hatte. Ich machte John mit Eddie bekannt, der inzwischen ebenfalls Rechtanwalt ist. Er erinnerte sich an mein komisches Kleid und auch daran, dass ich so gern tropische Früchte aß. Hier ist ein gesunder Salat mit nur wenig Kalorien, den ich sehr gern esse. John und ich nennen ihn Zweimal-im-Leben-Fruchtsalat.

Zweimal-im-Leben-Fruchtsalat

Ergibt zwei große Portionen

1 Mango, geschält und geschnitten (heben Sie eine ½ Tasse für das Dressing auf)
1 Papaya, geschält, entkernt und geschnitten
¼ Ananas, das Mittelstück entfernt, geschält und geschnitten

1 Banane, geschält und geschnitten
1 Orange, geschält und in Spalten zerlegt
ca. 130 g frische Beeren (Himbeeren, Erdbeeren, Brombeeren oder eine Kombination)

Mango-Jogurt-Dressing:
½ Tasse Mango
250 g fettarmer Jogurt

2 EL Honig

Arrangieren Sie die Früchte dekorativ auf zwei Serviertellern. Verrühren Sie alle Zutaten für das Dressing, und geben Sie es mit einem Löffel über die Früchte.

Einem Richter geschehen Wunder

Andrea Bell

Im Leben gibt es nur ein Glück:
zu lieben und geliebt zu werden.

George Sand

An meiner Arbeit als Köchin und Veranstaltungsmanagerin gefällt mir besonders, bedeutende Ereignisse im Leben von Menschen zu feiern. Liebe war das richtige Wort, um die letzte Feier des Richters zu beschreiben. »Liebe bewirkt Wunder« – wenn dieses Sprichwort nicht wahr wäre, hätte diese Festivität gar nicht erst stattfinden können.

Der Richter war ein großer, schroffer, lauter und selbstherrlicher Mann. Man wusste sofort, dass er keine Schwierigkeiten hatte, in *seinem* Gerichtssaal für Ruhe und Ordnung zu sorgen! Bei der Planung und Durchführung der vielen Hochzeitsfeiern, die ich für seine große Familie ausrichtete, hatte er immer das letzte Sagen. Seine liebenswürdige, intelligente und fürsorgliche Frau schien eine spezielle innere Weisheit zu besitzen, aber sie ließ dem Richter immer den Vortritt. Selbst die kleinsten Entscheidungen wurden nicht ohne ihn getroffen.

Obwohl er schroff und starrsinnig war, hatte der Richter

auch eine andere Seite. Er liebte es zu feiern – das Leben, die Liebe, die Freunde, neue Lebensabschnitte und vor allem die Familie. Er fand immer wieder die Gelegenheit, alle zu versammeln und das Essen, die Freundschaften, die Familie und die Festlichkeiten zu genießen, die er umsichtig organisierte.

Für seine bevorstehende Pensionierung begann die Planung der Feierlichkeiten schon Monate im Voraus. Zusammen mit dem Richter und seiner Frau saß ich an ihrem Küchentisch und diskutierte seine kulinarischen Vorlieben.

»Ihre Möhren-Orangen-Cremesuppe darf auf keinen Fall fehlen«, sagte er. Ich dachte an die Einfachheit dieser vorzüglichen Suppe, die so einen hervorragenden Geschmack hatte – sie war schon immer eine der Lieblingsspeisen des Richters gewesen. Wir machten weiter und planten eine Speisefolge mit Oyster Shooters, nicht durchgebratener Lammschulter auf Knoblauch-Sauerteig-Croustade mit Birnen-Chutney und Pfefferminz-Mayonnaise sowie weiteren erlesenen Delikatessen. Wie gewöhnlich verbiss sich der Richter in die Details. Die Feier war noch Monate entfernt, aber als ich mich wieder auf den Weg machte, wusste ich, dass ich viel zu tun hatte, um alle seine Anweisungen auszuführen. Als ich zur Tür hinausging, rief er: »Und vergessen Sie die Möhren-Orangen-Cremesuppe nicht!«

Ich machte mir monatelang über jedes Detail Gedanken. Als der Termin der Feier näher rückte, rief ich den Richter an, um mit ihm die unzähligen Punkte auf der Liste zu besprechen. Ich war zutiefst bestürzt, als ich erfuhr, dass er im Krankenhaus lag, die Diagnose Krebs im Endstadium lautete und er vielleicht nicht mehr bei seiner eigenen Party dabei sein konnte. Der Richter versicherte mir jedoch, dass er auf jeden Fall an seiner Feier teilnehmen würde, und so ging die Planung weiter.

Während der Veranstaltung zog er mich zur Seite, um mir seinen innersten Wunsch anzuvertrauen. Sein 40. Hochzeitstag würde die nächste große Feier sein. Auf ihr wollte er eine Überraschungslobrede halten »für meinen Engel von einer Frau, die ich so sehr liebe«. Ich willigte sofort ein, niemandem etwas davon zu erzählen, aber als er mir das Datum nannte – fast noch ein halbes Jahr entfernt –, war ich so fassungslos, dass ich nichts mehr sagen konnte. Ich kannte seine Prognose, und es war für jedermann sichtbar, wie dünn, gebrechlich und schwach er geworden war. Es musste schon ein Wunder geschehen, wenn diese Feier jemals stattfinden sollte! Als ich ging, war ich zutiefst traurig, aber der Richter bestand munter darauf, dass die Möhren-Orangen-Cremesuppe der erste Gang bei der Feier seines Hochzeitstages sein sollte.

Er rief mich heimlich von seinem Krankenhausbett an. Zwischen den Gängen »Möhren-Orangen-Cremesuppe« und »Gegrillter Lachs mit Steinpilz-Ravioli« plante er eine Liebeserklärung an seine Frau. Je weiter wir mit der Planung voranschritten, desto schwächer wurde der Richter. Er bestand jedoch weiterhin darauf, dass wir uns im Haus seines Sohnes trafen, wo die Feier stattfinden würde, damit er uns bei den Entscheidungen helfen konnte, wo die Tische stehen und die Musiker spielen sollten und welche die beste Farbe für die Tischtücher sei. An dem Tag war der Richter so gebrechlich, dass ihn ein Fahrer bringen und ihm ins Haus helfen musste. Wie sollte er es bloß noch weitere drei Monate bis zum Termin der Feier schaffen? Als wir uns verabschiedeten, hatte ich Tränen in den Augen. Er hatte einen so schönen Abend zu Ehren seiner Frau geplant, die ihm immer, in guten wie in schlechten Zeiten, zur Seite gestanden hatte. Aber die Chance war gering, dass er den Tag der Feier überhaupt erleben würde.

Während ich weiter mit ihm telefonierte, hörte ich, wie die Stimme des Richters immer müder wurde, aber sein Geist blieb klar und ausgerichtet. Er war fest entschlossen, dass die Liebe seines Lebens ihre Überraschungsfeier bekommen sollte – als dauerhafte Ehrung und ein letzter Beweis für alles, was sie diesem einst so hünenhaften Mann bedeutete.

Der Tag der Feier kam, und mit ihm kam auch der Richter. Obgleich er im Rollstuhl saß, war sein Geist ungebrochen. In seiner Ehrenrede, die alle Familienmitglieder und Freunde hörten, sprach er ausgiebig über seine liebe Frau. Kaum ein Auge blieb trocken. Die Veranstaltung war ein überwältigender Erfolg. Alle wussten, es war das letzte Mal, dass sie mit ihm zusammen feierten. Der Richter bedankte sich bei mir, als er ging, und meinte, die Möhren-Orangen-Cremesuppe sei die beste gewesen, die er jemals gegessen habe. Ein paar Tage später starb er friedlich in seinem Bett.

Möhren-Orangen-Cremesuppe

Ergibt drei Liter oder ungefähr zehn bis zwölf Portionen

2 große Zwiebeln, gehackt
120 g Butter oder 50 ml
Olivenöl
1 EL Kreuzkümmel,
gemahlen
1 EL frischen Estragon
(oder 1 TL getrockneten
Estragon)
1 TL frischen Thymian
(oder ⅓ TL getrockneten
Thymian)
1 EL Zucker oder Honig
2 TL Salz
1 TL frisch gemahlener
schwarzer Pfeffer oder zum
Abschmecken ¼ TL frisch
geriebene Muskatnuss

1 EL frisch geriebene
Orangenschale
1½ Pfund Möhren,
geschält und geraspelt
1400 ml Hühnerbrühe
(oder ersatzweise
Gemüsebrühe)
100 g weißer Reis, roh
100 ml Schlagsahne
100 ml saure Sahne
400 ml frisch gepresster
Orangensaft

Zum Garnieren:
einen Tupfer Crème fraîche oder saure Sahne
ein kleiner Zweig frischer Estragon, wenn gewünscht

1 Braten Sie die Zwiebeln in einem 4 bis 5 Liter großen Kochtopf so lange in Butter oder Olivenöl an, bis sie glasig geworden sind. Geben Sie Kreuzkümmel, Estragon, frischen Thymian, Zucker oder Honig, Salz, frisch gemahlenen schwarzen Pfeffer, Muskat und Orangenschale hinzu. Fügen Sie zum Schluss noch die geriebenen Möhren hinzu, und kochen Sie alles drei bis vier Minuten unter ständigem Umrühren auf mittlerer Flamme. Geben Sie nun die Hühnerbrühe hinzu, und bringen Sie die Suppe zum Kochen. Fügen Sie den Reis hinzu, rühren Sie gut um, und stellen Sie dann die Kochtemperatur zurück, bis die Suppe leicht vor sich hin kocht. Schließen Sie den Topf, und kochen Sie alles ungefähr 30 Minuten lang. Reis und Möhren sind dann sehr weich geworden.

2 Pürieren Sie die Suppe in kleinen Mengen in einem Mixer. Achten Sie darauf, dass Sie nicht zu viel heiße Suppe verarbeiten, sodass sie nicht überschwappt. Geben Sie die pürierte Suppe zurück in den Kochtopf, und bringen Sie sie zum Kochen. Schlagen Sie die Schlagsahne und die saure Sahne unter.

3 Rühren Sie unmittelbar vor dem Servieren noch den frisch gepressten Orangensaft unter. Garnieren Sie die Suppe mit einem Tupfer Crème fraîche oder saurer Sahne und kleinen Zweigen frischer Kräuter. (Die Suppe lässt sich gut einfrieren. Frieren Sie sie jedoch ein, *bevor* Sie die Sahne und den Orangensaft unterrühren.)

10
Eine Liebesgeschichte
mit Rezepten

Voll zu lieben heißt voll zu leben,
und für immer zu lieben, heißt für immer zu leben.
Henry Drummond

Eine Liebesgeschichte mit Rezepten

Diana von Welanetz Wentworth

Ich traf meinen gegenwärtigen Mann (er behauptet, mein *späterer* Ehemann zu sein und besteht darauf, dass mein erster Mann mein *früherer* Ehemann war) beim Frühstück, und das reichte anscheinend. Sein erster Satz lautete: »Wollen Sie mit mir zusammenleben?«

Ted ist gerade 50 geworden. Er war zwei Jahre lang Witwer, seit seine Frau Sharon nach langer Krankheit gestorben war. Seine lange Ehe hatte ihm gutgetan, und so war er schwer damit beschäftigt, so viele Frauen wie nur möglich zu »interviewen«, ob sie sich als neue Frau/beste Freundin eigneten.

Am Anfang seiner Suche versicherten ihm Freunde, dass es nicht schwer sein würde und alle Frauen bereits begierig darauf warteten, den guten Fang zu machen, den er darstellte – ein gut aussehender, mittelgroßer, rotblonder Mann mit einer erfolgreichen 30-jährigen Karriere als Rechtsanwalt, Vater zweier erwachsener Töchter und Besitzer eines Hauses mit einem wunderschönen Ausblick. Ihm wurde prophezeit, dass sich die Kandidatinnen bis um die nächste Straßenecke mit Auflaufformen in der Hand anstellen würden.

Obgleich tatsächlich ein paar »Bewerberinnen« auftauchten, mochten ihn nicht alle, und auch für ihn war nicht die Richtige dabei. Also erzählte er jeder Person, die er traf, von seiner Suche und erhoffte sich so, von der einen oder anderen Frau zu erfahren, die ebenfalls nach einem Partner Ausschau hielt. Er nahm an kirchlichen Gruppen teil und ging jedem Hinweis nach, den er erhielt.

Er wusste, dass seine neue Frau da draußen auf ihn wartete, und war fest entschlossen, sie zu finden.

* * *

An diesem Punkt sollten Sie etwas über meine Geschichte erfahren, damit Sie besser verstehen, was Ted und mich zusammenbrachte. Im November, ein Jahr bevor ich Ted traf, feierte ich mit meinem Mann Paul von Welanetz unseren 25. Hochzeitstag. Unsere Ehe war das Ergebnis einer Bilderbuchromanze. Schon beim allerersten Mal, als ich Paul 1962 in einer Hotellobby in Hongkong sah, wusste ich, dass er *der Eine* war. Ich beobachtete ihn, wie er aus dem Fahrstuhl trat, und fühlte mich plötzlich ganz benommen; es hatte mir den Atem verschlagen. Er fragte mich, woher ich käme, lud mich zum Abendessen ein, und drei Tage später waren wir verlobt.

An die nachfolgenden Tage erinnere ich mich nur noch verschwommen. Er war geschäftlich in Hongkong gewesen; ich befand mich mit meinen Eltern auf einer Asienreise. Aber nun hatten wir vergessen, warum wir eigentlich hier waren. Wir gingen Hand in Hand durch die Stadt und grinsten uns an, überquerten die Bucht von Hongkong mit der Fähre und fuhren auf der Insel mit der Seilbahn hoch zur Viktoriaspitze, wo wir unsere Initialen in den Fels ritzten.

DW
PW
62

Paul war ein Künstler, und in den folgenden Monaten verfasste er wunderbare Briefe auf dünnen blauen, zusammenfaltbaren Luftpost-Umschlägen, die er mit süßen Karikaturen versah. Ich nannte ihn Tiger und er mich Kätzchen, und wir waren fest davon überzeugt, dass sich zwei Menschen noch nie so sehr geliebt hatten. Ein Jahr nach dem Tag, an dem wir uns das erste Mal gesehen hatten, heirateten wir in Beverly Hills in einer kleinen Kirche, die inzwischen nicht mehr existiert. Der Seelsorger sagte zu uns: »Ihre Ehe wird Ihr geistliches Amt sein.«

Paul und ich wussten, dass wir Seelenverwandte waren und das Schicksal uns zusammengeführt hatte. Und wir führten eine wirklich glückliche Ehe. Wir fühlten uns seit unserem Hochzeitstag eng miteinander verbunden, so als ob wir nur eine Seele miteinander teilten, und schließlich bauten wir uns aus unserer Zweisamkeit eine berufliche Karriere auf. Schon kurz nach unserer Hochzeit fing ich an, bei Grégoire LeBalch, dem Chefkoch des berühmten Restaurants im Beverly Hilton Hotel, Kochunterricht zu nehmen. Paul folgte mir in die Küche und half mir klein schneiden und kneten. Er gab den Gerichten, die ich zubereiten lernte, eine künstlerische Note. Während der Zeit startete Julia Child ihre Fernsehserie mit Rezepten der französischen Küche, womit sie überall in den USA das Interesse an der klassischen Kochkunst aus Frankreich weckte.

Meine ersten Kochkurse begannen eher zufällig an dem Tag, an dem ich mit dem Rauchen aufhörte. Unsere Tochter

Lexi war gerade geboren worden, und ich war plötzlich ans Haus gebunden und musste mit den Herausforderungen und Verantwortlichkeiten einer frisch gebackenen Mutter fertig werden. Lexi schlief, und ich brauchte eine Abwechslung und wollte irgendetwas mit meinen Händen tun. Ich stellte drei Crêpe-Pfannen auf den Herd und fing an, Crêpes zu machen, die ich vorerst im Kühlschrank aufbewahren wollte. Ich goss den Teig in eine Pfanne, wendete ihn in der zweiten und ließ die fertige Crêpe aus der dritten auf ein Geschirrhandtuch gleiten, um sie mit zerlassener Butter einzustreichen. Meine genau aufeinander abgestimmten Bewegungen ließen mir keine Zeit, um mir eine Zigarette anstecken zu können. Zwei Freundinnen schneiten herein und waren fasziniert von dem, was ich da machte. Hunderte von Crêpes später entschieden wir uns mit großer Begeisterung dafür, dass ich ihnen am nächsten Tag zeigen würde, wie man Omeletts macht, und in der nächsten Woche, was man bei Aufläufen berücksichtigen muss. Wir hatten so viel Spaß, dass unser Kochkurs schnell die Runde machte und mich schon bald fremde Menschen anriefen, die an dem Kurs teilnehmen wollten.

Kurse zu veranstalten entsprach meinem neuen Bedürfnis, mich kreativ auszudrücken. Paul ermutigte mich, diese Gelegenheit zu ergreifen, weil ich so neue Leute kennenlernen konnte, ohne das Haus verlassen zu müssen. Er fand ein paar Klappstühle, die man in unserer Küche aufstellen konnte, und schon hatte ich eine neue Berufung. Ich gab vier bis fünf Kurse in der Woche, während ein Babysitter mit Lexi spielte.

Paul ergänzte meine Abendkurse, indem er Ratschläge über Weine und das Schärfen von Messern gab. Außerdem hatte er ein gutes Händchen dafür, das fertige Essen zu garnieren und auf dem Tisch zu dekorieren, indem er zum Beispiel Pilze kunstvoll zurechtschnitt, sie kurz anbriet und auf unserem speziellen Hühnergericht servierte.

Hühnerbrust in Champagner

Ergibt vier Portionen

~ ~

4 ganze Hühnerbrüste,	200 ml Schlagsahne
ohne Haut und Knochen	100 ml Champagner
(siehe Anmerkung)	8 große Pilze
30 g Mehl	1 EL Butter
1 TL Salz	Zitronensaft
½ TL Pfeffer	Salz und Pfeffer zum
110 g Butter oder Margarine	Abschmecken
2 EL Öl	gehackte Petersilie oder
½ Pfund Pilze	eine andere Kräuterart,
	zum Garnieren

Anmerkung: Die Knochen lassen sich einfacher mit den Fingern als mit dem Messer entfernen. Fahren Sie einfach mit dem Zeigefinger die Rippen entlang, und das Fleisch wird sich leicht von den Knochen trennen.

1 Legen Sie die 8 Hühnerbrusthälften zwischen zwei Stücke Wachspapier, und klopfen Sie sie mit der Seite eines Holzhammers oder dem Boden einer Pfanne leicht flach. Geben Sie das Mehl mit Salz und Pfeffer in eine flache Schale und wenden Sie die Hühnerbrüste darin. Entfernen Sie überschüssiges Mehl.

2 Zerlassen Sie Butter oder Margarine zusammen mit dem Öl in einer großen Pfanne mit Deckel. Braten Sie das in Mehl gewendete Fleisch auf beiden Seiten leicht an. Waschen Sie die Pilze unter fließendem Wasser, und entfernen Sie dabei Erde oder Sand mit den Fingern. Trocknen Sie sie hinterher sofort, damit sie sich nicht mit Wasser vollsaugen. Schneiden Sie das Ende der Stängel ab, und vierteln Sie die Pilze samt Stängel. (Wenn Sie Shiitake-Pilze nehmen, sollten Sie die Stängel ganz abschneiden und nicht verwenden.) Wenn die Hühnerbrüste leicht gebräunt sind, geben Sie die Pilze in die Pfanne und schließen diese mit dem Deckel. Verringern Sie die Kochtemperatur, und kochen Sie die Pilze zehn Minuten lang. Entfernen Sie danach die überflüssige Butter mit einem Löffel. Geben Sie die Sahne und den Champagner hinzu (der ruhig schon geöffnet sein und aus dem Kühlschrank kommen kann, denn auf die Kohlensäure kommt es nicht an), und kochen Sie alles ohne Deckel für weitere fünf Minuten. Nehmen Sie die Pfanne vom Herd.

3 Während die Hühnerbrüste kochen, entfernen Sie die Stängel der großen Pilze, um sie als Dekoration benutzen zu können. Braten Sie die Kappen in einer kleinen Pfanne mit 1 EL Butter und einem Schuss Zitronensaft zwei bis drei Minuten an.

4 Geben Sie das Hühnerfleisch zum Servieren auf vorgewärmte Platten. Würzen Sie die Soße mit Salz und Pfeffer. Wenn Sie zu dick geworden ist, können Sie sie mit ein wenig Milch oder Sahne verdünnen. Gießen Sie die Soße über jedes Bruststück, und garnieren Sie es mit einem Pilzhut. Bestreuen Sie es außerdem mit ein wenig gehackter Petersilie oder einer anderen Kräuterart. Zu Frühlingsbeginn schmecken die Hühnerbrüste auch besonders gut mit frischem Spargel.

* * *

Die Nachricht über das Paar, das gern zusammen kochte, und der viele Spaß, den wir mit unseren Kursteilnehmern hatten, machten schnell die Runde. Es dauerte nicht lange und es gab schon eine Warteliste für unsere Kurse. Diese anfänglichen Kurse in unserer Küche markierten den Beginn unserer 25 Jahre andauernden Karriere, in deren Verlauf wir sechs Kochbücher schrieben, erfolgreiche Kochschulen in einem Laden für Kochgeschirr am Sunset Boulevard und bei Robinson's, einer großen Kaufhauskette, leiteten und drei Jahre lang die tägliche, bundesweit ausgestrahlte Fernsehserie *The New Way Gourmet* moderierten.

Wir liebten unsere Arbeit und reisten in den gesamten USA umher, wobei wir unsere Töpfe, Pfannen und Zutaten mit uns schleppten, um damit überall in Talkshows aufzutreten. Es war nicht leicht, mit scharfen Messern, Küchenmaschinen und all dem Obst und Gemüse unterwegs zu sein, das wir brauchten, um unsere Sachen vor der Kamera aufbauen zu können. Oft roch unsere Kleidung dezent nach Petersilie. Paul machte gern Witze: »Warum suchen wir uns beim nächsten Mal nicht etwas aus, was nicht so kompliziert ist, wie zum Beispiel Ameisenzucht, sodass wir nicht immer so viel mit uns herumschleppen müssen?«

Wir waren die Schlagzeile in Zeitungen, die für Nahrungsmittelmessen in Städten wie Toledo (Ohio) und Milwaukee (Wisconsin) warben, wo wir unsere Show zweimal am Tag vor 3500 bis 4500 Menschen vorführten, und zwar an zwei oder drei Tagen hintereinander. Ich liebe das Foto mit dem Schriftdisplay vor dem großen Auditorium in Toledo, das zeigt, wie unser Auftritt angekündigt wurde, gefolgt von dem zweier berühmter Pianisten:

The Toledo Blade Food Fair
Starring Diana und Paul von Welanetz
Next week: Ferrante & Teicher

Oftmals hatten wir dann unsere besten Auftritte, wenn irgendetwas schieflief, und ich kam in den Ruf, unerschütterlich zu sein. Wenn etwas nicht richtig funktionierte, behob ich es seelenruhig oder zeigte, dass man es auch anders machen konnte. »Entschuldige dich niemals«, war mein Motto. »Es gibt nichts Langweiligeres als eine Köchin, die ihrem Publikum erzählt, dass ihr das Gericht nicht so richtig gelungen ist.«

Nur ein einziges Mal gab es eine Situation, in der ich so nervös war, dass ich meine Fassung verlor. Eine gehörlose Frau, die jahrelang meine Kurse besucht hatte, saß immer in der ersten Reihe, damit sie meine Lippen lesen konnte. Eines Tages schaute sie mir zu, wie ich ein Omelette nach dem anderen machte, sie mit Weinbrand flambierte und sie dann leicht angeberisch mit einer ausholenden Armbewegung aus der Pfanne auf einen großen Teller beförderte.

»Haben Sie jemals ein Omelette fallen lassen?«, fragte sie.

»Niemals!«, brüstete ich mich, als das Omelette direkt aus der Pfanne auf ihrem Fuß landete und ihren rosafarbenen Seidenschuh mit Butter beschmierte.

Unerschütterliches, nie-auf-den-Boden-fallendes, flammendes Apfel-Omelette

Ergibt vier Omelettes

Füllung:

1 Glas (ca. 480 g) Apfelmus (mit Apfelstückchen)	1 Zitronenschale, fein gerieben
1 EL Zucker	Cognak oder Weinbrand, zum
1 TL Zimt	Flambieren der Omelettes
2 EL frischen Zitronensaft	50 g saure Sahne

Omelette:

3 Eier pro Omelette

1 EL Butter oder Margarine pro Omelette

1 Machen Sie zuerst die Füllung: Vermengen Sie Apfelmus, Zucker, Zimt, Zitronensaft und geriebene Zitronenschale in einem kleinen Topf. Kochen Sie alles zwei Minuten lang, bis sich der Zucker aufgelöst hat. Halten Sie eine Flasche Cognak oder Weinbrand griffbereit, um das Omelette zu flambieren, und 50 g saure Sahne für jede Portion.

2 Braten Sie das Omelette in einer Pfanne bei mittlerer Hitze. Schlagen Sie 3 Eier in eine Schale, und verquirlen Sie sie mit einem Schaumschläger 30- bis 40-mal. Geben Sie 1 EL Butter oder Margarine in die heiße Pfanne, und schwenken Sie sie so lange, bis Boden und Seiten bedeckt sind. Gießen Sie die Eier in die Pfanne, wenn die Butter vollständig geschmolzen ist. Schieben Sie das noch weiche Ei auf der Oberfläche vorsichtig mit einem Pfannenheber an den Rand, sodass es unter das schon gebratene Ei laufen kann – ähnlich als würden Sie Staub unter einen Teppich kehren. (Vermeiden Sie die Tendenz, den gekochten Teil in die Pfannenmitte zu schieben, weil das Omelette sonst in der Mitte zu dick wird.) Wenn das Ei fest geworden ist, drehen Sie die Temperatur zurück und geben eine ½ Tasse der Füllung in einem Streifen über die Mitte. Heben Sie mit einem Pfannenheber die Seiten über die Füllung.

3 Entfernen Sie das Omelette aus der Pfanne, indem Sie die Pfanne leicht hin und her schütteln. Die eindruckvollste Art und Weise besteht darin, einen warmen Servierteller in der anderen Hand zu halten, die Pfanne im Bogen zu schwenken und das Omelette auf den Teller zu stürzen. Dies erfordert ein wenig Mut und Übung. Eine behutsamere Methode besteht darin, das Omelette an den Rand der Pfanne zu stoßen und es einfach vorsichtig auf einen Teller zu geben. Um eine sichere Technik zu entwickeln, sollten Sie 1 bis 2 Dutzend Eier zum Üben opfern.

4 Um das Omelette zu flambieren, erhitzen Sie 1 oder 2 EL Cognak oder Weinbrand in einer Schöpfkelle über einer Kerze oder Ihrer Gasherdflamme und zünden ihn mit einem Streichholz an. Halten Sie die Pfanne von sich weg, und gießen Sie die brennende Flüssigkeit schnell über das Omelette. Ziehen Sie dabei sofort die Hand zurück, weil es hohe Flammen gibt, wenn Sie die Flüssigkeit in die Pfanne gießen. Schütteln Sie die Pfanne leicht hin und her, damit die Flammen zurückgehen. Geben Sie das Omelette auf einen Servierteller, und garnieren Sie es mit einem Klacks saurer Sahne.

Einmal standen wir in Milwaukee vor einem großen Publikum auf der Bühne. Paul und ich trugen schnurlose Mikrofone, sodass sich unsere Kabel nicht verfangen konnten, wenn wir in der kleinen aufgebauten Küche umeinander herumwirbelten. Plötzlich verschwand Paul hinter dem Vorhang. Wir befanden uns gerade an einer Stelle im Programm, an der er an der Reihe war, etwas zu demonstrieren. Ich schaute mich nach ihm um, blickte dann ins Publikum und fragte: »Wo ist er hingegangen?« Die Leute zuckten mit der Schulter.

Im nächsten Augenblick hörten wir alle ein lautes »Haaaaatschiiiiiiiiii!« Er hatte sich taktvoll zum Niesen zurückgezogen, dabei aber vergessen, dass er ein Mikrofon trug. In der nächsten Woche schrieb die Redakteurin für Essen & Trinken in ihrer Kolumne, dass Milwaukee Paul ein herzliches *Gesundheit* schuldig sei und druckte unsere private Adresse ab. Wir erhielten Hunderte von Karten.

Ich erlebte meinen aufregendsten Moment im Küchenstudio unserer Fernsehserie. Der Sendungsleiter hatte uns die strikte Anweisung gegeben, niemals die Aufzeichnung zu unterbrechen. Wir sollten nicht selbst entscheiden, ob etwas, was wir taten, noch einmal aufgezeichnet werden musste. Nun, in einer Sendung ging es von Anfang an drunter und drüber, eine Katastrophe folgte der anderen: Paul ließ ein paar Eier fallen und wischte sie wieder auf, während ich Crêpes in einer Pfanne machte, die nicht sorgfältig vorbereitet worden war. Die Crêpe setzte am Pfannenboden an, und ich musste sie in Fetzen herauskratzen – was für ein Schlamassel! Paul und ich fingen an zu lachen, und ich sagte: »Ich glaube, wir haben heute wirklich ein Problem.«

Dennoch hörten wir keine Anweisung, die Vorführungen zu stoppen, und so kämpfte ich mich mit Paul tapfer durch eine ganze Serie misslungener Gerichte, nicht ohne immer wieder kichern und lachen zu müssen. Zum Schluss ging ich seelenruhig zur Herdplatte, die Feuer gefangen hatte. Auf dem Weg dorthin meinte ich: »Hmm, mal sehen, was unsere kleine Stichflamme dort drüben macht.«

Paul legte letzte Hand an den Gang, und wir erhoben abschließend unsere Gläser zu einem Trinkspruch: »Das haben wir im Kasten!« Der Produzent strahlte die Show so aus, wie sie war, und alle – der Produzent, die Fernsehgesellschaft und die Zuschauer – waren total begeistert!

Drei Jahre lang waren wir die »Feinschmeckergurus« der Kaufhauskette Robinson's. Wir erschienen in ihrer Werbung sowie auf den Videos im Laden, und unsere Vorführungen hatten immer ein großes Publikum. Jeder Zuschauer erhielt eine Kostprobe unserer Kochkunst. Wir hatten eine Vollzeit-Assistentin, die uns nicht nur beim Kochen half, sondern auch für unsere umfangreiche Bühnenausrüstung verantwortlich war, zu der Ofen, Gasbrenner, Über-Kopf-Spiegel und eine ausgefeilte Soundanlage mit Mikrofonen gehörte, die Paul im Zuschauerraum installierte, während ich die Zutaten vorbereitete, die wir zum Kochen brauchten. Unsere Ausrüstung passte gerade so eben in eine zusammenklappbare Küche auf Rädern, die wir über eine Rampe in unseren VW-Bus rollten, dessen Kennzeichen PWDW62 war. Es hätte bestimmt eine einfachere Möglichkeit gegeben, unseren Lebensunterhalt zu verdienen, aber es machte Spaß und war nie langweilig.

Wir kamen auch international herum, indem wir mehrere »Feinschmecker-Kreuzfahrten« moderierten, zu denen wir befreundete Köche einluden, wie zum Beispiel James Beard, Craig Claiborne und Wolfgang Puck, die unterwegs in bestimmten Häfen zu uns stießen. Mit all den köstlichen Nudelgerichten, die täglich auf dem Kreuzfahrtschiff serviert wurden, wurde das Reisen für uns in vielerlei Hinsicht zu einer Erfahrung, die unseren Horizont erweiterte!

Wir haben das nachfolgende Gericht nach den drei Farben der italienischen Flagge (Weiß, Grün und Rot) benannt. Es schmeckt zu jeder Tageszeit wunderbar als Nudelsalat und kann nach Belieben variiert werden. Achten Sie nur darauf, dass Sie nicht auf das Essen niesen.

Kreuzfahrtnudeln á la Trikolore

Ergibt acht Portionen

170 ml naturbelassenes Olivenöl
2 Knoblauchzehen
frische Basilikumblätter
½ Bund frische Petersilie
½ mittelgroße rote Zwiebel

5 große, reife Tomaten
1 bis 2 TL Salz
¾ TL Pfeffer, frisch gemahlen
1½ Pfund Nudeln Ihrer Wahl (Penne sind immer zu empfehlen)

1 Gießen Sie das Olivenöl in eine große Servierschüssel. Hacken Sie Knoblauch, frische Basilikumblätter, Petersilie, Zwiebel und Tomaten sehr fein. Geben Sie alles mit Salz und frisch gemahlenem Pfeffer in die Schüssel. Bedecken Sie die Schüssel, und lassen Sie sie mindestens eine Stunde lang stehen, damit sich der Geschmack verbinden kann.

2 Kochen Sie die Nudel vor dem Servieren, bis sie weich, aber noch bissfest sind (*al dente*). Gießen Sie sie ab, und vermengen Sie sie sofort mit der Soße. Servieren Sie die Nudeln warm. Was übrig bleibt, kann am nächsten Tag als Nudelsalat gegessen werden.

* * *

Unsere Arbeit als Kochlehrer hat uns immer viel Spaß gemacht, aber Anfang der Achtzigerjahre ließ in den USA das Interesse nach, am eigenen Herd zu kochen. So viele Frauen wie nie zuvor waren berufstätig und wollten nicht mehr so viel Zeit und Energie ins Kochen stecken. Restaurants mit Gerichten aus aller Welt und mit Variationen der neuen französischen Küche schossen überall wie Pilze aus dem Boden, und Köche waren plötzlich Superstars.

Im Jahr 1985 sahen wir schließlich keinen Sinn mehr darin, einfach nur wie gewohnt weiterzumachen. Die Kunst, gut zu essen, war jetzt weniger eine Kunst als ein Ausdruck des neuesten Trends. Das Essen selbst wurde zur neuen Kunstform, und wir hatten das Gefühl, in diesem Bereich mithalten zu müssen, wenn wir unsere bisherige Arbeit fortsetzen wollten. Aber sie machte uns nicht mehr so viel Spaß wie früher, und es war an der Zeit, nach etwas Neuem Ausschau zu halten.

Glücklicherweise waren wir eingeladen worden, im Rahmen einer geplanten Fernsehdokumentation an der 1. Internationalen Friedenskonferenz in der Sowjetunion teilzunehmen. Unsere Gruppe kam aus den unterschiedlichsten Lebensbereichen, und von vielen hatten wir schon gehört und bewunderten ihre Arbeit. Zur Gruppe gehörten Dennis Weaver, Mike Farrell und Shelly Fabares, der Autor Alan Cohen (*Es gibt hier keinen Drachen mehr*), die Futuristin Barbara Marx Hubbard, die internationale Vortragsrednerin Patricia Sun und herausragende Persönlichkeiten aus vielen Gebieten, aber auch Hausfrauen, Philanthropen und Menschenrechtler. Wir konnten der Einladung einfach nicht widerstehen.

Es war Mai 1985, und die Ideologie des Kalten Kriegs dominierte immer noch die internationalen Beziehungen. Unsere Rolle in diesem basisdemokratischen Projekt bestand darin, in Russland Kontakt mit den Menschen aufzunehmen und eine direkte Kommunikation von Bürger zu Bürger aufzubauen. Dies sollte dazu führen, den Friedensdialog zwischen den Regierungen der beiden mächtigsten Nationen der Welt zu fördern.

Die Reise nach Russland schien uns eine positive Sache zu sein und versprach sehr interessant zu werden. Unsere Familienmitglieder und Freunde waren nicht sehr begeistert, aber für die meisten Nachrichtensender war unser Vorhaben merkwürdig und provokativ genug, um viele von uns vor der Abreise zu interviewen.

Wir flogen mit einen Gruppe von 80 Personen nach Helsinki, wo wir drei Tage lang darauf vorbereitet wurden, wie wir uns in der Sowjetunion verhalten sollten und in welche Gebiete wir reisen durften. Dann fuhren wir mit dem Zug zuerst nach Leningrad und dann nach Moskau. Im Reich des Bösen ein *Amerikanski* zu sein wurde zu einer der größten Herausforderungen in unserem Leben, die uns letztlich sehr bereicherte. Auf vielen Sitzungen von Friedenskomitees präsentierten wir Spruchbänder; wir besuchten Kirchen und waren zum Tee bei Vladimir Posner eingeladen, der damals der offizielle Verbindungsmann zwischen der sowjetischen Regierung und der amerikanischen Reisegruppe war.

Wir entdeckten auf dieser Reise, die unser Leben veränderte, dass die Russen die gleichen Menschen waren wie wir selbst. Wir erfuhren, dass Leningrad während des Zweiten Weltkriegs 900 Tage ununterbrochen bombardiert worden war und mehr als eine Million Menschen durch Verletzungen oder Hunger starben. Alle Menschen, die wir kennenlernten, hatten mindestens ein Familienmitglied in dieser schrecklichen Zeit verloren. In ihren Augen sah man noch immer eine tiefe Traurigkeit.

Da die Russen in ihrer Geschichte immer wieder mit Invasionen zu kämpfen hatten, fiel es ihnen schwer, Ausländern zu vertrauen, besonders wenn sie aus einem Land kamen, das sich mit ihrem Land einen Rüstungswettlauf lieferte. Sie lernten in der Schule Englisch und studierten unsere Geschichte. Sie wussten, dass es auf amerikanischem Boden niemals einen großen Krieg gegeben hatte. »Warum produziert euer Land so viele Waffen?«, wurden wir immer wieder gefragt.

Als wir in Leningrad ein Massengrab mit 475 000 Toten besuchten, waren wir so schockiert, dass sich unser Empfinden, was wirklich im Leben zählt, für immer veränderte. Nachdem wir nach Hause zurückgekehrt waren, wussten wir weniger denn je, in welche Richtung unser zukünftiger Lebensweg verlaufen sollte. Vor allen Dingen wollten wir etwas tun, was wirklich eine Bedeutung hatte.

Bald darauf besuchten wir in Hollywood ein Motivationsseminar für Menschen, die in der Unterhaltungsindustrie tätig waren. Es fand an drei Tagen in der Woche morgens von sechs bis acht Uhr statt. Es tat gut, im Morgengrauen aufzustehen und von Hunderten von Menschen begrüßt zu werden, die ihr Leben ebenfalls aktiv verändern wollten.

Eines Tages, nachdem wir monatelang in uns gegangen waren, hatten wir einen Geistesblitz. Sogenannte Power-Breakfasts (Frühstücke zum Kraftschöpfen) waren in New York, Los Angeles und anderen großen Städten der letzte Schrei. Mit unserem Talent als Gastgeber und unserer Erfahrung, andere Menschen zu unterhalten, Beschallungsanlagen mit uns herumzuschleppen und so weiter konnten wir einen wöchentlich stattfindenden Frühstücksklub für Menschen ins Leben rufen, die bewusst daran arbeiteten, die Qualität ihres Lebens und ihrer Umwelt zu verbessern. Wir nahmen an, dass wir den Rest des Tages immer noch genug Zeit hätten, um zu schreiben oder das zu tun, wozu wir Lust hatten.

Wir fanden ein hervorragendes Restaurant, in dem wir unser wöchentliches Frühstück veranstalten konnten, und schickten Einladungen an alle, die wir kannten und die mit uns auf einer Wellenlänge waren. Viele unserer frühen Mitglieder waren damals noch nicht sehr bekannt, standen aber am Anfang einer erfolgreichen Karriere: die Medienpsychologin Dr. Barbara DeAngelis, die Bestsellerautorinnen Louise Hay und Susan Jeffers, die Erfolgstrainer Jack Canfield und Mark Victor Hansen sowie Dr. Harold Bloomfield und Dr. Sirah Vettese.

Wir nannten den Klub »The Inside Edge.« Wir hatten keine Vorstellung davon, wie erfolgreich und zeitaufwendig unser Vorhaben werden sollte. Innerhalb von drei Monaten eröffneten wir einen Ableger in Orange County, 80 Kilometer südlich von Los Angeles, und dann noch einen dritten in San Diego, knapp 200 Kilometer südlich der kalifornischen

Metropole. An drei Tagen in der Wochen standen wir um drei Uhr morgens auf und fuhren durch die Dunkelheit, damit wir früh genug vor Ort waren, um Mikrofone aufzubauen, Namensschilder aufzustellen und alles andere vorzubereiten, was für die Begegnung nötig war. Wir arbeiteten mindestens sechs Tage die Woche, manchmal über 14 Stunden am Tag.

Im Februar 1986 hatten wir mehr als 500 Mitglieder, und das Geschäft boomte. Am Valentinstag erschien im *Los Angeles Magazine* ein Artikel über Paul und mich mit dem Titel: »Eines der romantischsten Liebespaare in L. A.«

Wir hatten zwar viel Energie und Begeisterung für unser neues Betätigungsfeld, aber nur wenig konkrete Geschäftserfahrung, sodass wir uns in den nächsten vier Jahren immer wieder vor große Herausforderungen gestellt sahen. Es waren die schwierigsten, aber auch die besten Jahre unseres Lebens.

Im Mai 1988 hatten wir eine Probesendung für eine Fernsehshow mit dem Namen *The Breakfast Club* fertig, die von Vin DiBona produziert worden war, der die erfolgreiche Sendereihe *America's Funniest Home Videos* erfunden hatte. Wir setzten große Hoffnungen in unsere Zukunft.

In jenem November feierten Paul und ich unseren 25-jährigen Hochzeitstag. Wir wurden mit Glückwünschen regelrecht überschüttet – von Freunden und Verwandten sowie von Menschen, die uns von unseren Büchern und Fernsehauftritten her kannten, Menschen, die uns mochten und das Gefühl hatten, dass wir ein Teil ihres Lebens waren. Da Paul und mich eine große Liebe verband, waren wir der lebende Beweis dafür, dass Märchenbeziehungen wahr werden *und* von Dauer sein können.

Ich sagte oft aus Spaß zu Paul: »Wenn du vor mir stirbst, spreche ich nie wieder mit dir!« Wir liebten unseren kleinen Scherz, weil wir uns sicher waren, dass wir in ferner Zukunft zusammen sterben würden, entweder bei einem Flugzeugabsturz oder einem Erdbeben, ohne Schmerzen und ohne voneinander getrennt zu werden. Für uns war klar, dass auf unserer Beerdigung zwei Särge stehen würden.

Wir verbrachten den Jahrestag in einem Apartment am Strand, das uns Freunde in Laguna Beach zur Verfügung gestellt hatten und von dem aus wir einen herrlichen Blick auf den Ozean hatten. Als wir am Champagner nippten und den Sonnenuntergang betrachteten, führten wir ein jährliches Ritual durch, indem wir eine Kerze anzündeten und an unsere goldenen Momente dachten; an die Triumphe, die wir gefeiert, und die Durststrecken, die wir überstanden hatten. Überwältigt von Dankbarkeit für das Leben, das wir zusammen führten, vom Auf und Ab unserer beruflichen Karriere, vom Stolz über unsere 20-jährige Tochter, lachten und weinten wir und gratulierten einander.

»Was hätten wir in all den Jahren am liebsten anders gemacht?«, fragten wir uns. Die Antwort war einfach: »Wir hätten die Dinge gelassener auf uns zukommen lassen.«

Wir zogen uns zum Abendessen an, Paul trug seinen Smoking und ich ein neues Kleid. Dann gingen wir zu einem Candle-Light-Dinner in ein Restaurant, das wir beide liebten, wo es eine Mischung aus chinesischer und europäischer Küche gab. Es erinnerte uns an unsere Verlobungszeit in Hongkong und lieferte erneut den Beweis, dass nicht nur die internationalen Grenzen fielen, sondern auch die Kulturen sich immer mehr vermischten. Die Speisekarte enthielt so exotische Gerichte wie das folgende, das spannend in der Zubereitung ist, wenn alle chinesischen Zutaten zur Verfügung stehen.

Peking-Pizza

Ergibt eine Pizza mit 30 cm Durchmesser

Belag:

1 EL dunkles Sesamöl

3 EL Hoisin-Sauce

1 EL frischer Ingwer, klein gehackt

1 Bund Frühlingszwiebeln, in dünne Scheiben geschnitten (einschließlich einige grüne Stiele)

1 EL gerösteter Sesam

½ geröstete chinesische Ente (Fleisch in Stücke geschnitten und Haut aufbewahrt)

6 frische Shiitake-Pilze, in Scheiben geschnitten (oder getrocknete Shiitake ohne Stängel, eingeweicht, ausgedrückt und in Scheiben geschnitten)

230 g halb entrahmter Mozzarella, klein geschnitten aufgehobene Stücke der Entenhaut

1 EL frischer Koriander, fein gehackt, zum Garnieren

1 Heizen Sie den Ofen auf 230 Grad Celsius vor, und schieben Sie den Rost ins untere Drittel des Ofens. Belegen Sie die Pizza in der folgenden Reihenfolge (wobei Sie einen 2,5 cm breiten Rand lassen): Sesamöl, Hoisin-Sauce, frischen Ingwer, Frühlingszwiebelscheiben, gerösteter Sesam, klein geschnittenes Entenfleisch, in Scheiben geschnittene Pilze, Mozzarella, die aufbewahrten Stücke Entenhaut.

2 Backen Sie die Pizza ungefähr 20 Minuten oder bis der Rand braun geworden und die Entenhaut kross ist. Bestreuen Sie die Pizza mit frischem Koriander. Lassen Sie sie zehn Minuten stehen, bevor Sie sie in keilförmige Stücke schneiden und servieren.

*   *   *

Nach dem Abendessen setzten wir uns wieder auf die gleiche Couch und zündeten eine zweite Kerze an, in deren Schein wir vorhatten, uns Ziele für die *nächsten* 25 Jahre zu setzen, aber keiner von uns hatte viel zu sagen. Eine düstere Vorahnung kam in mir hoch: »Ist das alles? Haben wir bereits alles getan, was wir zusammen tun können?« Als wir schlafen gingen, wurde ich von diesen Gedanken gequält, und ich wunderte mich, woher sie kamen.

Zwei Tage später wurde Paul krank. Was wir zuerst für eine Lungenentzündung hielten, stellte sich schließlich als Lungenkrebs heraus. Er lebte nur noch vier Monate.

Zehn Tage vor seinem Tod sprach ich mit Paul darüber, welche Dinge für den Fall seines Todes noch geregelt werden müssten. Obwohl er unter Beruhigungsmitteln stand und Schmerzen hatte, bemühte er sich, konzentriert zu bleiben. Als wir mit dem Rechtsanwalt telefonierten und bestimmte Sachen regelten, schien Paul für ungefähr eine Stunde fast der Alte zu sein. Nachdem das Wichtigste erledigt war, dankte ich ihm dafür, dass er noch einmal seine ganze Kraft mobilisiert hatte. Er ließ sich zurücksinken und schloss die Augen. Ich stand auf und ging in die Küche, da ich glaubte, dass die Schmerzmittel erneut sein Bewusstsein getrübt hatten.

»Ich möchte nicht, dass du allein bist!« Seine Worte waren klar und deutlich.

»Dann schick mir jemanden!«, antwortete ich ohne zu überlegen und zu meiner eigenen Überraschung.

»Das *werde* ich tun«, sagte er.

Und er hielt sein Wort.

In dem Moment, in dem Paul starb, fühlte ich mich plötzlich innerlich erweitert, so als ob er direkt in mich übergegangen wäre. Die Vollmondnacht war klar und windig, als ich nach Mitternacht allein das Krankenhaus verließ. Alles hatte einen surrealen Beigeschmack, eine grundlegende Veränderung lag in der Luft. Ein tiefer Frieden überkam mich, und ich hatte das Gefühl, als begänne ein neuer Abschnitt unserer Liebe.

Obwohl ich seine körperliche Gegenwart sehr vermisste, fühlte ich mich nicht einsam, weil ich spürte, dass er immer noch bei mir war. Jetzt, wo wir körperlich getrennt waren, konnten wir vielleicht auf eine andere Weise zusammen sein, die über den physischen Tod hinausging.

In den folgenden Tagen schien Paul jede Minute bei mir zu sein. Wenn ich allein war, sprach ich laut mit ihm und fühlte seine Antwort. Als ich mich am Abend vor seinem Gedenkgottesdienst zum Schlafengehen fertig machte, nahm ich plötzlich eine Leere wahr, wo ich vorher seine Gegenwart gefühlt hatte. *Wo ist Paul?*, wunderte ich mich.

»Wo bist du?«, fragte ich, aber es kam keine Antwort.

Als ich am nächsten Morgen aufwachte, fühlte ich jedoch, dass er wieder da war. Ich spürte, wie er Lexi und mich ermutigte und tröstete, während wir letzte Vorbereitungen für den Gottesdienst trafen.

Ich hatte folgende Einladung an unsere Freunde und Bekannten geschrieben:

Paul und ich waren der Ansicht, dass das Leben ein Kunstwerk ist. Unsere Ehe war unser Meisterstück, ein farbenfroher Wandteppich voller Liebe, Lebendigkeit und gemeinsamem Wachsen. Nun ist es vollständig. Lexi und ich sind mit großer Dankbarkeit erfüllt, dass wir Paul in den vergangenen Monaten immer mehr loslassen konnten. Wir bitten auch Euch, ihn loszulassen, damit er seine höchste Erfüllung finden kann, und sich immer tief im Herzen an ihn zu erinnern.

Hunderte von Menschen kamen, die meisten Mitglieder von »The Inside Edge«, aber natürlich auch unsere Familien und viele alte Freunde aus unserer Kochzeit.

Mara Petz, Pauls Lieblingssängerin, sang zur Gitarrenbegleitung seines Freundes Zavier *The Wind Beneath My Wings*«. Dann ermunterte die Seelsorgerin Dr. Peggy Bassett alle Eingeladenen, sich an gemeinsame Erlebnisse mit Paul zu erinnern. Diese Geschichten spiegelten seine Freundlichkeit und seine noble Einstellung und zeigten, dass er sein Leben mit Mut, Weisheit und Herzlichkeit gelebt hatte. Als sich all die Freunde an die schöne Zeit erinnerten, die sie mit ihm verbracht hatten, und an all seine liebenswerten Eigenschaften, fühlten wir alle eine freudige und festliche Stimmung in uns. Ich konnte in meinem Herzen Paul vertrautes Lachen hören und seine sanfte Umarmung spüren.

Nach dem Gottesdienst erzählte mir einer von Pauls Kumpeln aus der Männergruppe »The Razor's Edge«: »Wir haben gestern Abend eine Art Totenwache für Paul gefeiert, die sehr schön war. Wir hatten alle das Gefühl, dass er tatsächlich anwesend war.«

»Oh, das war er mit Sicherheit«, sagte ich, hocherfreut, nun eine Erklärung für seine Abwesenheit am gestrigen Abend zu haben.

Unsere Freundin Marilyn kam mit einem Anhänger, der mit 500 Helium-Ballons gefüllt war. Nach dem Gottesdienst versammelten sich alle auf dem Rasen vor der Kirche, um sie zusammen in den Himmel aufsteigen zu lassen. Als die Ballons nach oben schwebten und in den Wolken verschwanden, blieb einer zurück und tanzte in der Luft. Uns allen war klar, dass es Paul war, der uns auf diese Weise zum Abschied zuwinkte.

Eine junge Frau namens Andrea Bell, mit der Paul und ich befreundet waren und die wir in ihrem beruflichen Werdegang unterstützt hatten, war inzwischen einer der erfolgreichsten Lebensmittellieferanten von Los Angeles. Sie rief mich am Vortag des Gedenkgottesdienstes an, um sich zu erkundigen, ob ich vorhatte, Freunde und Bekannte nach dem Gottesdienst zu uns nach Hause einzuladen. Ich hatte darüber noch nicht nachgedacht, aber mir gefiel ihr Vorschlag, dass sie für die Verköstigung sorgen wolle. Mehr als hundert Personen fanden ein üppiges Büfett vor, mit Croissants, Nudelsalaten und Desserts. Ich werde diese freundschaftliche Geste niemals vergessen. (Probieren Sie auf jeden Fall Andreas Möhren-Orangen-Cremesuppe auf Seite 278. Sie schmeckt einfach köstlich!)

Familienmitglieder und Freunde machten sich Sorgen, dass ich in den Monaten nach Pauls Ableben seinen Tod verdrängte, und wahrscheinlich war dies tatsächlich der Fall. Aber die Verdrängung seines Todes hatte etwas Wundervolles und fühlte sich für mich wie eine große Gnade an.

Meine Tochter Lexi und meine Büroleiterin Lauren halfen mir dabei, unsere Geschäfte weiterzuführen.

Dr. Barbara DeAngelis, die in den Tagen vor Pauls Tod zu einer engen Freundin geworden war, sagte zu mir: »Diana, Paul hat dein Potenzial in dir geweckt. Sein ganzes Leben lang hat er dich ermutigt und dich tatkräftig unterstützt. Aber seine Aufgabe ist erst dann beendet, wenn du gelernt hast, als selbstständige Frau auf eigenen Beinen zu stehen.«

Ich hatte Paul geheiratet, als ich 22 war. Eigenständig zu sein war für mich eine völlig neue Erfahrung. Ich hatte Angst vor der Herausforderung und gleichzeitig faszinierte sie mich. Wenn ich nur etwas gegen die Trauer unternehmen konnte, die mich immer wieder überwältigte. Nun, vielleicht konnte ich es!

Paul und ich waren sehr von der Arbeit von Tim Piering beeindruckt, der das Trainingsprogramm *Breaking Free to Mental and Financial Independence* entwickelt hatte. In diesem Programm geht es darum, die eigenen Ängste dadurch zu überwinden, dass man genau das tut, was einem Angst macht. Ich entschloss mich dazu, einen Termin mit ihm zu vereinbaren.

Wir trafen uns an einem frühen Samstagmorgen in seinem Büro in der Sierra Madre. Nachdem wir eine Weile miteinander gesprochen hatten, fragte er mich, ob Paul es wollen würde, dass ich um ihn trauerte. Ich konnte mir dies nur schwer vorstellen. Dann fuhr ich mit Tim hoch in die nahe gelegenen Berge. Er stellte das Auto ab und führte mich auf eine Brücke, die ein trockenes Flussbett in 100 Metern Höhe überspannte. Ich sah ihm zu, wie er ein Kletterseil an sich befestigte, über das Geländer stieg und sich bis zum Boden der Schlucht abseilte. Als er an der Seite wieder hochkletterte, rief er: »Wollen Sie es auch einmal versuchen?«

»Auf keinen Fall!«

Es ließ sich erneut über das Geländer ab und zeigte mir dabei, wie er sich mit Hilfe der Seilrolle hoch- und runterbewegen konnte und dass es für den Notfall ein Sicherheitsseil gab. Es schien wirklich alles sehr sicher zu sein, und ich hatte das Gefühl, es vielleicht tun zu können. Also erzählte ich ihm, dass ich das Abseilen vielleicht eines Tages einmal ausprobieren würde. Durch diese vage Aussage ermutigt, legte er mir das Klettergeschirr an und befestigte ein Seil an meinem Abseilring. Er zeigte mir, wie ich die Rolle Schritt für Schritt benutzen und meinen Abstieg komplett stoppen konnte. Er verband das Sicherungsseil mit sich selbst und sagte: »Okay, nun brauchen Sie nur noch über das Geländer zu steigen.«

»Ha! Das sagen Sie so leicht.«

»Es ist eine Metapher, Diana, um zu testen, wie bereit Sie wirklich sind, Ihr volles Potenzial zu entfalten.«

Ich kann mich nicht daran erinnern, jemals größere physische Angst gehabt zu haben. Ich hatte immer wiederkehrende Albträume, taumelnd an einem Fensterbrett zu stehen, und so erschauderte ich schon bei dem Gedanken, mein Bein über das Geländer zu schwingen. Sehr, sehr langsam führte ich ein Bein nach vorn und sagte: »Oh mein Gott, ich habe so große Angst!« Tim hielt meine beiden Hände am Geländer fest, als ich das zweite Bein bewegte, mich jedoch immer noch so weit ich konnte zu ihm hinüberbeugte.

»Lassen Sie uns die ganze Sache vergessen«, sagte ich.

»Sie müssen es nicht tun, Diana. Es ist Ihre Entscheidung.«

Ich entschloss mich, es noch einmal zu versuchen.

»Lassen Sie nun die eine Hand los, und halten Sie das Seil fest, sodass Sie sich noch nicht abseilen.«

An diesem Punkt hatte ich so große Angst, dass ich ganz weinerlich wurde. Aber dann tat ich das, was Tim gesagt hatte. Das Loslassen der ersten Hand war, glaube ich, der entscheidende Moment. Es folgte die zweite, und schon schaukelte ich in kleinen Bogen über der Schlucht. So weit, so gut.

»Lassen Sie sich nun ... ganz vorsichtig ... Zentimeter für Zentimeter nach unten ab ... ungefähr einen halben Meter.« Ich tat, wie mir geheißen, und es funktionierte. In diesem Moment transformierte sich die Angst in Begeisterung. Ich brauchte lange, bis ich mich bis ganz nach unten abgeseilt hatte. Ich genoss den Ausblick und meinen Sieg. Tim rannte zu mir nach unten.

»Schauen Sie nur, was Sie geschafft haben, Diana! Sie haben es *getan*!«

Ja, tatsächlich, das hatte ich.

* * *

Hier ist ein Rezept, das ich sehr tröstlich finde, wenn alles im Leben drunter und drüber geht. Der Teig nimmt aufgrund seiner Zusammensetzung beim Mixen merkwürdige Farben an, von Purpur bis hin zu einem schrecklichen Graubraun. An diesem Punkt kann man kaum glauben, was für ein schöner und köstlich schmeckender Brotlaib noch aus ihm werden wird.

Verrücktes Pflaumenbrot

Ergibt einen 13 x 23 cm großen Laib

—◆—

Rezept mit freundlicher Genehmigung von Frances Pelham.

1 Dose (ca. 850 g) Pflaumen
¼ Pfund Butter
2 TL Natron
240 g Mehl, gesiebt
220 g Zucker
1 TL Salz

½ TL Zimt
½ TL Nelken, gemahlen
70 g kernlose Rosinen
100 g Walnüsse, fein gehackt
geschlagener Frischkäse,
zum Servieren

1 Heizen Sie den Ofen auf 180 Grad Celsius vor. Fetten Sie eine 13 x 23 cm große Brotbackform ein, und bestreuen Sie sie leicht mit Mehl. Gießen Sie die Pflaumen ab; entfernen Sie die Kerne, und pürieren Sie die Pflaumen in einem Mixer oder einer Küchenmaschine. Erhitzen Sie den Brei zusammen mit der Butter in einem Topf, und rühren Sie ihn so lange um, bis die Butter geschmolzen ist. Nehmen Sie den Topf vom Feuer, und gießen Sie seinen Inhalt in eine große Mixschale. Rühren Sie das Natron unter – die Mischung wird aufschäumen und eine zu diesem Zeitpunkt eher unappetitliche holzkohlenbraune Farbe annehmen. Machen Sie sich deswegen keine Sorgen. (Ich erwähnte bereits, dass es sich um ein verrücktes Brot handelt.) Lassen Sie die Mischung so lange abkühlen, bis sie lauwarm ist.

2 Geben Sie Mehl, Zucker, Salz, Zimt, Nelken, Rosinen und Walnüsse hinzu. Rühren Sie alles gut um, und gießen Sie dann den Teig in die vorbereitete Brotform. Backen Sie das Brot 70 bis 80 Minuten, bis es in der Mitte fest geworden ist. Lassen Sie es eine Stunde in der Form abkühlen, und stürzen Sie es dann auf eine Unterlage. Servieren Sie es warm mit geschlagenem Frischkäse. Lecker!

* * *

»Wer bin ich ohne Paul?«, fragte ich mich in den folgenden Wochen. Als Freunde anriefen und mir für eine Woche ihr Haus an einem ruhigen Strand auf Kauai anboten, sagte ich freudig zu. Ich verbrachte dort eine herrliche Zeit der Stille; ich ging spazieren, dachte nach, schrieb Tagebuch und tat das, was mir Spaß machte.

Ich erkundete meine neue Freiheit, und das erste Mal seit 26 Jahren stellte ich mir die Frage, was *mir* gefiel, und nicht, was *uns* gefallen würde. Ich genoss es sehr, ungestört lesen zu können, am Strand nach Muscheln zu suchen und zum Frühstück Popcorn zu essen, wenn mir der Sinn danach stand. In dieser einsamen Stille kamen schlafende sexuelle Wünsche hoch. Wenn ich mich selbst im Spiegel anschaute, fragte ich mich, ob ich zu gegebener Zeit bereit war, mich mit meinem 48 Jahre alten Körper auf eine neue Beziehung einzulassen. Beim Einkaufen und in Restaurants hielt ich nach Männern Ausschau und beobachtete sie. Wie konnte es überhaupt jemand mit den Erinnerungen an den Mann aufnehmen, den ich gehabt hatte. Paul war attraktiv gewesen, klug, poetisch, freundlich, hingebungsvoll, romantisch – der perfekte Prinz. Im Lauf der Jahre hatten mich viele Frauen beneidet. Ich konnte mir nicht vorstellen, mit einem anderen Mann zusammen zu sein.

Inzwischen war Ted, der immer noch auf der Suche nach einer Frau war, als Gast zu unserem Frühstück in Orange County eingeladen worden. Er vertraute später seiner Tochter an, dass er in dem Moment, als er das Restaurant betrat, *wusste*, dass seine zukünftige Frau im Raum war.

Es war der erste Morgen, an dem ich zurück an meinem Arbeitsplatz war. Ich stand in einem überfüllten Raum auf der Bühne am Mikrofon und moderierte unser morgendliches Treffen. Ich kannte das Publikum gut – es bestand aus Freunden und Unterstützern, die mir in den letzten Monaten geholfen hatten und die gespannt darauf waren zu hören, wie es mir auf Hawaii ergangen war. Da ich wusste, dass die meisten Menschen peinlich berührt sind, wenn sie mit jemandem zu tun haben, der erst vor Kurzem eine ihm nahestehende Person verloren hat, wollte ich mich so locker wie möglich geben, um sie zu beruhigen. Ich erzählte, wie schön und entspannend Hawaii gewesen war, und sagte dann humorvoll: »Ich genieße das Alleinsein; ich genieße es sogar so sehr, dass der erste Mann, der mit mir eine Beziehung anfangen will, Gefahr läuft, das Opfer einer Axtmörderin zu werden!« Schockiertes Gelächter und lauter Applaus waren die Antwort meiner Zuhörer.

Nach dem Treffen, als ich mich noch unter die Anwesenden mischte, fragte eine Stimme hinter mir: »Wollen Sie mit mir zusammenleben?«

Ich drehte mich um und schaute in die strahlenden blauen Augen eines Mannes, den ich noch nie zuvor gesehen hatte. Erschrocken hob ich meine Hand, als ob ich eine Axt hielt, und er ging in Deckung. Ich grinste und ging wieder zur Tagesordnung über, ohne weiter an den Vorfall zu denken.

In den nächsten Monaten genoss ich weiter mein Alleinsein. Wenn man in einer Beziehung lebt oder ein Kind groß-
zieht, dann wird man oft in dem unterbrochen, was man
gerade tut. Die Erlaubnis für diese Unterbrechungen gehört
zum Wesen einer Beziehung. Nun genoss ich eine Zeit, wo
ich wusste, dass ich nicht unterbrochen werden würde. Ich tat
das, was mich interessierte, und hatte das Gefühl, dass Paul
noch immer bei mir war, wenn ich ihn auch nicht mehr so
intensiv fühlte wie am Anfang.

Um mir die Fahrtzeit zwischen Los Angeles und San Diego
zu sparen, übernachtete ich jeden Mittwochabend in der
gleichen Wohnung am Strand, die unsere Freunde uns für
unseren Hochzeitstag zur Verfügung gestellt hatten. Sie war
einfach eingerichtet, Teppich und Polstermöbel waren sand-
farben, und es gab viele ozeanblaue Kissen. Dieser friedliche
Ort wurde zu meinem Kokon. Eines Abends hörte ich Musik,
und als die Sonne im Meer unterging, hatte ich das Bedürfnis zu tanzen. Ich trug das Nachthemd, das ich liebte, und
bewegte mich eine lange Zeit zur Musik. Dann klingelte das
Telefon. Es war Lexi. »Was machst du?«

»Ich tanze in meinem Nachthemd zur Musik von Barbra
Streisand und beobachte den Sonnenuntergang.«

»Ich bin froh, dass *ich* nicht bei dir bin.«

»Ich bin auch froh, dass ich allein bin«, sagte ich, »denn ich
könnte dies nicht tun, wenn irgendjemand hier wäre.«

Ich war allein, aber weil ich immer noch Pauls beschützende
Gegenwart spürte, war ich nicht einsam. Geschäftlich hatte
ich viele männliche Freunde und aß oft mit unterschiedlichen
Männern zu Mittag, aber nach ein paar Monaten fragte ich

mich, wie es wäre, wieder mal mit einem Mann auszugehen. Wenn Paul mir wirklich einen Partner schicken würde, wie sollte ich ihn sonst kennenlernen?

Eines Morgens beim Frühstück in San Diego ging es in einem Vortrag um das Thema Flirten. Ich hatte schon seit geraumer Zeit keinen Gedanken mehr daran verschwendet. Die Vortragende meinte, es ginge beim Flirten einfach nur darum, freundlich und offen zu sein. Mir war es unangenehm, überhaupt daran zu denken.

Sie sagte: »Ich bitte nun alle Anwesenden, aufzustehen und sich im Raum umzuschauen. Suchen Sie sich eine Person des anderen Geschlechts aus, und gehen Sie auf sie zu. Ihre Aufgabe besteht darin, dem anderen etwas Unerhörtes mitzuteilen.«

Ich schaute mich nach einer Gelegenheit um, unerkannt den Raum zu verlassen, aber die anderen Leute lachten und freuten sich, und so entschloss ich mich, das Spiel mitzuspielen.

Ich schaute einen alten Freund in unmittelbarer Nähe an, ein sehr attraktiver Mann, der in einer festen, glücklichen Beziehung lebte.

Mit hochrotem Kopf stieß ich heraus: »Hey Bill! Ich finde, du bist ganz schön scharf!«

Er nahm mich in den Arm und sagte brav seinen Vers auf: »Hey Diana! Ich finde, du hast wirklich einen wunderschönen Körper.«

Wir lachten über unsere Einfältigkeit, und nach dieser einfachen Übung wurde das ganze Flirten eine humorvolle Angelegenheit und viel einfacher.

Am folgenden Samstag fand das jährliche Picknick von

»The Inside Edge« statt, an dem 400 Menschen teilnahmen. Einem Impuls folgend kaufte ich am Vorabend in einem Spielzeugladen eine alberne Spritzpistole, die wie ein Hot Dog in einem Brötchen aussah. Während des Picknicks spritzte ich damit aus Spaß mehrere Leute nass, hauptsächlich Männer, die mich daraufhin höflich verfolgten. Alle waren mir gegenüber respektvoll, niemand ließ sich gehen. Immerhin war ich eine Art Übermutter der ganzen Organisation.

Als ich Ted Wentworth sah (der an jenem Tag sehr niedlich aussah – ein wenig wie Robin Williams in kurzer Hose und mit einer Baseballmütze), spritze ich ihn ebenfalls nass. Aber seine Reaktion war ganz anderes als die der anderen Männer. Er jagte hinter mir her und wollte es mir heimzahlen. Und er fing mich ein! Bevor ich michs versah, hatte er mir die Pistole abgenommen und spritzte zurück – mitten in mein Gesicht! Von wegen unerschütterlich – ich war schockiert.

Als er mein Gesicht sah, grinste er und sagte: »Oh, es tut mir sehr leid, schöne Frau. Kommen Sie mit!«

Er führte mich zu einem nahe gelegenen Springbrunnen, um die Pistole wieder aufzufüllen. Als er sie mir zurückgab, fragte er: »Darf ich Sie also zum Abendessen einladen?«

Unsere erste Verabredung fand früh am Abend vor einem Treffen statt, zu dem wir beide gingen. Ich genoss das Zusammensein mit ihm, und so verabredeten wir uns zu einem Abendessen in Teds Haus, wenn ich das nächste Mal in Orange County war. Ich war stark beeindruckt, dass er mir anbot, für mich zu kochen, denn er kannte meinen Hintergrund. (Nur sehr wenig Menschen haben mir dies im Lauf der Jahre angeboten, weil sie glaubten, dass Paul und ich nur auserwählte Gerichte aßen, die aufwendig zubereitet und elegant präsentiert sein mussten – zum Beispiel Wachteleier und Minia-turgemüse aus dem Gewächshaus.) Als ich der telefonischen Anfahrtsbeschreibung zu seinem Haus folgte, war ich plötz-lich sehr schüchtern und hatte Angst, in irgendeine komische Junggesellengeschichte hineinzugeraten.

Aber sein Haus oben auf dem Spyglass Hill war wunder-schön. Besonders stolz war er auf seinen Garten, den er wäh-rend der Krankheit seiner verstorbenen Frau angelegt hatte, sowie auf einen rosafarbenen Sandstein, den er in Arizona gefunden und von dort mitgebracht hatte. Er zeigte mir das Haus und servierte dann gegrillten Fisch und gebackene Kar-toffeln auf der Terrasse. Ich fand es süß, dass er vergaß, die Brötchen auf den Tisch zu stellen, die er in den Ofen gescho-ben hatte.

Zum Dessert schlug Ted vor, dass wir zum nahe gelegenen Balboa Island fuhren und uns unterwegs eine Eistüte holten. Später gestand er mir, dass ich ein paar Jahre älter war als die Idealvorstellung seiner zukünftigen Frau, und daher stellte er mich auf die Probe. »Sollen wir das Auto nehmen oder fahren wir mit dem Motorrad?«

»Oh, lass uns mit dem Motorrad fahren«, sagte ich. Puh, ich hatte den Test bestanden.

Nachdem wir ungefähr anderthalb Kilometer gelaufen wa-ren, nahm Ted meine Hand, um mir an Bord einer Fähre zu helfen. Auf der Insel half er mir wieder von der Fähre runter, aber diesmal ließ er meine Hand nicht wieder los. Wir gingen stundenlang spazieren und unterhielten uns. Es war das erste Mal seit 26 Jahren, dass ich die Hand eines anderen Mannes hielt, und es fühlte sich komisch an... aufregend... und ein bisschen gefährlich.

Von Anfang an brachte mich Ted immer wieder zum Lachen. Er betrachtete die Welt einfach aus einem anderen Blickwinkel als die meisten Menschen. Ich mochte seine Lebendigkeit, seinen scharfen Verstand und seine humorvolle Schlagfertigkeit.

Zuerst dachte ich nicht daran, mit ihm eine neue Beziehung einzugehen, sondern liebte es einfach, mit ihm zu reden. Wir hatten so viel gemeinsam: Wir hatten unsere Ehepartner durch Krebs verloren, unsere Töchter hatten das gleiche Alter (meine 21-jährige Lexi wurde genau in der Mitte von Christy und Kathy geboren, wodurch alle jeweils acht Monate auseinanderlagen), und wir interessierten uns für ähnliche Dinge. Ted sagte, er wolle mich nicht beunruhigen, indem er mich zu oft anrief. Er ermunterte mich dazu, von mir aus die Initiative zu ergreifen, wenn ich ihn sehen oder mit ihm sprechen oder unsere Beziehung in irgendeiner Weise vertiefen wollte. Weil ich in Los Angeles lebte und er 80 Kilometer entfernt in Newport Beach, redeten wir oft stundenlang am Telefon. Unsere sich entwickelnde Freundschaft fühlte sich gut und sicher an. Ich liebte das Gefühl, das ich in seiner Gegenwart hatte – ich fühlte mich geliebt, respektiert und beschützt.

Während eines unserer Telefongespräche fragte ich, ob wir uns nicht am nächsten Samstag treffen könnten. Ted schlug vor, übers Wochenende nach Catalina Island zu fahren. Sein Vorschlag erstaunte mich, und daher versuchte ich ihm klarzumachen, dass ich nicht vorgehabt hatte, ein ganzes Wochenende mit ihm zu verbringen, und dass der Gedanke daran mir Angst machte. Er versicherte mir, dass ich weiterhin bestimmen könne, zu welchen nächsten Schritten ich bereit sei. Bevor wir Schluss machten, fragte er mich, wie sich unser Gespräch für mich anfühlte. Ich sagte: »Warm und herzlich.«

Zwei Stunden später brachte mir ein Bote 18 langstielige Rosen. Auf der beiliegenden Karte stand:

Liebe Warm,
beobachte die Knospen – wie eine Freundschaft öffnet sich
eine nach der anderen.   *Dein Herzlich*

Am nächsten Samstag aßen wir zusammen auf seiner Terrasse zu Mittag. Als ich mich zwischen einem Bootstrip und einem Flug mit seiner Cessna 210 entscheiden sollte, wählte ich den Flug. Ted fuhr mit mir auf dem Gelände des John Wayne Airport direkt neben die Maschine und stellte seinen Wagen unter dem Flügel ab. Bevor wir ausstiegen, lehnte er sich zu mir herüber und schaute mir in die Augen.

»Diana, ich werde dir mein Herz vollständig öffnen und keine Geheimnisse vor dir haben. Und wenn du das Gefühl hast, gehen zu müssen, werde ich das verstehen.«

Ich wandte mich ihm zu und küsste ihn. Seine Lippen fühlten sich wunderbar an. In diesem Moment erkannte ich, dass ich mich in ihn verliebt hatte.

Mir wurde schnell klar, dass Ted ein außergewöhnlich intuitiver Mensch war. Eines Abends saß ich an meinem Computer und hatte stechende Bauchschmerzen. Ich rang nach Luft, aber es dauerte nicht lange, und ich führte die Schmerzen darauf zurück, dass ich zu viel Popcorn gegessen hatte. (Ich war ziemlich süchtig nach Popcorn geworden und aß es mehrere Male am Tag.) Wenige Augenblicke später klingelte das Telefon und Ted fragte: »Was waren das für Schmerzen, die du gerade hattest?« Ich hatte sie bereits vergessen und sagte: »Welche Schmerzen?«

»Die in deinem Unterleib, links unterhalb von deinem Bauchnabel.«

»Woher weißt du das?«

Er erzählte mir, dass er einen Spaziergang gemacht habe und plötzlich diese Bauchschmerzen hatte, die sich aber nicht nach seinen eigenen anfühlten.

»Ich dachte daher, es müssen deine Schmerzen gewesen sein.«

Nicht lange danach hatte ich Lust, seine intuitiven Fähigkeiten zu testen, und so schickte ich ihm die mentale Botschaft, mich anzurufen. Wenige Minuten später klingelte das Telefon. »Was gibt es?«, fragte Ted.

An einem Donnerstag machte ich einen weiteren Test und schickte ihm die mentale Botschaft, mir wieder Blumen zu senden. Nichts geschah, und ich dachte nicht weiter daran. Am späten Freitagnachmittag fuhr er mit mir nach Temecula, um mir das erste Mal seine Ranch zu zeigen. Als er mich auf der Ranch umherführte, sah ich zwei Blumensträuße mit Karten, die meinen Namen trugen.

»Wie aufmerksam von dir!«

»Nun, den einen Strauß wolltest du ja schon gestern haben«, sagte er. »Aber ich konnte ihn nicht mehr zu dir nach Hause schicken, weil du ja heute hier bei mir sein würdest. Der zweite ist für heute, um dir zu sagen: ›Ich bin glücklich, dass du hier bist.‹«

An jenem Abend aßen wir in Teds Lieblingsrestaurant, wo ich unbedingt das Huhn in Rotwein probieren musste, das er für das beste Coq au vin der Welt hielt. Ein verdutzter Blick erschien auf seinem Gesicht: »War Paul sehr breitschulterig, und aß er etwa so?« Ted hielt die Gabel auf eine

Weise, wie Paul sie immer gehalten hatte, und ich sagte: »Ja.«

»Er ist *in* mir, Diana.« Und später, als wir das Restaurant verließen, meinte er: »Ich habe das seltsame Bedürfnis, Geld auf dem Fußweg zu verstreuen.« Ich erzählte ihm, dass Paul immer Kleingeld fallen ließ, damit es Kinder finden konnten.

Coq au Vin nach Art der Ferraris

Ergibt acht Portionen

Die Ferraris servieren dieses Gericht mit selbst gemachten Nudeln und einer leichten Sahnesoße, bestreut mit frischem Parmesan. (Abdruck mit freundlicher Genehmigung von Josette und Giuseppe Ferrari.)

2 (3 bis 4 Pfund schwere) Hühner, ausgenommen
100 ml Pflanzenöl
4 EL (30 g) Mehl
50 ml Cognak oder Weinbrand
3 Zwiebeln, geviertelt
2 Knoblauchzehen, fein gehackt
1 Flasche (750 ml) roter Burgunder
1 EL Tomatenmark
⅛ TL Thymian, zerrieben

1 EL Zucker
1 TL Salz
frisch gemahlener Pfeffer
4 Stangensellerie und 4 Selleriespitzen, mit einem Band zusammengebunden
2 ganze Lorbeerblätter
230 g Pilze
1 EL Butter
1 EL Madeira
(und vielleicht noch ein bisschen mehr Cognak)
frische Petersilie, gehackt

Braune Farbe (eine klassische französische Methode):

50 g Zucker	1 TL Pflanzenöl
50 ml Wasser	ein paar Tropfen rote Lebens-
2 EL kochendes Wasser	mittelfarbe

1 Waschen Sie die Fleischstückchen gut ab, und trocknen Sie sie. Erhitzen Sie das Pflanzenöl in einer großen Pfanne, und braten Sie die Stückchen an, bis sie braun sind. Gießen Sie dann das Öl ab, und lassen Sie das, was sich auf dem Pfannenboden angesetzt hat, in der Pfanne. Entfernen Sie die Haut, und legen Sie das Hühnerfleisch wieder in die Pfanne. Streuen Sie Mehl über die Stückchen und rühren Sie sie mit einem Holzlöffel um, bis sie das Mehl aufgenommen haben. Erhitzen Sie den Cognak oder Weinbrand in einer Kelle über einer Flamme, zünden Sie ihn mit einem Streichholz an, und gießen Sie ihn über das Fleisch. Schütteln Sie die Pfanne, bis die Flamme ausgeht. Garen sie die geviertelten Zwiebeln so lange in der Pfanne, bis sie weich sind.

2 Rühren Sie Knoblauch, Burgunder, Tomatenmark, Thymian, Zucker, Salz und Pfeffer (nach Geschmack) unter. Rühren Sie oft um, bis die Mischung kocht. Binden Sie unterdessen den Stangensellerie zusammen, und geben Sie ihn zusammen mit den Lorbeerblättern in die Pfanne. Legen Sie den Deckel auf die Pfanne, wenn die Flüssigkeit zu kochen anfängt, und köcheln sie alles ungefähr eine Stunde lang.

3 Waschen Sie die Pilze kurz ab. Wenn die Pilzkappen klein sind, können Sie sie ganz lassen; wenn sie groß sind, schneiden Sie sie zusammen mit den Stängeln in Viertel. Zerlassen Sie 1 EL Butter in einer kleinen Pfanne, und braten Sie die Pilze zwei Minuten lang an. Stellen Sie die Pfanne zur Seite.

4 Stellen Sie nun die braune Farbe her. (Ein Überschuss kann im Kühlschrank aufbewahrt und für andere Zwecke benutzt werden.) Kochen Sie in einer kleinen Pfanne Zucker und Wasser, bis der Zucker karamellisiert und dunkelbraun wird (Zucker verliert seine Süße, wenn er verbrannt wird). Geben Sie kochendes Wasser hinzu, Pflanzenöl und rote Lebensmittelfarbe. Rühren Sie alles gut um, lassen Sie es dann abkühlen, und bewahren Sie es bis zum Gebrauch auf.

5 Wenn das Huhn fertig ist zum Servieren, entfernen Sie den zusammengebundenen Stangensellerie und die Lorbeerblätter. Färben Sie die Soße mit der braunen Farbe zu einem schönen Rotbraun. Geben Sie 1 EL Madeira hinzu und ein wenig mehr Cognak, wenn gewünscht. Schmecken Sie die Soße ab.

6 Legen Sie das Hühnerfleisch auf Servierteller. Wenn die Soße noch ein wenig dicker sein soll, kochen Sie sie unter ständigem Umrühren auf großer Flamme ein oder zwei Minuten lang auf, damit ein Teil der Flüssigkeit verdampfen kann. Übergießen Sie das Fleisch mit der Soße, und bestreuen Sie es mit frischer Petersilie.

* * *

Mindestens einmal in der Woche erzählte mir Ted, dass Paul in seinen Körper eintrat. Meistens geschah es, wenn wir zusammen tanzten oder etwas taten, was Paul gern getan hatte. Ted sagte, dass es ihm nichts ausmache und er bereit sei, mich zu teilen.

Teds Heiratsantrag war sehr romantisch und absolut perfekt. Am Freitagmorgen packte ich meine Sachen für ein geplantes Wochenende in Carmel oberhalb von Big Sur an der kalifornischen Küste. Wir hatten dort schon mehrere Wochenenden verbracht, und es schien mir der ideale Ort für das zu sein, was ich erwartete. Ich hätte wissen müssen, dass Ted niemals vorhersehbar ist.

Ted holte mich am Santa Monica Airport ab, und ich stieg in seine Maschine. Ich trug ein spezielles Kleid, das er mich gebeten hatte, zum gemeinsamen Abendessen anzuziehen. Wir flogen weit genug nach Norden, um außerhalb der verkehrsreichen Zone zu sein, und ich servierte uns ein Mittagessen aus frischem Obst und Sandwiches.

Es dauerte nicht lange und mir fiel auf, dass wir nicht an der Küste entlangflogen, wie wir es sonst immer taten, sondern mehr ins Hinterland hinein. Ich schaute ihm neugierig zu, als er den winzigen Flugplatz von Mariposa ansteuerte und dort landete. Es dauerte nicht lange und schon fuhr ein Mietwagen ans Flugzeug, wir luden unser Gepäck um und begaben uns auf eine einstündige Fahrt zum historischen Ahwahnee-Hotel im Yosemite-Nationalpark.

Ted hatte uns den romantischsten Tisch in einem Speisesaal mit einer riesigen Gewölbedecke reserviert. Er lag direkt an einem sechs Meter hohen, bogenförmigen Fenster, aus dem man über die Außenanlagen und den angrenzenden Wald schauen konnte. Ich wusste natürlich, was beim Abendessen geschehen würde, aber ich staunte, wie schön sowohl der Ort als auch seine Worte waren.

Ted nahm meine Hand und sagte: »Diana, was ich an unserer Beziehung liebe, ist...« Und dann verbrachte er die ersten drei Gänge damit, mir die Dinge zu erzählen, die er an unserer Beziehung schätzte.

Beim Nachtisch nahm er auch meine andere Hand, schaute mich schüchtern an und fragte: »Willst du mich also heiraten?« Ein Gefühl, dass dies genau das war, was ich wollte, überströmte mich – genauso, wie ich gewusst hatte, dass ich Paul heiraten wollte.

»Ich möchte dich sehr gern heiraten!«

Er hatte Tränen in den Augen und sagte mit einem breiten Lächeln: »Dann schau dich nach einem Ring um. Du kannst genau den haben, den du willst!«

Als ich meine beste Freundin Mary Kelly in Hawaii anrief und ihr die Neuigkeit überbrachte, dass Ted und ich heiraten wollten, sagte sie: »Das ist ja toll! Dann hast du ja nur eine kurze Zeit in deiner Muschel verbracht!«

Da Mary Ehen schließen durfte, heirateten wir unter ihrer Leitung in Anwesenheit von ein paar engen Freunden sowie seiner und meiner Verwandten, als sie und ihr Mann Don uns in ihren eigenen Flitterwochen besuchten. Auf unsere Bitte hin lud sie die Seelen von Sharon und Paul ein, an der Hochzeitszeremonie teilzunehmen. Keiner der Anwesenden hatte Zweifel daran, dass beide tatsächlich da waren und uns viel Glück wünschten.

Wir sind inzwischen fünf Jahre verheiratet. Es ist schön, mit einem Mann zusammenzuleben, der wie ich die Erfahrung gemacht hat, verwitwet zu sein. Wir schätzen es sehr, dass wir offen über alles sprechen können, wenn durch eine Erinnerung an unseren früheren Partner oder unsere frühere Partnerin eine bestimmte Traurigkeit ausgelöst wird. Wir wissen, dass wir uns nicht dadurch weniger lieben, weil wir noch so viel Liebe für sie empfinden. Und keinen von uns stört es, wenn der andere ihn mit dem Namen des Vorgängers oder der Vorgängerin anspricht (und das ist wirklich ein Segen, weil es relativ häufig geschieht).

Manchmal fragen mich die Menschen, wie meine erste Ehe im Vergleich zur gegenwärtigen abschneidet. Zuerst erzähle ich ihnen dann, dass ich niemals damit gerechnet hätte, zweimal in meinem Leben zu heiraten. Aber wenn ich beide vergleiche, würde ich sagen, meine erste Ehe war schmerzlich wie im Film *Love Story*, während die zweite mehr ist wie *Auf der Jagd nach dem grünen Diamanten* – ein lustiges Liebesabenteuer voller Überraschungen.

Und es stimmt, Paul lässt sich immer noch ab und zu blicken. Der bislang unheimlichste Beweis für Pauls Anwesenheit konnte dadurch geschehen, dass sich meine beiden Männer so stark in ihrer Persönlichkeit voneinander unterscheiden. Paul war Künstler und sehr visuell ausgerichtet. Wenn ich meinen Nagellack änderte, mir einen neuen Lippenstift kaufte oder meine Haare anders kämmte, bemerkte es Paul sofort und gab seinen Kommentar ab.

In Bezug auf Ted frage ich mich oft, ob er mich überhaupt wahrnimmt. Wenn ich mir besondere Mühe gebe, gut auszusehen, bekommt er es gar nicht mit. Einmal habe ich grüne Kontaktlinsen über meinen braunen Augen getragen und Ted beim Nachhausekommen gefragt, ob ihm irgendetwas an mir auffiele.

»Nein.«

»Schau mir in die Augen. Fällt dir dann etwas auf?«

»Nein, Diana, es tut mir leid. Du siehst sehr schön aus.«

Anstatt mich zu sehen, fühlt Ted mich, daran besteht gar kein Zweifel. Im Lauf der Zeit hat es dadurch immer mehr an

Bedeutung verloren, wenn er bestimmte Dinge an mir nicht sieht. (Auch das ist ein Segen, denn ich bin ein wenig eitel und werde nun mal nicht jünger.)

Stellen Sie sich vor, wie überrascht ich war, als wir vor noch gar nicht langer Zeit in ein Kaufhaus gingen und Ted plötzlich anhielt und meinte: »Diana! Die Ohrringe dort!«

»Welche Ohrringe?«

»Diese Gänseblümchen-Ohrringe!«

Ich sah eine große Auswahl von Ohrringen mit einfachem und doppeltem Gänseblümchenmotiv auf dem Tresen.

»Was ist mit ihnen?«

»Paul möchte, dass du solche Ohrringe trägst.«

»Welche genau?«

»Die mit dem einfachen Motiv und der gelben Mitte.«

Ich bekam eine Gänsehaut, als ich an den Verkaufstresen ging, um mir die Ohrringe näher anzuschauen. Sie waren fast identisch mit denen, die ich jahrelang getragen hatte – Pauls Lieblingsohrringe, die er immer wieder für mich repariert hatte.

Wenn diese Dinge geschehen, dann weiß ich, dass Paul mir sagen will »Dies ist der Mann, den ich dir zu schicken versprochen habe, Kätzchen. Ist es nicht wunderbar? Du kannst uns beide haben!«

11
Einfach aus Spaß!

Der verlorenste aller Tage ist der,
an dem man nicht gelacht hat.

Nicolas Sébastien Chamfort

Der Streich mit dem Meerrettich

Theodore S. Wentworth

Das Leben ist zu ernst, um ernst genommen zu werden.
Oscar Wilde

Servieren Sie die Gänge in der umgekehrten Reihenfolge,
lassen Sie sich irgendetwas einfallen –
aber um Himmels willen, tun Sie etwas Verrücktes.
Elsa Maxwell

Diana hat in diesem Buch (vor allem im ersten Band) viel über mich geschrieben, und daher wissen Sie wahrscheinlich, dass ich einen eher ungewöhnlichen, begrifflichen Sinn für Humor habe. Diana wundert sich, woher er kommt, und daher fragte ich meine Mutter Alice. Sie meinte, er käme definitiv von der Althisar-Seite der Familie. Dann erzählte sie mir eine lange Geschichte über ihre Kindheit und ihren Großvater Charles Althisar, dem ich besonders ähneln würde.

Charlie hatte rotes Haar und einen Bart, war ziemlich rundlich (ich bin es nicht) und liebte es, seiner Frau irische Liebeslieder vorzusingen und seine Tochter Alice an der Nase herumzuführen. Letztere war die Mutter meiner Mutter und hieß auch Alice. Charlie lebte mit seiner Frau und seiner Tochter Alice in Brooklyn in einem großen weißen, dreistöckigen Haus in der East 24th Street zwischen Farragut und Glenwood.

In diesem Haus gab es immer viel zu lachen und niemals ein böses Wort. Charlie rastete nur selten aus und wenn er es tat, stampfte er wie ein Elefant die Treppe hinunter – aber dann hatte er die Sache schnell wieder vergessen (wie ich auch) und war niemals nachtragend.

Es war ein fröhlicher Haushalt, in dem alle zusammen pünktlich um sechs Uhr abends im Esszimmer aßen. An warmen Sommerabenden, während die Frauen den Abwasch machten, ging einer der Männer zur Flatbush Avenue, um Eiskrem zu kaufen, die wir dann auf der Veranda aßen. Zu besonderen Anlässen ging einer zur Drogerie um die Ecke und holte den Glenwood-Spezial-Eisbecher – einer riesigen Portion Eis, die 25 Cent kostete und aus einer Kugel Vanille, Erdbeere und Schokolade mit Schlagsahne, Schokoladensoße und einer kandierten Kirsche bestand.

Am Sonntag liebte Großvater ein großes Frühstück, das die Zeit bis zum Mittagessen überbrückte: sechs große Pfannkuchen, zwei Schweinekoteletts mit Bratensoße und ein großer Pott Kaffee. (Er meinte, wenn er stattdessen zwei Tassen tränke, würde die zweite ihm nicht mehr so gut schmecken.) Manchmal stibitzte er etwas Teig von dem frischen Brot, das seine Frau knetete, tauchte es in Öl oder Butter und frittierte es in einer Pfanne wie einen heißen Donut, den es dann mit Butter oder Ahornsirup gab. Wie anders die Familien in jener Zeit gegessen haben!

Das Sonntagsessen gab es zwischen ein und zwei Uhr und hinterher machte die ganze Familie einen Sonntagsausflug. Meine Oma backte am Morgen, während der Braten vor sich hin schmorte, Vanillekuchen mit Schokoladenpudding oder ihren berühmten Pfundkuchen. Eine beliebte Essensbeilage waren Makkaroni und würziger Cheddar-Käse aus New York. An manchen Sonntagen, wenn es Käseauflauf mit geröstetem Schinken gab, saß die Familie schneller am Tisch als sonst. Der Hauptgang war immer ein riesengroßer Rostbraten, dessen Überreste am nächsten Abend als Hackfleisch oder in den folgenden Tagen auf Sandwiches gegessen wurden.

Großvater Althisar liebte frischen scharfen Meerrettich zu seinem sonntäglichen Braten. Er wurde in einem speziellen Meerrettichglas aus Kristall serviert, das in Silber eingefasst war und am Deckel einen kleinen Holzlöffel hatte. Wie in vielen Haushalten zu jener Zeit kaufte Großmutter ihren Meerrettich, der entweder weiß oder mit Rote-Beete-Saft rot gefärbt war, direkt vom Wagen eines fliegenden Händlers. An den Sonntagen, an denen sie vergessen hatte, den Meerrettich rechtzeitig aufzufüllen, ging Charles sehr humorvoll mit der Situation um. Er sagte dann immer: »Alice, dieser Meerrettich ist zu lasch! Schau nur, man kann ihn direkt mit dem Löffel essen!« Charlie nahm daraufhin einen vollen Löffel und steckte ihn sich in den Mund, um es ihr zu demonstrieren.

An einem Sonntag hatte Oma Alice beschlossen, Großvaters Sinn für Humor auf die Probe zu stellen. Sie wusste, dass der Meerrettich eine feine Struktur hatte, wenn er frisch war, und eine grobere, wenn er alt war. Erst am Vortag hatte sie frisch geriebenen Meerrettich gekauft. Sie bearbeitete ihn so lange, bis er alt aussah, und säuberte auch nicht das Kristallglas, wie sie es sonst immer tat. Alle am Tisch wussten von dem Spaß, und seit sie zusammen nach dem Frühstück abgewaschen hatten, kicherten sie immer wieder vor lauter Vorfreude.

Charlie hatte seinen besten Sonntagsanzug an und saß an der Stirnseite des großen rechtwinkligen Tischs, auf dem ein gestärktes Tischtuch und Leinenservietten lagen. Wie vorauszusehen war, langte er nach dem Meerrettich. Als er sah, dass er alt war, kratzte er den Rest des Glasinhalts zu einem gehäuften Löffel zusammen, den er sich selbstgerecht in den Mund steckte.

Er rang nach Atem und brachte nur noch »Alice…« heraus. Seine Augen liefen voll Wasser und fingen an zu glänzen. Er war total begeistert. Ihm war sofort klar, dass wir ihm einen verdienten Streich gespielt hatten, an den sich die Familie noch lange erinnern würde. Er war sich selbst in die Falle gegangen.

Der superfrische Meerrettich war so scharf, dass Charlie weder ein- noch ausatmen konnte. Seine Stirn- und Nebenhöhlen wurden durchgepustet und waren klarer als jemals zuvor. Später vertraute er uns an, dass ihm der Gedanke »komisch… gar kein Rauch« durch den Kopf schoss, als er auf dem schnellsten Weg zur Toilette war und beim Laufen heftig in seine Serviette schnupfte.

Als er ein paar Minuten später wieder am Tisch saß, wurde er von allen aufgezogen; allen liefen vor lauter Lachen Tränen über die Wangen, und selbst Charlie machte keine Ausnahme.

In den folgenden Monaten waren alle in der Familie ein wenig wachsamer, denn jeder wartete auf Charlies Rache. Wie auch immer sie ausgesehen haben mag, es musste ihm viel Spaß gemacht haben, sie sich auszudenken. Die Geschichten, die ich über Charlie gehört hatte, machten mich mit der süßen Rache in einer Ehe bekannt und zeigten mir, wie *zuckersüß* sie sein kann.

Frischer Meerrettich

1 frische Meerrettichwurzel   2 TL Salz
100 ml Weißweinessig

1 Entfernen Sie mit einem Gemüseschäler alle verfärbten Stellen von einer frischen Meerrettichwurzel. Schneiden Sie die geschälte Wurzel in kleine Stücke. Zerkleinern Sie immer ein paar Stücke gleichzeitig in einem Mixer oder alle zusammen in einer Küchenmaschine, bis der Meerrettich sehr fein gehackt ist. Vermengen Sie ihn mit Weißweinessig und Salz.

2 Füllen Sie ihn in gut gesäuberte Gläser um, die Sie fest verschließen. Lassen Sie dem Meerrettich eine Woche Zeit, im Kühlschrank zu reifen, bevor Sie ihn servieren. Sobald das Glas geöffnet ist, verliert der Meerrettich schnell seine Schärfe.

Omas für drei Mahlzeiten reichende Makkaroni mit Käse

Ergibt sechs Portionen

Alice meint, traditionell wird dieses Gericht am ersten Tag heiß serviert. Am zweiten Tag wird es kalt und klein geschnitten zum Salat gegessen und am dritten Tag kommt es in Butter geröstet wieder als warme Mahlzeit auf den Tisch. Das Rezept lässt sich leicht verdoppeln.

250 g Makkaroni	Salz und Pfeffer,
4 EL Butter	zum Abschmecken
3 EL Mehl	Frisch gemahlenes Muskat,
1 TL Senfpulver	zum Abschmecken
500 ml Milch	Tabasco-Sauce,
40 g gehackte Zwiebeln	zum Abschmecken
1 TL Worcestershire-Sauce	340 g würziger Cheddar-Käse
	50 g frische Weißbrotbrösel
	2 bis 3 EL Parmesan

1 Heizen Sie den Ofen auf 180 Grad Celsius vor. Fetten Sie eine 2 Liter fassende Auflaufform ein.

2 Kochen Sie die Makkaroni in salzigem Kochwasser, bis sie weich sind. Gießen Sie fast alles Wasser ab, und lassen Sie die Makkaroni im Topf, um sie warm zu halten. Zerlassen Sie nun die Butter in einer Pfanne, rühren Sie das Mehl und das Senfpulver unter, und kochen Sie diese Schwitze 3 bis 4 Minuten. Geben Sie langsam Milch, die gehackten Zwiebeln und

Worcestershire-Sauce hinzu, und kochen Sie alles auf mittlerer Flamme unter ständigem Umrühren, bis die Sahnesoße angedickt ist. Schmecken Sie mit Salz, Pfeffer, Muskat und ein paar Spritzern Tabasco ab. Geben Sie den Cheddar-Käse bis auf 110 g hinzu, und rühren Sie auf kleiner Flamme so lange um, bis der Käse geschmolzen ist.

3 Gießen Sie den Rest Wasser von den Makkaroni ab, und rühren Sie die Käsesoße zusammen mit den Weißbrotbröseln unter die Nudeln. Bestreuen Sie die Makkaroni mit dem restlichen Cheddar-Käse und mit ein wenig Parmesan. Backen Sie das Ganze 30 Minuten lang oder bis es oben braun ist.

Tutröhrchen

Diana von Welanetz Wentworth

Die Karton-Mittelstücke von Küchenpapierrollen haben in unserem Haus einen bestimmten Namen: Tutröhrchen. Wenn man die hohle Röhre an die Lippen hält und hineinbläst, dann hört sich das nach etwas an, das wie »tuuut« klingt.

Bei uns gilt, dass derjenige, der das letzte Stück abgerissen hat, eine neue Rolle hinhängen muss. Der Lohn dafür ist diese kleine harmlose Röhre, mit der man sich prima anschleichen und dem anderen über den Kopf hauen kann. Das Geräusch, das das Tutröhrchen macht, wenn man einen perfekten Schlag gelandet hat, kann einen süchtig machen.

Immer wenn ich das Glück habe, ein noch makelloses neues Tutröhrchen zu ergattern, dann verstecke ich es dort, wo ich es wahrscheinlich auch einsetzen werde, wie zum Beispiel unter meinem Kopfkissen oder in der Küchenschublade. Ich benutze die Röhren in meinen Geheimverstecken oft. Wenn Ted abends im Bett zu übermütig wird, verpasse ich ihm einen Schlag. Manchmal sagt er nur »Aua, du hast mich erwischt!«, aber manchmal führt es auch zu einem Ringkampf, der ebenfalls viel Spaß machen kann.

Da ich zu Hause arbeite und Ted jeden Tag ins Büro geht, fällt mir der Löwenanteil unserer Tutröhrchen in die Hände. Aber wenn es um andere familiäre Schandtaten geht, übertrifft er mich bei Weitem. Als Teds Töchter noch klein waren, wurden sie von Ted oft dadurch geweckt, dass er sich mit dem Schrei »ARRRGH!« auf sie warf. Das muss man sich mal vorstellen – er springt von der Schlafzimmertür durch die Luft wie ein 200 Pfund schweres Eichhörnchen. Seine Belohnung für diesen halsbrecherischen Akt besteht darin, dass beide Töchter müde »VAAAATI...« stöhnen.

Wenn heutzutage eines unserer drei Mädchen zu Besuch kommt und über Nacht bleibt, liebt er es, diese Tradition wieder aufleben zu lassen, sogar mit meiner Tochter Lexi, die schnell und auf freundliche Weise gelernt hat, damit umzugehen, und genau das richtige Maß von Langeweile in ihr »TEDDDD...Y« legt. Er meinte mir gegenüber, alle drei würden so lange in ihren Betten ausharren, bis er sie auf diese Weise aus den Federn holte. Und sollte er es einmal vergessen, würden sie es ihn umgehend wissen lassen.

Eine seiner liebsten Possen (die wir überhaupt nicht mögen) besteht darin, uns vier damit zu überraschen, dass er Wasser mit Eiswürfeln über die Duschtür schüttet, während wir unsere Privatsphäre unter der Dusche genießen. Als er es das erste Mal mit mir machte, war ich so fassungslos, dass ich in Tränen ausbrach. Als er meine Reaktion sah, sprang er zu mir unter die Dusche und umarmte mich so lange, bis ich mich wieder beruhigt hatte. (Was ihm sein verdammtes Leben gerettet hat!). Und es muss einen bleibenden Eindruck hinterlassen haben, denn glücklicherweise lässt er mich seitdem in Ruhe duschen.

Einmal, als Lexi uns das erste Mal als frisch gebackene Stieftochter besuchte, war er überraschenderweise sehr rücksichtsvoll. Anstatt sie beim Duschen zu stören, verschwand Ted aus der Haustür und ging ums Haus. Plötzlich kam ein lautes »TEDDDD…Y!« Er hatte das heiße Wasser an seiner Quelle abgestellt.

Als ich letztens an einem Familienwochenende mit den drei Mädchen in der Küche Frühstück machte, war schließlich unser Moment der Rache gekommen. Christy sagte: »Vati ist unter der Dusche«, und unsere Augen leuchteten auf. Ohne dass wir ein Wort miteinander wechseln mussten, füllten wir Kannen und Eimer mit Wasser und Eiswürfeln und schlichen heimlich ins Badezimmer. Intuitiv wie immer, erfasste Ted die Situation, ohne hinter dem Duschvorhang hervorblicken zu müssen. Er wusste, dass er verloren war. Das qualvolle »AUHHHHHH« war Musik in unseren Ohren.

Tutröhrchen-Grillbohnen aus Texas

Ergibt ungefähr 4,5 Liter

Es ist sicherlich lustig, wenn Sie ein paar Tutröhrchen in die Mitte des Tisches legen, damit jeder die Möglichkeit hat, seinem Tischnachbarn einen freundlichen Schlag auf den Kopf zu geben, wenn Sie dieses Gericht servieren.

mehrere Dosen (insgesamt ca. 3 Pfund) gebackene Bohnen	4 mittelgroße Zwiebeln
	170 g brauner Zucker
	110 ml Senf
2 (ca. je 450 g) Dosen Schweinefleisch und Bohnen	160 g dunkle (ungeschwefelte) Melasse
1 (ca. 420 g) Dose schwarze Bohnen, abgegossen	3 EL Worcestershire-Sauce
	6 bis 8 Spritzer Tabasco

1 Geben Sie alle Bohnen in eine feuerfeste 5 bis 6 Liter fassende Auflaufform. Schneiden Sie die Zwiebeln in Achtel, und geben Sie sie zusammen mit braunem Zucker, Senf, Melasse, Worcestershire-Sauce und Tabasco zu den Bohnen. Rühren Sie alles so lange um, bis es gut vermischt ist.

2 Backen Sie die Bohnen zwei Stunden bei 180 Grad Celsius. Verringern Sie dann die Temperatur auf 90 bis 120 Grad, und backen Sie vier bis fünf Stunden weiter, bis die Bohnen so angedickt sind, wie Sie es wünschen. Rühren Sie die Mischung von Zeit zu Zeit um.

Das einzige Gemüse, das wirklich gut schmeckt, ist Tabasco. Geben Sie diese Soße an jedes Gericht.

P. J. O'Rourke

Hay Huevos?

Diana von Welanetz Wentworth

An einem kühlen Morgen fuhren wir mit unserem zweisitzigen Transporter zu unserem ältesten Avocadohain, der sich über 20 Morgen am Fuß des Berges weit unterhalb der Ranch erstreckt, um nachzusehen, wie die Ausdünnung der Bäume voranging. Jeder zweite Baum musste entfernt werden, weil die Bäume zu dicht standen und zu sehr in die Höhe geschossen waren, wodurch sie nicht mehr so viele Früchte trugen und nicht mehr so leicht geerntet werden konnten.

Die zwei Mexikaner, die wir für diese Arbeit angeheuert hatten, waren gerade damit beschäftigt, die gefällten Bäume in Kaminholz zu zersägen, als wir vorfuhren. Ted winkte ihnen zu und tauschte ein paar freundliche Worte mit ihnen, wobei mir auffiel, dass sich diese neuen Arbeiter über Teds gebrochenes Spanisch amüsierten.

Als wir weiter leicht bergan fuhren, sah ich ein Glas Mayonnaise auf einem Tisch in der Sonne stehen. »Warte mal«, sagte ich, »vielleicht wissen sie nicht, dass Mayonnaise in den Kühlschrank gehört. Das Ei in der Mayonnaise kann schlecht werden und sie krank machen.«

Ted rief ihnen zu: »*Tiene huevos en la mayonesa!*«

»Liebling … ich glaube, du hast ihm gerade gesagt, dass er Hoden in seiner Mayonnaise hat.«

Der Grund für meine berechtigte Sorge lag darin, dass ich vor Jahren einmal in einer kleinen Stadt in den Bergen nördlich von Mexiko-Stadt gewohnt habe und eines Morgens auf unangenehme Weise daran erinnert wurde, dass das Wort Eier umgangssprachlich auch für »Hoden« steht. Ich machte den Fehler und fragte den Ladenbesitzer »*Tiene huevos?*« (Haben Sie Eier [oder in diesem Fall Hoden]?), anstatt ihn »*Hay huevos?*« (Gibt es Eier?) zu fragen.

Er antwortete »*Cómo no!*« (Natürlich!) und hielt sich zusammen mit noch zwei anderen Männern vor Lachen den Bauch. Als ich meinen Fehler erkannte, rannte ich mit hochrotem Kopf aus dem Laden.

Da unsere neuen Arbeiter Ted nur komisch anschauten, trat dieser kurz entschlossen auf die Bremse und sprang aus dem Wagen (ohne die Handbremse anzuziehen). Der Transporter rollte langsam mit mir – ich war immer noch Beifahrerin – die Straße hinunter, über eine Felsplatte und direkt in einen Grapefruitbaum. Ted zog die ganze Zeit hinten am Wagen und versuchte auf diese Weise, den drohenden Zusammenstoß mit den Ästen abzubremsen.

Jetzt glaubten die Arbeiter bestimmt, dass wir *muy loco* waren. Indem wir unsere ganzen unzureichenden Sprachkenntnisse aufboten, machten wir ihnen schließlich klar, was wir mit der Mayonnaise meinten. Wir nahmen das Anstoß erregende Glas mit, um es zu beseitigen, und fuhren lachend mit einer aufgespießten Grapefruit an der Stoßstange davon.

Auf dem Weg zurück zur Ranch nahmen wir uns vor, das mexikanische Eiergericht zu kochen, das uns so gut schmeckte – und mich damals auf dem Markt in solche Schwierigkeiten gebracht hatte. Das Rezept stammt von unserer Freundin

Betty Kempe, in deren Hotel »Villa Santa Monica« in San Miguel de Allende im mexikanischen Bundesstaat Guanajuato es jahrelang jeden Morgen serviert wurde. Ich bewahre immer ein wenig von der Soße, die man dafür braucht, im Kühlschrank auf, um sie sofort zur Hand zu haben. Das Rezept ist besonders praktisch für das Frühstück am Wochenende.

Huevos diablos (Teufelseier)

Ergibt sechs Portionen

1 mittlere Zwiebel, gehackt
2 EL Olivenöl
1 Knoblauchzehe, gehackt
2 (je ca. 450 g) Dosen geschälte Tomaten
1 TL Worcestershire-Sauce
1 gehäufte Messerspitze Cayennepfeffer

150 g Parmesan
6 große Eier
Butter
Paprika
Warme Mais- oder Weizentortillas oder getoastete Baguettebrötchen, um die köstliche Soße aufzutippen

1 Garen Sie in einem großen Kochtopf die Zwiebeln so lange in Olivenöl, bis sie glasig geworden sind und gerade anfangen, braun zu werden. Geben Sie den Knoblauch hinzu und braten Sie diesen ebenfalls kurz an. Rühren Sie Tomaten, Worcestershire-Sauce und Cayennepfeffer unter. Bringen Sie alles zum köcheln, drehen Sie die Temperatur zurück, und garen Sie es zehn Minuten lang. (An diesem Punkt kann die Soße eingefroren oder im Kühlschrank aufbewahrt werden, wenn Sie sie im Voraus machen.)

2 Erhitzen Sie den Ofen ungefähr 20 Minuten vor dem Servieren auf 180 Grad Celsius. Bereiten Sie 6 ofenfeste Schalen mit einem Fassungsvermögen von 400 ml vor, um die Eier zu backen und zu servieren. Rühren Sie den Parmesan in die Soße (2 EL pro Schale, wenn Sie nicht die ganze Soße auf einmal benutzen), und verteilen Sie diese gleichmäßig in die Schalen. Schlagen Sie je 1 Ei in jede Schale, geben Sie ein Stück Butter auf das Ei, und bestreuen Sie alles mit Parmesan und einem Schuss Paprika (wegen der Farbe). Backen Sie die Eier 10 bis 20 Minuten, abhängig von der Größe der Schalen, bis das Eiweiß fest geworden und das Eigelb noch weich ist.

3 Servieren Sie die Eier mit warmen Mais- oder Weizentortillas oder mit getoasteten Baguettebrötchen.

12
Feiern aus
einem besonderen Anlass

Man muss immer etwas haben, worauf man sich freut.
Eduard Mörike

Der beste Geburtstag

Mary Olsen Kelly

Ich stamme aus einer Familie mit großartigen Köchen. Meine Großmutter ist für ihren Texas-Fondant*-Kuchen und ihre vielen unterschiedlichen Pasteten berühmt. Meine Mutter ist eine ausgezeichnete Köchin, die die besten Gerichte aus dem Nichts zaubern kann und deren »Kekse des Jüngsten Gerichts« (siehe Hühnersuppe für die Seele – Das Kochbuch) einfach göttlich schmecken. Meine Schwester ist eine kulinarische Künstlerin, die Spaß daran hat, die schwierigsten Rezepte zu kochen oder zu backen, die sie finden kann.

Irgendwie müssen all diese phantastischen Kochgene in mir mutiert sein, aber dennoch schätze ich die Talente meiner übrigen Familienmitglieder. Für mich ist das gemeinsame Essen einfach nur eine Gelegenheit, Zeit miteinander zu verbringen. Der 26. Geburtstag meines Bruders war eine der besten Feiern, die wir im Namen des Essens hatten. Es war der beste Geburtstag überhaupt, und seitdem hat der wiederkehrende Jahrestag für mich eine andere Bedeutung.

Die ganze Familie hatte sich in dem wunderschönen Haus

---

* Fondant ist eine nachgiebig schmelzende Masse (frz. fondant = schmelzend) aus feinkristallinem *Zucker*, die zum Füllen, Glasieren und Dekorieren von Süßigkeiten wie *Pralinen* und *Konfekt* oder *Kuchen* und *Gebäck* verwendet wird. Anm. d. Ü.

meiner Schwester in Nordkalifornien versammelt, um einen Abend mit feinem Essen und Geburtstagskuchen zu verbringen. Das Mahl war opulent – Barbara hatte sich selbst übertroffen – und als wir alle einen Nachschlag nahmen, wurde uns plötzlich klar, dass unser gemeinsames Essen, so exzellent es auch sein mochte, erst dann wirklich abgerundet war, wenn wir auch etwas vom Geburtstagskind hörten.

Bob hielt eine kleine Rede und sagte dann: »Ich habe das Gefühl, dass ich für mein Alter ziemlich konfus bin. Ich würde gern hören, was ihr anderen so gedacht und getan habt, als ihr 26 gewesen seid.«

Ich erzählte, dass ich meinen Magister in Theaterwissenschaft gemacht und eine bequeme Lehrerstelle abgelehnt hatte und stattdessen nach New York gegangen war, um dort mein Glück als Bühnenschauspielerin zu suchen. Mit 26 war ich eine hungernde Künstlerin mit vielen Träumen; mein Leben erschreckte mich immer wieder, erfüllte mich aber auch.

Meine Schwester sprach davon, wie sie jahrelang durch Europa getrampt war, aber mit 26 schließlich nach Hause zurückgekehrt ist und ihr Leben total verändert hat. Wir nickten alle zustimmend, denn wir erinnerten uns nur zu gut, welche dramatische Veränderung sich damals in ihrem Leben ereignet hatte. Mein Vater sprach leise und mit großen Schwierigkeiten vom Tod seines ersten Kindes. Sein kleiner Junge war gerade mal sechs Wochen alt, als er an Herzkomplikationen starb. Mein Vater war erst 26, als er den Sohn verlor, der unser ältester Bruder hätte sein können.

Wir alle sprachen, einer nach dem anderen. Wir feierten Geburt, Ziellosigkeit, Veränderung und Verlust, während sich das Lebensrad meines Bruders weiterdrehte. Ein weiterer

Geburtstag, das Vorüberziehen eines weiteren Jahres. Und natürlich aßen wir den berühmten Texas-Fondant-Kuchen, denn er ist der Lieblingskuchen meines Bruders. An jenem Abend hat er besonders gut geschmeckt.

Oma Whiteheads berühmter Texas-Fondant-Kuchen

Ergibt ungefähr zwölf Portionen

40 g Kakaopulver
200 ml Wasser
220 g Butter oder Margarine
240 g Mehl
450 g Zucker
1 TL Natron

½ TL Salz
2 große Eier
100 ml saure Sahne
oder Buttermilch
(saure Sahne hat mehr Fett)
1 TL Vanille

Glasur:
80 g Butter oder Margarine
50 ml Milch
3 EL Kakaopulver

¾ Packung Puderzucker
100 g Walnüsse, gehackt (oder andere Nüsse Ihrer Wahl)
1 TL Vanille

1 Heizen Sie den Ofen auf 180 Grad Celsius vor. Fetten Sie eine 28 x 38 cm große Kuchenform ein. Geben Sie das Kakaopulver in einen mittelgroßen Topf; rühren Sie nach und nach 200 ml Wasser unter, und bringen Sie den Kakao zum Kochen. Geben Sie Butter oder Margarine hinzu, und lassen Sie sie schmelzen. Stellen Sie den Topf zur Seite.

2 Sieben Sie Mehl, Zucker, Natron und Salz zusammen auf Wachspapier, und geben Sie die Mischung in den heißen Kakao. Schlagen Sie die Eier leicht, und geben Sie diese zusammen mit der sauren Sahne und der Vanille in den Topf. Gießen Sie alles in die vorbereitete Form. Backen Sie die Mischung 30 Minuten oder bis sich der Kuchen in der Mitte fest anfühlt.

3 Während der Kuchen backt, können Sie die Glasur zubereiten. Vermengen Sie in einem Stieltopf Butter oder Margarine, Milch und Kakaopulver; bringen Sie die Mischung zum Kochen. Geben Sie den Puderzucker hinzu, und schlagen Sie alles mit dem Schneebesen, bis eine homogene Masse entstanden ist. Fügen Sie die gehackten Nüsse und Vanille hinzu. Verteilen Sie alles über dem heißen Kuchen. Lassen Sie ihn vor dem Schneiden abkühlen.

Die ultimative Geburtstagsfeier

Mark Victor Hansen

Meine Frau Patty setzte sich mitten in der Nacht um 3:49 Uhr plötzlich auf und nannte mir die 19 Personen, die sie gern zur ihrer ultimativen Geburtstagsfeier einladen wollte. Sie sagte mir genau, wo diese Feier stattfinden sollte. Sie tat dies alles im Tiefschlaf und erinnerte sich später nicht daran, dass sie mir ihre geheimsten Partywünsche offenbart hatte.

Ich kroch aus dem Bett, ließ das Badezimmer links liegen und ging nach oben, um ihre Feier aller Feiern schriftlich festzuhalten, damit sie auch mit Eleganz, Stil und Gewandtheit in Szene gesetzt werden konnte.

Patty und ich arbeiten zusammen in unserem Büro. Glücklicherweise hatte sie genug außerhalb des Büros zu tun, sodass ich all ihre lieben Freundinnen und Freunde anrufen und zur Geburtstagsparty einladen konnte, um das absolute Geburtstagsglück zu feiern. Als Termin nannte ich das Datum zwei Tage vor ihrem Geburtstag, sodass sie keinen Verdacht schöpfte.

Ich erzählte ihr, dass wir zu einer Feier der Prudential-Versicherung gingen und dass mein Klient mich gebeten hatte, auch meine Frau mitzubringen. (Ich war damals schon über zehn Jahre professioneller Vortragsredner, und Patty war mit mir schon auf vielen geschäftlichen Feiern gewesen.)

Um sechs Uhr abends fuhren wir vor Antonello's Ristorante vor, einem phantastischen Vier-Sterne-Restaurant.

Überrascht fragte sie: »Hier richtet die Versicherung ihre Feier aus?«

»Ja«, sagte ich.

Als wir eintraten, gab ihr Antonio, der Besitzer, zwei Dutzend Rosen und einen Begrüßungskuss auf die Wange. Patty war total irritiert und stotterte: »Vielen Dank.« Antonio war ein eleganter, attraktiver und wortreicher Mann; er bot ihr seinen Arm an und geleitete uns würdevoll an unseren Tisch.

In diesem Moment brachen 19 Freundinnen und Freunde in ein lautes »Happy Birthday to You« aus und sangen zum Schluss noch den Halleluja-Chor. Patty erhielt stehende Ovationen dafür, dass sie geboren worden war. Völlig entgeistert fragte sie erneut: »Prudential hat euch alle hierher eingeladen?« Alle freuten sich und lachten, ließen Patty hochleben und nahmen sie in den Arm.

Pattys Träume waren mit ihrer ultimativen Geburtstagsfeier buchstäblich wahr geworden. All die Menschen, die sie gern hatte und die sie um sich haben wollte, waren anwesend.

Wir schlemmten Fusilli-Pasta und hatten einen wunderbaren Abend. Bob Hope würde jetzt sagen: »Vielen Dank für die schönen Erinnerungen.«

Fusilli mit Spinat und Ricotta

(von Antonello's Ristorante, Newport Beach, Kalifornien)

Ergibt sechs oder mehr Portionen

1 Pfund Fusilli
(spiralförmige Nudeln)
300 ml Olivenöl
2 EL Knoblauch, fein gehackt
450 g frischen Spinat,
klein geschnitten

450 g Ricotta
Salz und Pfeffer zum
Abschmecken
110 g Parmesan,
frisch gerieben

1 Kochen Sie die Nudeln in kochendem Wasser mit 1 TL Salz 8 bis 10 Minuten, bis sie fast weich sind – sie sollten *al dente* sein. Bereiten Sie in der Zwischenzeit die Soße zu.

2 Erhitzen Sie das Olivenöl in einem großen Topf. Geben Sie den Knoblauch hinzu, und braten Sie ihn kurz an, bis er anfängt, goldbraun zu werden. Fügen Sie den Spinat hinzu, braten Sie ihn ein oder zwei Minuten an, und geben Sie dann den Ricotta sowie Salz und Pfeffer zum Abschmecken hinzu. Stellen Sie den Topf zur Seite.

3 Wenn die Nudeln fertig sind, gießen Sie das Wasser ab, und schwenken die Fusilli in der Soße. Servieren Sie die Nudeln in einer Schüssel, und bestreuen Sie sie mit Parmesan.

Thanksgiving auf der Eagle's Ridge Ranch

Diana von Welanetz Wentworth

*Wenig Hurrarufe und viel Begrüßung
ergeben ein lustiges Fest.*

William Shakespeare

Thanksgiving war schon immer der Festtag, der mir am besten gefiel. Als Kochbuchautoren und Kochlehrer liebten mein verstorbener Mann und ich es, die traditionellen Rezepte anderer Familien auszuprobieren. Wir schufen sogar einen zusätzlichen Festtag, an dem wir Personen aus unserem großen Freundeskreis einluden, uns am Tag nach Thanksgiving zu besuchen und das Essen mitzubringen, das vom Vortag übrig geblieben war.

An diesem Tag im Jahr aßen wir nicht nur gemeinsam, sondern luden alle Anwesenden dazu ein, der Reihe nach zu erzählen, für welche Dinge sie im vergangenen Jahr besonders dankbar waren. Dies war eine weitere wunderbare Möglichkeit, wie sich unsere Gäste besser kennenlernen konnten.

Nachdem Paul gestorben war, lernte ich Ted kennen und verliebte mich in ihn. Unser erstes gemeinsames Thanksgiving feierten wir wenige Wochen vor unserer Heirat. Es war das erste Mal, dass unsere jeweiligen Eltern und unsere drei Töchter die Möglichkeit hatten, sich gegenseitig zu beschnuppern. Da wir so viel Zeit wie nur möglich zusammen verbringen wollten, fand das Fest in Teds Wochenendhaus auf seiner Ranch in Temecula statt, wo Avocados und Zitronen angebaut wurden und von wo aus man in der Ferne den Pazifischen Ozean sehen konnte.

Ted hatte eine riesige runde Tischplatte, die er über seinen Esstisch legen konnte, sodass alle 16 Anwesenden an einem Tisch sitzen konnten. Die Mädchen schmückten das Haus mit den pfirsichfarbenen Blüten der Persimonen, kleinen Minikürbissen und farbenprächtigen Maisblättern, die wir an einem Gemüsestand gefunden hatten. Ich kochte ein Festgelage mit allen traditionellen Thanksgiving-Rezepten, die ich kannte, und zusätzlich hatten wir noch die leckeren Süßkartoffeln von Alice Wentworth (siehe Seite 162).

Wir fingen spontan mit etwas an, was sich zu einer Familientradition entwickeln sollte. Anstatt mitzuteilen, wofür wir dankbar waren, begrüßten Ted und ich abwechselnd der Reihe nach alle Familienmitglieder am Tisch und erzählten jeder Person, wie sehr wir sie schätzten und uns freuten, dass sie da war.

Ohne dass wir sie dazu auffordern mussten, folgten die anderen unserem Beispiel. Nachdem jede Person die Anwesenden auf die gleiche Weise begrüßt und gewürdigt hatte, war eine so große Freude und Offenheit im Raum, dass wir uns wunderten, warum wir nicht unsere Heiratsformulare dabeihatten, um mitten in so einer bedeutungsvollen Familienfeier zu heiraten.

In den letzten fünf Jahren war für jeden von uns unsere jährliche Thanksgiving-Feier auf der Ranch ein besonderes Erlebnis. Im Rückblick war keine Feier wie die andere. Bei der zweiten standen Ted und ich kurz vor unserem ersten Hochzeitstag. Ich hatte mein Haus in Los Angeles verkauft und war in ein neues Haus in Corona del Mar gezogen. Außerdem *fühlten* sich inzwischen alle wirklich wie eine Familie.

Im dritten Jahr geschahen allerhand merkwürdige Dinge. Am Morgen von Thanksgiving gab es einen Sturm, der unsere Elektrizität lahmlegte. Ich wusste nicht, wie ich ohne Strom kochen sollte, aber meine Tochter Lexi, die über eine jahrelange Erfahrung als Assistentin in meinen Kochkursen verfügte, nahm sich kurz entschlossen der Sache an. Wir luden das nicht gekochte Essen in zwei Autos, zusammen mit einem tragbaren Ofen und einer Elektropfanne. Die nächsten vier Stunden verbrachten wir in ihrem Hotelzimmer in der Stadt, in dem eine Mikrowelle stand, und bereiteten den Truthahn, die Bratensoße und die kandierten Süßkartoffeln an Ort und Stelle vor. Auf unserem Rückweg erstanden wir im Hotelrestaurant einen großen Behälter mit frischem Kartoffelpüree. Als wir auf der Ranch ankamen, war die Stromversorgung schon wieder hergestellt. Wir machten alles warm, und der Festschmaus schmeckte fast so gut wie immer. (Unsere Danksagungen waren in jenem Jahr besonders triumphierend!)

Das letzte Thanksgiving war besonders herzlich, weil die Familie um zwei Mitglieder gewachsen war. Nach einer Entfremdung, die 30 Jahre dauerte, hatte ich mich wieder mit meinem älteren Bruder versöhnt. Gene und seine Frau Marilyn flogen das erste Mal von Seattle aus zu unserer Feier. Im nächsten Jahr deutet alles darauf hin, dass wir die Verlobung einer unserer Töchter feiern werden.

Wenn ich lange genug leben sollte, bis ich in dem sprich-wörtlichen Rollstuhl sitze und meine Erinnerungen genieße, dann werde ich mein Leben bestimmt nach Thanksgiving-Feiern einteilen.

Ab und zu probiere ich noch ein neues Rezept aus, viel-leicht ein- oder zweimal im Jahr und nur was die Beilagen betrifft. Bestimmte Dinge dürfen sich nicht ändern: Kräu-terfüllung mit wildem Salbei, der in unserer unmittelbaren Umgebung wächst, und unser leicht zu kochender, köstli-cher, in Alufolie gebratener Truthahn – vielleicht der beste, den Sie jemals gegessen haben. Probieren Sie das Rezept also unbedingt aus! Ich garantiere Ihnen einen Vogel mit saftigem Fleisch und herrlich viel Saft für die Bratensoße (mit oder ohne Innereinen). Dieses Rezept haben Paul und ich jahrelang in unseren Kursen gelehrt, und die Menschen erzählten mir immer wieder, dass es ihr Lieblingsessen ist – und zwar nicht nur zu Thanksgiving, sondern das ganze Jahr über.

Truthahn in Alufolie mit Kräuterfüllung und eigener Soße

Ergibt 16 Portionen und Überreste

1 Truthahn (mindestens 7 Kilogramm schwer)
Salz und Pfeffer

1 EL Pflanzenöl
100 ml Steaksauce
extrastarke Alufolie

Füllung:
1 Pfund Butter oder Margarine
800 ml Hühnerbrühe
4 Stangensellerie, fein geschnitten
2 große Zwiebeln, fein gehackt
50 g Petersilie, gehackt

9 EL frische Kräuter, gehackt, zusammengesetzt aus:
Koriandergrün, Thymian, Oregano, Rosmarin
frischer Salbei (klein gehackt) oder getrockneter Salbei aus der Packung
Salz und Pfeffer zum Abschmecken

Bratensoße (mit Innereien):
Truthahninnereien und Hals
1 Zwiebel, aufgeschnitten
10 Pfefferkörner
1 Stangensellerie oder Sellerieblätter, klein geschnitten

Petersiliestängel (optional)
2 TL Salz
kaltes Wasser zum Abdecken
Bratenfett vom gebratenen Truthahn
120 g Mehl

Backzeit

Für Truthahn in Alufolie bei 230 Grad Celsius

GEWICHT   ZEIT (gefüllt oder ungefüllt)
14 bis 17 Pfund   2¼ bis 2½ Stunden
18 bis 21 Pfund   3¼ bis 3½ Stunden
22 bis 25 Pfund   3½ bis 3¾ Stunden

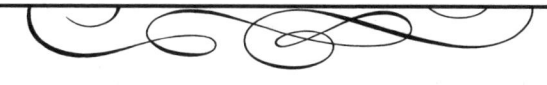

1 Die Füllung kann schon einen Tag vor dem Fest gemacht werden, aber aus hygienischen Gründen sollte der Truthahn erst unmittelbar gefüllt werden, bevor er in den Ofen kommt. Zerlassen Sie die Butter in einem großen Topf in Wasser; nehmen Sie den Topf von der Flamme. Rühren Sie Sellerie, Zwiebel und Petersilie unter, gefolgt von der Kräuterfüllung. Wenden Sie die Mischung vorsichtig mit einer Gabel, um sie gleichmäßig anzufeuchten. Schmecken Sie mit Salbei, Salz und Pfeffer ab – Sie werden sehr viel davon brauchen. Bewahren Sie die Füllung so lange im Kühlschrank auf, bis Sie sie für den Truthahn brauchen.

2 Säubern und trocknen Sie den Truthahn mit Küchenpapier ungefähr eine Stunde bevor Sie ihn in den Ofen schieben. Legen Sie die Innereien und den Hals zur Seite, um beides für die Zubereitung der Bratensoße zu verwenden. Achten Sie darauf, dass Truthahn und Füllung *kalt* sind, damit keine Bakterien entstehen. Füllen Sie beide Hohlräume des Truthahns sehr lose (denn die Füllung dehnt sich beim Braten aus). Legen Sie den Rest der Füllung in eine ofenfeste Auflaufform, und stellen Sie sie zur Seite. Später werden Sie die übrig gebliebene Füllung mit Brühe besprenkeln und bei 160 Grad Celsius ungefähr eine Stunde lang backen. Wenn Sie nicht die ganze Füllung benötigen, können Sie den Rest im Kühlschrank aufbewahren. Es ist schön, wenn Sie Ihren Gästen zwei Füllungen anbieten können, denn manche mögen sie lieber feucht und andere lieber trocken. Die Füllung im Truthahn selbst wird *sehr* feucht sein!

3 Heizen Sie den Ofen auf 230 Grad Celsius vor. Legen Sie den Truthahn auf ein großes Stück extrastarke Alufolie, sodass zu beiden Seiten genügend Folie übrig ist, um den Vogel ganz einzuwickeln. Sie brauchen wahrscheinlich zwei Stücke, die Sie miteinander verbinden müssen, indem Sie sie mehrmals ineinanderfalten. Vermengen Sie das Pflanzenöl mit der braunen Würzsoße in einer kleinen Schale. Verteilen Sie die Mischung mit einem Backpinsel über den ganzen Truthahn, auch unter den Flügeln, bis er überall eine braune Glasur hat. Sie gibt dem fertigen Truthahn seine schöne, ofenbraune Farbe. Wickeln Sie die Folie um den Truthahn, und achten Sie darauf, dass kein Loch entsteht. Verbinden Sie die beiden Enden der Folie oben auf dem Truthahn, sodass ein *loses* Paket zustande kommt. Stechen Sie mit einem scharfen Messer ein kleines Loch in der Nähe des großen Hohlraums, damit während des Bratenvorgangs der Dampf abziehen kann. Legen Sie den eingewickelten Truthahn auf einen Ofenrost, und schieben Sie ihn in den Backofen. Legen Sie ein Auffangblech unter den Rost. Die Backzeit können Sie der oben aufgeführten Liste entnehmen.

4 Legen Sie nun alle Innereien (mit Ausnahme der Leber) zusammen mit dem Hals sowie Zwiebel, Pfefferkörnern, Sellerie, Petersiliestängel und Salz in einen großen Topf. Bedecken Sie alles mit kaltem Wasser. Kochen Sie den Topfinhalt auf, drehen Sie dann die Temperatur auf eine mittlere Hitze zurück, schließen Sie den Topf, und kochen Sie die Innereinen so lange, bis Sie leicht mit einer Gabel in sie hineinstechen können – bei einem großen Vogel wird dies 1 bis 1½ Stunden dauern. Geben Sie die Leber hinzu, und kochen Sie alles für weitere 10 bis 15 Minuten. Passieren Sie die Brühe in eine Schüssel, schöpfen Sie das Fett ab, würzen Sie, und stellen Sie die Schüssel zur Seite. Wenn der Hals genügend abgekühlt ist, um in die Hand genommen zu werden, entfernen Sie das Fleisch mit Ihren Fingern. Schneiden Sie die Innereien in grobe Stücke, und legen Sie diese zusammen mit dem Fleisch vom Hals in eine kleine Schale mit gerade so viel Brühe, dass alles bedeckt ist und feucht gehalten wird. Stellen Sie die Schale zur Seite. Jetzt können Sie sich hinsetzen und die Beine hochlegen, bis der Truthahn gar ist!

5 Wenn der Truthahn fertig ist, nehmen Sie ihn aus dem Ofen und stechen mit einem Messer mehrere Löcher in die Unterseite der Folie, sodass der Bratensaft auf das Auffangblech abtropfen kann. Sprenkeln Sie ein wenig von der passierten Innereienbrühe über die Auflaufform mit der übrigen Füllung, und stellen Sie sie bei 160 Grad Celsius in den Backofen, sodass diese gar ist, wenn alles fertig ist zum Servieren.

6 Wenn der Bratensaft vollends aus dem Truthahn in das Auffangblech geflossen ist, können Sie die Folie abnehmen – achten Sie dabei darauf, dass Sie sich nicht verbrennen. Legen Sie den Truthahn auf einen Servierteller an einem warmen Platz, während Sie die Bratensoße machen. Bedecken Sie dabei den Vogel mit Folie, um die Wärme zu halten.

7 Gießen Sie den Bratensaft von der Auffangform in einen großen, hitzebeständigen Messbecher aus Glas (wenn Sie einen haben) oder in eine Schüssel. Lassen Sie das Fett sich ein paar Minuten absetzen. Schöpfen Sie es dann ab, und geben Sie 200 ml davon in einen großen, schweren Topf, zusammen mit 120 g Mehl, und lassen Sie diese Mischung zwei bis drei Minuten kochen. Wenn die Soße zu dünn ist, schütteln Sie ein wenig Mehl und Wasser in einem geschlossenen Glas zusammen und rühren das aufgelöste Mehl sofort unter die Soße – dadurch verhindern Sie, dass sich Klumpen bilden. Schmecken Sie die Soße ab. Gießen Sie Ihre Bratensoße in zwei Servierschalen, und geben Sie die übrigen Innereien in eine dieser Schalen.

8 Wenn möglich, bitten Sie jemand anderen, den Truthahn zu schneiden, während Sie den Rest des Essens auf den Tisch stellen.

Dank

Dieses Kochbuch zu schreiben hat uns sehr viel Spaß gemacht, denn wir wurden von Anfang an großartig unterstützt. Wir danken den folgenden Menschen für ihre Hilfe:

Unseren Ehepartnern Georgie, Patty und Ted.

Peter Vegso und Gary Seidler von Health Communications, die die Idee zu diesem Buch hatten. Vielen Dank auch dafür, dass ihr unseren Traum von einer Welt voller Liebe teilt, in der jeder das Beste aus sich machen kann.

Den Verantwortlichen der bundesweiten Initiative »Reading Is Fun« (Lesen macht Spaß) dafür, dass sie die *Hühnersuppe* an Lehrer und Schüler verteilt haben. Vielen Dank auch dafür, dass ihr uns dazu ermutigt habt, daran teilzunehmen.

Christine Belleris, Matthew Diener und Marcia Ledwith, unseren hervorragenden Lektoren bei HCI, für die ständige Verbesserung des Manuskripts. Marsha Donohoe, Mim Harrison, Erica Orloff und Christine Winter für ihr ausgezeichnetes Korrekturlesen. Ileana Wainwright für ihr großartiges Buchdesign und Lawna Oldfield dafür, das Buch bis in die frühen Morgenstunden gesetzt zu haben.

Patty Aubery, die sich Dianas Dateien geschnappt hat und aus den verstreuten Geschichten und Rezepten das Manuskript in seiner endgültigen Form zusammenstellte.

Nancy Mitchell, die all die Druckgenehmigungen einholte und von allen Autoren eine Biografie beschaffte.

Wanda Pate, die viele Geschichten, Gedichte und Segenssprüche eintippte.

Kerrie Callaham, die viele Rezepte ausprobierte und immer wieder frohen Mutes um uns herum aufräumte.

Mary und Don Kelly, die das Manuskript in jeder Entwicklungsphase begeistert lasen oder es sich vorlesen ließen und uns ständig ermutigten und applaudierten. Bobbie Probstein, die uns wertvolle Anregungen zur Gestaltung gab und uns mit ihren albernen Faxmitteilungen immer wieder schmunzeln ließ.

Julia Cameron, Autorin des Buchs *Der Weg des Künstlers*, für ein Textprojekt, aus dem Dianas Geschichten in diesem Buch hervorgingen.

Susie Gross, Pat Rypinski, Kiki Leusebrink, Jodi Olsen, Louise Carrter, Marilyn Poliquin und die anderen Damen in Dianas Malklasse für ihren Enthusiasmus und ständigen Ansporn.

Lexi von Welanetz sowie Christy und Kathy Wentworth für die Streicheleinheiten für ihre »Mom« und ihr »schlimmes Schwiegermonster«. Und Dank an Mimi, Jack Schneider und Alice Wentworth dafür, dass es euch gibt.

Wer ist Jack Canfield?

Jack Canfield ist einer der führenden amerikanischen Experten im Bereich der Persönlichkeitsentwicklung. Er hält dynamische, unterhaltsame Vorträge und ist als Trainer heiß begehrt. Jack hat die wunderbare Fähigkeit, sein Publikum über die Möglichkeiten einer Steigerung des Selbstwertgefühls sowie der persönlichen Bestleistung zu informieren und zu inspirieren.

Er schrieb und sprach diverse Hörbuch- und Videobestseller, unter anderem *Self-Esteem and Peak Performance, How to Build High Self-Esteem, Self-Esteem in the Classroom* und *Chicken Soup for the Soul – live.* Er ist oft im US-amerikanischen Fernsehen zu sehen und hat acht Bücher veröffentlicht, unter ihnen die Serie *Hühnersuppe für die Seele, Kompass für die Seele, Der Aladin-Faktor* und *Dare to Win* (beide zusammen mit Mark Victor Hansen), *100 Ways to Build Self-Concept in the Classroom* (zusammen mit Harold C. Wells) sowie *Geben wir der Arbeit Herz und Seele zurück* (in Zusammenarbeit mit Jaqueline Miller).

Jack hält regelmäßig Vorträge vor Berufsverbänden, Schulbehörden, Behörden, Kirchen, Krankenhäusern, Vertriebsorganisationen und Unternehmen. Er ist zudem Mitglied des Lehrerkollegiums von Income Builders International, einer Schule für Unternehmer.

Jedes Jahr veranstaltet er ein einwöchiges Seminar für

Ausbilder, das sich mit den Themen Selbstwertgefühl und Bestleistung beschäftigt. An diesen Seminaren nehmen Pädagogen, Lebensberater, Erziehungsberater, Personalberater, professionelle Redner, Geistliche und andere Menschen teil, die ihre rhetorischen Fähigkeiten sowie ihr Können als Seminarleiter verbessern möchten.

Wenn Sie sich umfassender über Jacks Bücher, Kassetten und Seminare informieren möchten, besuchen Sie seine Homepage:

www.chickensoup.com

Wer ist Mark Victor Hansen?

Niemand genießt mehr Ansehen und Respekt als Mark Victor Hansen. Seit über 30 Jahren konzentriert sich Mark ausschließlich darauf, Menschen aller Gesellschaftsschichten dabei zu helfen, ihre persönliche Vision dessen, was möglich ist, zu verbessern. Seine kraftvolle Botschaft von Machbarkeit, dem Nutzen von Chancen und richtigem Handeln trägt weltweit zu verblüffenden und umwälzenden Veränderungen in vielen tausend Organisationen und bei Millionen Einzelpersonen bei.

Mark ist ein beliebter Referent, Bestsellerautor und Marketingexperte. Für ihn sprechen sein lebenslanger unternehmerischer Erfolg sowie sein solider akademischer Hintergrund. Er ist ein viel beschäftigter Autor und schrieb – teilweise als Koautor – zahlreiche Bestseller wie *The One Minute Millionaire*, *The Power of Focus*, *Der Aladin-Faktor* und *Dare to Win*. Außerdem ist er Mitautor der Reihe *Hühnersuppe für die Seele*. Sein umfangreiches Angebot an Hörbüchern, Videokassetten und inspirierenden Artikeln zu Themen wie THINK BIG, Verkaufsoptimierung, Schaffung von Wohlstand, erfolgreiches Publizieren sowie persönliche und berufliche Entwicklung machen ihn zu einem einflussreichen Berater.

Darüber hinaus gründete Mark die MEGA Books Marketing University und das Building Your MEGA Speaking Empire. In beiden Fällen handelt es sich um Konferenzen, die einmal im Jahr stattfinden und in deren Rahmen er neuen, aufstrebenden Autoren, Referenten und Experten Tipps und Hilfestellungen zum Aufbau einer einträglichen Karriere als Autor oder Referent liefert.

Seine positive, lebensbejahende Botschaft hat ihn zu einer bekannten Radio- und TV-Persönlichkeit gemacht. Dem Menschenfreund aus Leidenschaft wurden zahlreiche Preise verliehen, die seinen unternehmerischen Geist, sein philanthropisches Herz und seinen Geschäftssinn ehren – unter anderem der begehrte »Horatio-Alger-Preis« für sein außergewöhnliches Lebenswerk, das ein gutes Beispiel dafür ist, dass die freie Marktwirtschaft den Menschen noch immer gute Chancen bietet.

Wenn Sie mehr über Mark Victor Hansen und seine Seminare, Bücher und Lernprogramme wissen wollen, finden Sie Informationen auf seiner Homepage:

www.markvictorhansen.com

Wer ist Diana
von Welanetz Wentworth?

Diana von Welanetz Wentworth ist eine gefeierte und preisgekrönte Kochbuchautorin, Vortragsrednerin und Gastgeberin in einer eigenen Fernsehshow.

Zu den sechs Büchern, die sie zusammen mit ihrem verstorbenen Mann Paul von Welanetz geschrieben hat, gehört *The Pleasure of Your Company*, das in Frankreich als »Kochbuch des Jahres« ausgezeichnet wurde. Die anderen Bücher sind: *With Love from Your Kitchen* und *The Art of Buffet Entertaining, The von Welanetz Guide to Ethnic Ingredients, L.A. Cuisine* und *Celebrations. The von Welanetz Guide to Ethnic Ingredients* ist inzwischen *der* Klassiker für internationale Zutaten. Das Feinschmeckermagazin *Bon Appétit* urteilte: »Ein hervorragendes Buch! … Sie finden dort alle exotischen, ungewöhnlichen und seltenen Zutaten zu Gerichten aus aller Welt.«

Diana und Pauls TV-Serie *The New Way Gourmet* lief jahrelang mit großem Erfolg im US-Fernsehen.

Im Jahr 1985, nach ihrer Rückkehr vom 1. Internationalen Friedenskongress in der Sowjetunion, gründeten Diana und Paul die Organisation »The Inside Edge«. Es ist ein humanitäres Forum mit dem Ziel, seine Mitglieder dazu zu inspirieren, mit Mut und Integrität und in Kooperation mit anderen

Menschen zu leben. The Inside Edge trifft sich in Südkalifornien einmal in der Woche zum Frühstück, und bei einem dieser Treffen entschieden sich Jack Canfield und Mark Victor Hansen, ein Buch mit Geschichten herauszubringen, aus dem später die Buchserie *Hühnersuppe für die Seele* wurde.

Kurz nach ihrer silbernen Hochzeit wurde bei Paul eine tödliche Krebskrankheit festgestellt. Vor seinem Tod versprach Paul, jemanden zu schicken, der Diana genauso hoch achten würde, wie er es immer getan hatte. Er hielt sein Wort, und Diana ist inzwischen mit dem auf Menschenrechte spezialisierten Rechtsanwalt Theodore S. Wentworth verheiratet, der Paul dafür dankt, ihn in die Arme seiner geliebten Frau geführt zu haben. Dianas Buch *Send Me Someone: A True Story of Love Here and Hereafter* erzählt diese Episode aus ihrem Leben.

Diana tritt in den USA in bundes- und landesweiten Fernsehshows auf, spricht auf Frauenveranstaltungen sowie auf kulinarischen Events und auf Nahrungsmittelmessen. Weitere Informationen zu Diana finden Sie unter:

www.dianawentworth.com

Über die Autorinnen und Autoren

Joe Batten ist professioneller Vortragsredner und ein erfolgreicher Geschäftsmann, dem es in ökonomisch guten und schlechten Zeiten immer wieder gelingt, zu einer vertrauensvollen Atmosphäre in Unternehmen und Organisationen beizutragen. Seine bereits 35 Jahre umfassende Tätigkeit als Autor, Berater und Redner hat dazu geführt, dass er von vielen Unternehmen und Organisationen als Mentor betrachtet wird. Joe schrieb den Bestseller *Tough-Minded Management* und 15 weitere Bücher. Er ist ein humorvoller Mann, der das Leben liebt und dessen Herzenswärme und Mitgefühl jedes Publikum erreichen.

Andrea Bell wurde vom *Los Angeles Magazine* als »die Crème de la Crème der Lebensmittellieferanten« bezeichnet. Ihre Firma L.A. Celebrations! richtet extravagante Feiern für Präsidenten, Prinzen und Hollywoodstars aus. Sie selbst ist eine international ausgebildete Köchin, die nicht nur in Frankreich im LeNôtre, La Varenne und The Cordon Blue gelernt hat, sondern auch in Indien und bei Madeleine Kamman und James Beard.

Rhonda Rima Nielsen Bisnar führt eine private Rechtsanwaltskanzlei im kalifornischen Newport Beach und ist spezialisiert auf Zivil- und Arbeitsrecht. Sie ist glücklich mit ihrem

Rechtsanwaltspartner und Seelengefährten John Paul Bisnar verheiratet. Rhonda und John haben zusammen fünf Kinder, die aber zum Teil auch aus anderen Ehen stammen. Rhonda befasst sich gegenwärtig mit Friedensforschung, Konfliktbewältigung und Mediation. Sie hofft, dass ihr beruflicher Werdegang sie mehr in den Bereich internationaler Konfliktlösung führt, denn sie möchte mit aller Kraft zur Förderung und Sicherung des Weltfriedens beitragen.

Jean Brady gibt zusätzlich zu privatem Kochunterricht zweimal in der Woche einen Kochkurs in Rustic Canyon. Außerdem ist sie Teilhaberin der Santa Monica's Seasonal Table Cooking School. Zusammen mit einem führenden Partyservice aus Los Angeles plant und organisiert sie gesellige Feiern. Sie ist Koautorin des Restaurantführers *The Ultimate L.A. Food Guide* und stolze Mutter von zwei unglaublich netten Jungen. Der Verkauf von Brunnenkresse ist auf unbestimmte Zeit ausgesetzt.

Linda Bruce lebt mit ihrem Mann und ihren zwei Kindern in Petaluma, Kalifornien. Sie ist die Besitzerin der B&C Balloon Company, die lebensgroße Luftballonfiguren herstellt und verleiht. Linda ist eine preisgekrönte Luftballon-Künstlerin und eine beliebte Rednerin und Workshop-Leiterin bei nationalen und internationalen Luftballon-Konferenzen.

Charles »Chuck« Champlin ist Kunstredakteur und Kolumnist der *Los Angeles Times* im Ruhestand. Er ist Gastgeber im Fernsehen, Lehrer an der Universität von Südkalifornien und Autor mehrerer Bücher, unter ihnen *George Lucas: The Crea-*

tive Impulse und *Back There Where the Past Was*, Erinnerungen an seine Kindheit im Bundesstaat New York, wo seine Familie schon seit drei Generationen Champagner herstellt.

Rita Chopra ist in Neu Delhi geboren und aufgewachsen. Sie verbringt ihre Zeit in Lincoln, Massachusetts, und La Jolla, Kalifornien. **Mallika Chopra** hat ihren Abschluss an der Brown University gemacht und lebt und arbeitet gegenwärtig in New York.

Bonnie Cox lebt mit ihrem Mann Michael und ihrem Kater »Bud« als Maklerin in Newport Beach und schreibt in ihrer Freizeit. Aufgrund ihrer Arbeitszeiten bevorzugt sie Gerichte, die sich schnell im Voraus zubereiten lassen. Sie liebt Tiere und isst genauso gern Früchte wie ihr »neuer Freund« Bogie.

Jamie Sparling Drew ist Lehrerin, arbeitet mit Psychometrie und hat (aufgrund von verstorbenen Ehemännern und deren in die Ehe mitgebrachter Sprösslinge) zehn Kinder und zwölf Enkel. Fast 30 Jahre lang war sie Geschäftsführerin von drei Immobilienfirmen; sie schreibt, malt und töpfert und ist glücklich mit Robert Kenneth Drew verheiratet.

Dr. phil. Warren Farrell ist Autor des preisgekrönten Bestsellers *Warum Männer so sind, wie sie sind* und *Mythos Männermacht*. Er ist der einzige Mann, der bislang dreimal in der Vorstand der National Organization for Woman (NOW) mit Sitz in New York gewählt wurde. Er leitet Workshops für Unternehmen, Schulen und Regierungsbehörden, in denen es darum geht, dass die Geschlechter und Rassen besser miteinander auskommen und lernen, die Dinge auch aus der Sicht des anderen zu sehen.

Kathy O'Grady Fellows ist Kindergärtnerin im Newport-Mesa Unified School District. Schon seit 1965 gestaltet sie in Südkalifornien Unterrichtsmaterial für Grundschulen. Sie hat drei Töchter und lebt in Laguna Beach an der kalifornischen Pazifikküste.

Pam Finger ist eine Lebensberaterin, die sich auf die Stärkung des Selbstwertgefühls und der inneren Werte spezialisiert hat und viele Workshops zu diesem Thema anbietet. Sie ist Mitbegründerin und Geschäftsführerin der Schulungs- und Beratungsorganisation »Inner Trek«. Außerdem ist sie im Vorstand des National Council on Self-Esteem.

Joan Fountain ist eine energiegeladene und begeisternde Seminarleiterin, Vortragsrednerin und Autorin, die ihr Publikum gleichzeitig fesselt, inspiriert und weiterbildet. Sie pflegt einen herzlichen Kommunikationsstil und geht die Dinge praktisch an. Sie scheut sich nicht vor sensiblen und komplexen Themen und bewegt die Menschen mit Workshops und Präsentationen gern zum Nachdenken. Neben fundiertem Training in kultureller Vielfalt, Sensibilität und Bewusstheit umfasst ihr Beratungsangebot u. a. auch Konfliktlösung, sexuelle Belästigung, Teambildung und Selbstwertgefühl. Zu ihren Klienten gehören nicht nur Behörden des öffentlichen Sektors, sondern auch große und erfolgreiche Unternehmen. Als stark nachgefragte Vortragsrednerin ist Joan Fountain auch oft Gast in bundesweit ausgestrahlten Talkshows.

Caroline A. Goering ist die Geschäftsführerin von Turning Points mit Sitz in Blue Hill, Maine. Sie leitet Workshops zur Erziehungsberatung und schult Menschen, die in der Kinderbetreuung tätig sind. Außerdem veranstaltet sie für Privatpersonen und kleine Firmen Seminare zum Thema »Wahre Schönheit kommt von innen«.

Cyndi James Gossett ist eine erfahrene Schauspielerin und Sängerin, die inzwischen in mehr als 30 Film- und Fernsehrollen zu bewundern war. Ihre Show *The Hand of God* wird immer mehr eingesetzt, um bundesweit für Frauenhäuser zu werben und Spenden zu sammeln.

Vaughn Greditzer ist Sängerin, Modell, Lehrerin, Malerin, Designerin und Mutter von fünf Kindern, von denen drei adoptiert sind. Sie liebt Tiere und ist eine begeisterte Köchin. Sie lebt zwei Stunden von Paris entfernt.

Susie Gross ist in Kalifornien geboren und hat sich immer viel mit Kunst und schönen Dingen befasst. Sie ist eine professionelle Trompe-l'œil-Malerin und gestaltet Innenräume und Gebäude in den USA, Kanada und Mexiko.

Patty Hansen hält sich strikt an ihre Prioritäten – und Mutter zu sein, steht an erster Stelle. Als die andere Hälfte des »Mark/Patty-Teams« ist sie für die Finanzen der M.V. Hansen & Associates Inc. zuständig und sieht dort nach dem Rechten. Ansonsten ist sie in Vollzeit damit beschäftigt, die gemeinsamen Töchter Elisabeth und Melanie zu versorgen, herumzufahren und ihnen bei den Hausaufgaben zu helfen. Sie nimmt sich auch immer wieder ein wenig Zeit für den Garten und für die Hühner und liebt es, am Strand zu spielen.

Kirby Howard hat in den letzten 20 Jahren in der Reisebranche gearbeitet. Sie befasst sich viel mit Metaphysik und wohnt mit vier tierischen Freunden in einem bezaubernden Landhaus in der Nähe von Dallas. Sie sammelt ungewöhnliche und seltene Geschichten.

D. Trinidad Hunt ist Lehrerin, Vortragsrednerin, Unternehmenstrainerin und Beraterin. Ihre Bücher wurden in mehrere Sprachen übersetzt. Ihr preisgekröntes Buch *Learning to Learn: Maximizing Your Performance Potential* und ihre Audiokassetten-Reihe zum gleichen Thema haben unzähligen Firmen geholfen, ihre organisatorische Struktur zu verbessern. Trinidad schafft es, einen besonderen Bereich in uns anzusprechen. Sie inspiriert uns, unsere besonderen Energien wirkungsvoll einzusetzen. Ihre Botschaft ist einfach und zwingend.

Mary Olsen Kelly ist (zusammen mit ihrem Mann Don) Besitzerin von The Black Pearl Galleries, einer Kette von Juweliergeschäften in Hawaii, in denen hauptsächlich Schmuck aus den seltenen schwarzen Perlen aus Tahiti angeboten wird. Sie ist außerdem die Autorin des Buchs *Der Pfad der Perle – Entdecke Deine inneren Schätze*.

Art Linkletter ist seit über 60 Jahren ein beliebter Radio- und Fernsehstar. Er hat einen Grammy und zwei Emmys gewonnen und war viermal für den Emmy nominiert. Außerdem wurde er mit zehn Ehrendoktorwürden ausgezeichnet. Art ist der Autor von 23 Büchern und hat unter der Nixon-Regierung im National Advisory Council for Drug Abuse Prevention sowie in der Presidential Commission to Improve Reading in the United States mitgearbeitet.

Bobbie Jensen Lippman ist eine Schriftstellerin, die sich engagiert für soziale Themen einsetzt. Ihre Artikel sind in vielen nationalen und internationalen Publikationen erschienen. Sie hat in Oregon eine eigene lokale Radiosendung. Darüber hinaus setzt sich Bobbie stark für Sehbehinderte ein und ist sehr aktiv in der Hospizbewegung.

Florence Littauer ist die Chefin von CLASS Speakers Inc., einer internationalen Organisation, die Vortragsredner ausbildet, bewirbt und bucht. Sie ist eine beliebte und inspirierende Vortragsrednerin und Autorin von mehr als 20 Büchern, unter ihnen die Bestseller *Silver Boxes, Personality Plus* und *Dare to Dream.*

Tony Luna ist Gründer der Tony Luna Creative Services, einer Agentur und Beratungsstelle für kommerzielle Künstler. Er lehrt zudem Kreativität und Vermarktung am Art Center College of Design in Pasadena, Kalifornien. Mr. Luna ist darüber hinaus Vorstandsmitglied der U.P. Inc., einer gemeinnützigen Organisation, die es sich zum Ziel gesetzt hat, junge Talente im Bereich der Kunst zu fördern und in kreative Jobs zu vermitteln. Zusammen mit seiner Frau Paula hat er *The Disaster Recovery Handbook* geschrieben und einen Disaster Recovery Service ins Leben gerufen, der Überlebenden von

Katastrophen bei ihrer physischen und emotionalen Genesung hilft.

Dennis E. Mannering hat bislang mehr als 2500 Präsentationen abgehalten und durch seine einfache, aber direkte Art die Lebens- und Arbeitsqualität von Tausenden von Menschen positiv beeinflusst. Um die Wirkung seiner Vorträge zu verstärken und wirkliche Gedankenanstöße zu geben, bezieht er sich in seinen Reden gern auf konkrete familiäre oder geschäftliche Vorfälle.

Betty Fobair McDermott ist eine international anerkannte Trainerin in den Bereichen Management, zwischenmenschliche Beziehung und Kommunikation. Sie unterstützt mit ihrer Arbeit positive und innovative Veränderungen im Individuum und in ganzen Unternehmen. Außerdem arbeitet sie mit amerikanischen, europäischen und asiatischen Firmen an der Zusammenstellung kreativer Teams, um verbraucherfreundliche Produkte zu erforschen und zu vermarkten. Sie ist außerdem die Koautorin des Buchs *California Cooks!*.

Linda McNamar ist Autorin und Workshop-Leiterin. Sie hat den Bachelor in Pädagogik an der Eastern Michigan University gemacht.

Carol Miller ist Gründerin und Geschäftsführerin der Firma Posh Parties. Sie ist im südlichen Kalifornien berühmt für ihre kreative Event- und Partyplanung. Mitarbeiter von Posh Parties rühmen sich damit, ihren Klienten außergewöhnliche kulinarische Erfahrungen zu bereiten. Seit 1979 haben sie mehr als fünf Millionen Mahlzeiten serviert. Carols Weltreisen haben ihr ein großes Hintergrundwissen verschafft und es ihr ermöglicht, ungewöhnliche Kochstile in zeitgenössische Menüs zu integrieren.

Udana Power hat schon immer viel und gern gegessen. Sie hat vieles ausprobiert, von Feinschmeckergerichten bis zu gesunden Biowaren, von Fast Food bis hin zum festlichen Essen in der Familie. Ihre Erkundungen haben sie zu ungewöhnlichen Versionen bekannter Phänomene im Bereich des Essens ermutigt. Als Drehbuchschreiberin musste sie lange konzentriert arbeiten können, als Sängerin brauchte sie Energie und Charisma und als Schauspielerin brauchte sie eine Schönheitsoperation ... ähem ... Entschuldigung: große Brüste, einen kleinen Po und straffe Schenkel. Nun, Udana hat die Schauspielerei aufgegeben und macht beim Schreiben und Singen erstaunliche Fortschritte.

Bobbie Probstein ist Autorin und Fotografin und interessiert sich besonders dafür, wie das Zusammenspiel von Körper, Geist und Seele zu positiven Veränderungen im Leben führen kann. Ihre Autobiografie *Return to Center* geht bereits in die dritte Auflage. Ihr zweites Buch *Healing Now* hat hervorragende Kritiken bekommen und ist von unschätzbarem Wert für alle, die unter einer Krankheit leiden oder sich einer Operation unterziehen müssen.

Anne Cooper Ready schreibt Drehbücher und Reden für Politiker und Wirtschaftsbosse. Mit ihrer Firma Ready for

Media, die ihren Sitz in Santa Monica hat, berät sie auch Klienten im persönlichen Auftreten und wie sie sich am besten in Medien-Interviews präsentieren. Sie nimmt sich immer die Zeit für einen Krebsschmaus im *Maryland Crab House* in Santa Monica.

Naomi Rhode war Präsidentin der *National Speakers Association* und ist bekannt für ihre inspirierenden und energiegeladenen Vorträge. Sie ist Teilhaberin und stellvertretende Geschäftsführerin der Firma SmartPractice, die weltweit Produkte und Dienstleistungen im Bereich der Gesundheitspflege anbietet. Naomi ist außerdem die Autorin der Bücher *The Gift of Family – A Legacy of Love* und *More beautiful than Diamonds – The Gift of Friendship*.

Glenna Salsbury machte ihren Abschluss an der Northwestern University in Evanston, Illinios, und erhielt ihren Master an der University of California in Los Angeles. 16 Jahre später machte sie dann noch ihren Master in Theologie am Fuller Seminary. 1980 gründete Glenna ihre eigene Firma, die themenspezifische Präsentationen und Seminare über persönliches Wachstum anbietet. Glenna ist mit Jim Salsbury verheiratet, einem ehemaligen Footballspieler, mit dem sie drei Töchter hat.

Gino Sky ist Autor zweier Romane: *Appaloosa Rising: The Legend of the Cowboy Buddha* und *Coyote Silk*, und eine Sammlung von Erzählungen, *Near the Postcard Beautiful*. Außerdem hat er fünf Gedichtbände veröffentlicht. Er lebt in Boise, Idaho, und arbeitet gegenwärtig an zwei neuen Romanen und einem neuen Erzählband. Er moderiert auch eine lokale Radiosendung zum Thema Dichtung und Poesie mit dem Titel *Poetry-in-Commotion*.

Barbara Swain ist Kochbuchautorin, Kochlehrerin und Vortragsrednerin. Ihre Spezialität ist »Kochen für Singles und Paare«. Dies ist auch das Thema ihres letzten Buches *Intimate Dining – Memorable Meals for Two*. Als Food-Stylistin präpariert Barbara auch Nahrungsmittel und Speisen für Fotografie und Film.

Hazel Court Taylor stammt aus Birmingham in England. Sie hat in vielen britischen Filmen mitgewirkt. Durch den Nachkriegsfilm *Der Fluch des Frankenstein* mit Peter Cushing wurde sie international bekannt. Edgar Allen Poe's Horrorfilme mit Vincent Price brachten ihr eine dauerhafte Anerkennung als »Scream Queen«. Heute bildhauert sie in der kalifornischen Sonne, wo sie mit ihrem Mann, dem Schauspieler und Regisseur Don Taylor, lebt.

Rama J. Vernon ist Leiterin des Center for International Dialogue und hat über 200 Konferenzen, Foren und Gespräche zwischen den Vereinigten Staaten und Russland organisiert. Sie hat sechs erfolgreiche gemeinnützige Organisationen gegründet, unter ihnen das Magazine *Yoga Journal*. Darüber hinaus war sie die Organisatorin der ersten israelisch-arabischen Konferenz mit dem Titel »Yoga for Peace: in the Middle East«, die 1995 in Jerusalem stattfand. 1992 organisierte sie die Konferenz »Uniting the Americas« in Costa Rica. Darüber hinaus hat sie noch viele andere Konferenzen für Führungskräfte ins Leben gerufen. Sie hat fünf Kinder und durch ihren Background in östlicher Philosophie und westlicher Psychologie ist sie prädestiniert für die Position als Mitdirektorin des Institute for Peace and Conflict Resolution Studies.

Dr. med Dr. phil. Carlos Warter ist der Autor des Buches *Recovery of the Sacred* und arbeitet als Arzt und transpersonaler Psychotherapeut in Sedona, Arizona. Er ist chilenischer Abstammung und Gründer und Präsident der World Health Foundation for Development and Peace. In dieser Funktion wurde er von der UNO zum Friedensbotschafter ernannt. Sein Engagement für ganzheitliche Behandlungsmethoden und persönliches Wachstum hat ihm viele Ehrungen eingebracht, u. A. den Pax Mundi Award. Dr. Warter hat einen neuen Ansatz entwickelt, um das menschliche Potenzial zur Geltung zu bringen. Er beruht auf Ethik, Kreativität und globalem Bewusstsein.

Ralph Waterhouse wurde in England geboren und verbindet in seiner Malerei immer noch beide Kontinente. Selbst Autodidakt, wurde sein künstlerisches Schaffen von der Royal Society for the Protection of Birds und vom World Wildlife Fund anerkannt und geehrt. Seine Bilder werden hauptsächlich in Großbritannien und in den USA gezeigt und veröffentlicht. Inzwischen konzentriert er sich in seiner Arbeit auf die gefährdete Umwelt in Kalifornien. Zu seinen Klienten gehört die ehemalige britische Premierministerin Margaret Thatcher. Seit zehn Jahren hat Ralph auch eine eigene Galerie, in der er bekannte Künstler aus den USA präsentiert. Die Stilrichtungen reichen von Realismus bis zu Impressionismus.

Patricia Wayne ist gegenwärtig Vorsitzende der Parent-Teacher Association im Saddleback School Distrikt und arbeitet an der Reform des öffentlichen Erziehungssystems mit. Sie hat einen Master of Fine Arts in Kunsterziehung und ermutigt Schulen, mit Hilfe des Kunstunterrichts das Selbstwertgefühl der Kinder zu fördern. Sie hat ein eigenes Network-Marketing-Unternehmen und hilft anderen, ihre persönlichen und finanziellen Ziele zu erreichen.

Theodore S. Wentworth ist Ehemann, Vater, Rancher, Pilot, Jachtbesitzer, Vogelbeobachter, Autor und Rechtsanwalt. Er blickt auf eine über 40-jährige Erfahrung im Bereich Menschenrechte, Medizinrecht und Verbraucherrecht zurück und wird im *Who is Who in America* aufgeführt.

Dr. phil Dr. ed. Bettie B. Youngs ist in den USA eine der bekanntesten Expertinnen zum Thema Selbstwertgefühl und seine Auswirkungen auf Gesundheit, Wohlbefinden, Vitalität und Leistungsvermögen sowohl im privaten als auch im beruflichen Bereich. Sie hat 25 Bücher geschrieben, die sich auch viel mit Kindererziehung beschäftigen und in mehr als 30 Sprachen übersetzt wurden. Auf Deutsch gibt es von ihr *Trennung auf Zeit. Eine Chance für die Beziehung.*

Abdruckgenehmigungen

Wir danken den Autoren für die Erlaubnis, die nachfolgenden Geschichten abzudrucken:

The Fruitcake Recipe (Das Früchtebrot-Rezept). Nachgedruckt mit Genehmigung aus der Februar-Ausgabe der Zeitschrift *Country Living.* © 1995 The Hearst Corporation.

Mary Ann's Maryland Crab (Mary Anns Maryland-Krebse). Nachgedruckt mit Genehmigung von Anne Cooper Ready. © 1995 Anne Cooper Ready.

The Butcher's Poached Chicken & Mom's Irish Potatoes (Das Huhn des Fleischers und Muttis irische Kartoffeln). Nachgedruckt mit Genehmigung von Kathy O'Grady Fellows. © 1995 Kathy O'Grady Fellows.

Rhubarb Pie (Rhabarberkuchen). Nachgedruckt mit Genehmigung von Health Communications, Inc. aus dem Buch *Values from the Heartland* von Bettie B. Youngs. © 1995 Bettie B. Youngs.

The Seat at the Head of the Table (Der Platz an der Stirnseite des Tischs). Nachgedruckt mit Genehmigung von Florence Littauer. © 1995 Florence Littauer.

Beer Bread (Bierbrot). Nachgedruckt mit Genehmigung von Charles Champlin. © 1995 Charles Champlin.

The One that Got Away (Der eine, der verschwand). Nachgedruckt mit Genehmigung von Ralph Waterhouse. © 1995 Ralph Waterhouse.

Long Beach, British Columbia, Salmon Supreme (Köstlicher Lachs aus Long Beach, British Columbia). Nachgedruckt mit Genehmigung von Val van de Wall. © 1995 Val van de Wall.

Tomato Mix-Up (Tomaten-Durcheinander). Nachgedruckt mit Genehmigung von Art Linkletter. © 1995 Art Linkletter.

Things My Father Taught Me, Including »Cabin Stew« (Dinge, die mir mein Vater beibrachte, einschließlich »Hütten-Eintopf«). Nachgedruckt mit Genehmigung von Bobbie Jensen Lippman. © 1995 Bobbie Jensen Lippman.

Cyndi's Quickie Quiche (Cyndis schnelle Quiche). Nachgedruckt mit Genehmigung von Cyndi James Gossett. © 1995 Cyndi James Gossett.

The Finnish Connection (Die finnische Bekanntschaft). Nachgedruckt mit Genehmigung von Dennis Mannering. © 1995 Dennis Mannering.

Cooking for a Friend Is More than Just Feeding a Friend (Für einen Freund zu kochen ist mehr, als einen Freund einfach nur satt zu machen). Nachgedruckt mit Genehmigung von Barbara Swain. © 1995 Barbara Swain

Rezeptregister (alphabetisch)

Rezeptregister (nach Kategorien)

Fisch

Fleisch

Frühstück

Geflügel

Nudeln
Fusilli mit Spinat und Ricotta 353
Kreuzfahrtnudeln á la Trikolore 295
Omas für drei Mahlzeiten reichende Makkaroni
  mit Käse 334

Pasteten und Pizzas
Mincemeat 145 f.
Peking-Pizza 302

Salate
Bogies tropischer Fruchtsalat 136
Ceasar Salad 76
Quinoa-Tabouleh 245 f.
Zweimal-im-Leben-Fruchtsalat 273

Suppen
Gagis Gumbo 99
Hühnersuppe, wie Roz sie gemacht hat 159
Kohlsuppe 219
Matzebällchen 161
Mexikanische Neujahrssuppe mit Huhn 250
Möhren-Orangen-Cremesuppe 278
Nachbarschaftssuppe 223
Slumgullion 73